考古学と中世史研究 13

遺跡に読む中世史

小野正敏・五味文彦・萩原三雄 編

高志書院

目次

Ⅰ　建物を読む

Ⅱ　出土文字資料の見方

I　建物を読む

館・屋敷をどう読むか
――戦国期大名館を素材に――

小野正敏

はじめに

発掘された考古情報としての館・屋敷は、諸施設と空間、モノの統合体として把握される。空間と施設には、建物をはじめ、堀、土塁、柵、溝、通路、広場、庭園などの遺構があり、館・屋敷は、それらの有機的な関係で機能していた。建物や庭園は顕著な遺構ではあるが、その構成要素のひとつである。主殿や会所といった中心建物だけを取り上げた、あるいは庭園だけの議論は、考古学には似合わない。また、考古情報の特性である出土モノ資料から語れることも多い。建物やモノだけが遊離されることなく、館・屋敷という統合された場で議論することが有効である。与えられた報告題「建物を読む」から「館・屋敷を読む」に変えた理由もこの点を意識したことによる。

一方、遺跡がもつ廃墟としての宿命から、発掘によって本来の館・屋敷の全体像がすべて把握できることはなく、直接的なあるいは狭義の考古学の方法と発掘された遺構・遺物のみからの分析には超えられない限界が伴う。特に建物は、地上部分を残すことはなく、偶然発掘される建築部材はきわめて限られたもので、その意匠や建築構造を考古資料のみから解明するのは困難である。さらに残された礎石や柱穴から復元される平面的な間取りさえも、それを確定するには建築資料や絵画資料等の研究成果が必要不可欠となる。

発掘されたモノ資料は、館・屋敷の空間や建物の機能、住人を具体的に語るもうひとつの考古資料である。だがいうまでもなく、この場合もそうしたモノ資料がどういう場面でどのように使用されるかという、文字史料や絵画資料などによるモノの用途と場の関連づけが前提となる。しかし、考古遺物としてのモノと文字史料や絵画資料、伝世品などの実物資料で確認できるモノとの間には、まだまだ大きな乖離がある状況といわざるをえない。今後、こうした分野の協業をいっそう進めることが求められている。

文字史料の分野では、古代から公家や寺家においては、日記をはじめ儀礼や行事に関する多様な記録が残されてきた。こうした記録には、前例を重視する社会の中で、場の使い方や参加者の身分、役割、席次、進行、室礼などを詳細に記録したものがあり、なかには会場となった建物の指図を伴う例もある。しかし、新興権力である武家に関しては儀礼や行事の整備、確立は遅れ、記録が残されるようになるのは、武家政権が制度を整えてくる十三世紀以降である。また、そうした多くの儀礼、行事をはじめ、その舞台装置である屋敷、建物も公家や寺家社会からの借り物から始まっており、武家社会がそれらをどのように導入し、自らの価値観によって、どう変えていったのかは重要な課題といえよう。

ここでは、「館・屋敷をどう読むか」について、武家の住空間の復元としてではなく、研究会における報告の視点に基づき、武家館を権力表徴と位置づけて、戦国期においても各々の武家権力が、自らの論理に合わせて既成の権威から、何を取捨選択し、どのようにアレンジしたのかを意識しながらまとめたい。

筆者は、これまでにもこのテーマについて、⑴武家の権力編成の原理である主従関係が館や建物空間などの場の設定や道具の使い方の基底にあること、⑵中世に特徴的なふたつの空間原理（表は主従制・イエの原理、奥は一揆の原理）の並立が都市空間のみならず、権力表徴としての館、建物空間にもあり、それが織豊期にその一方が吸収、統合されて近世の屋敷空間へ変化すること、⑶日本列島のなかで、各地の武家権力がもつ個性や地域性が館・屋敷の景観、モノに独自性として反映されていることなどの論点で整理してきたところであり、ここでもそれを継承している。

1　館の建物をどう読んだか

発掘遺構である建物の機能・性格を読むとき、考古情報のみからの分析には限界があり、当時の儀礼・行事、生活等を語る文字史料や絵画資料などの援用なしには読むことはできないことは、先にふれたとおりである。さらに現実には、こうした文字史料や絵画資料なども限られた存在であり、時代や地域、階層性などによる史料・資料の偏在性を考慮するとき、各地の個別の発掘事例にどれだけ整合性をもって対応させることが妥当なのかについてはかなりの困難を伴う。

最初に越前一乗谷の朝倉館を例に、どのような根拠で「建物をどう読んだか」を紹介し、その方法と限界を再確認したい。それはこの遺跡が、発掘された館の中でも最も情報が豊かな遺跡のひとつであり、戦国大名館の事例として引用される機会が多く、その遺構を読んだ過程と問題点を紹介することは、他の発掘事例を検討する際に参考になると考えるからである。また、何よりも、筆者の戦国期武家館の空間理解に関する原点となっている遺跡でもある。

周知のように、この館は、天正元年(一五七三)八月に信長軍の焼き討ちにより焼亡した後、町が北庄に移転したことで、タイムカプセルのように館の遺構が一セット良好に保存された。加えて朝倉氏滅亡直前の永禄十一年(一五六八)には将軍候補足利義昭の館への御成があり、複数の記事が残されている。朝倉館の御成に関する文献史料は、「永禄十一年五月十七日朝倉屋形へ御成御門役辻固ノ事」、「御成次第の事」(『朝倉始末記』)、「朝倉亭御成記」(『群書類従』)、内閣文庫本「朝倉義景亭御成記」などである。これにより館全域の発掘遺構とその館を舞台にした御成等の文字史料を重ねて具体的に検証できるという点で、きわめて希有な遺跡といえる。さらには、館単独ではなく城下町全域の発

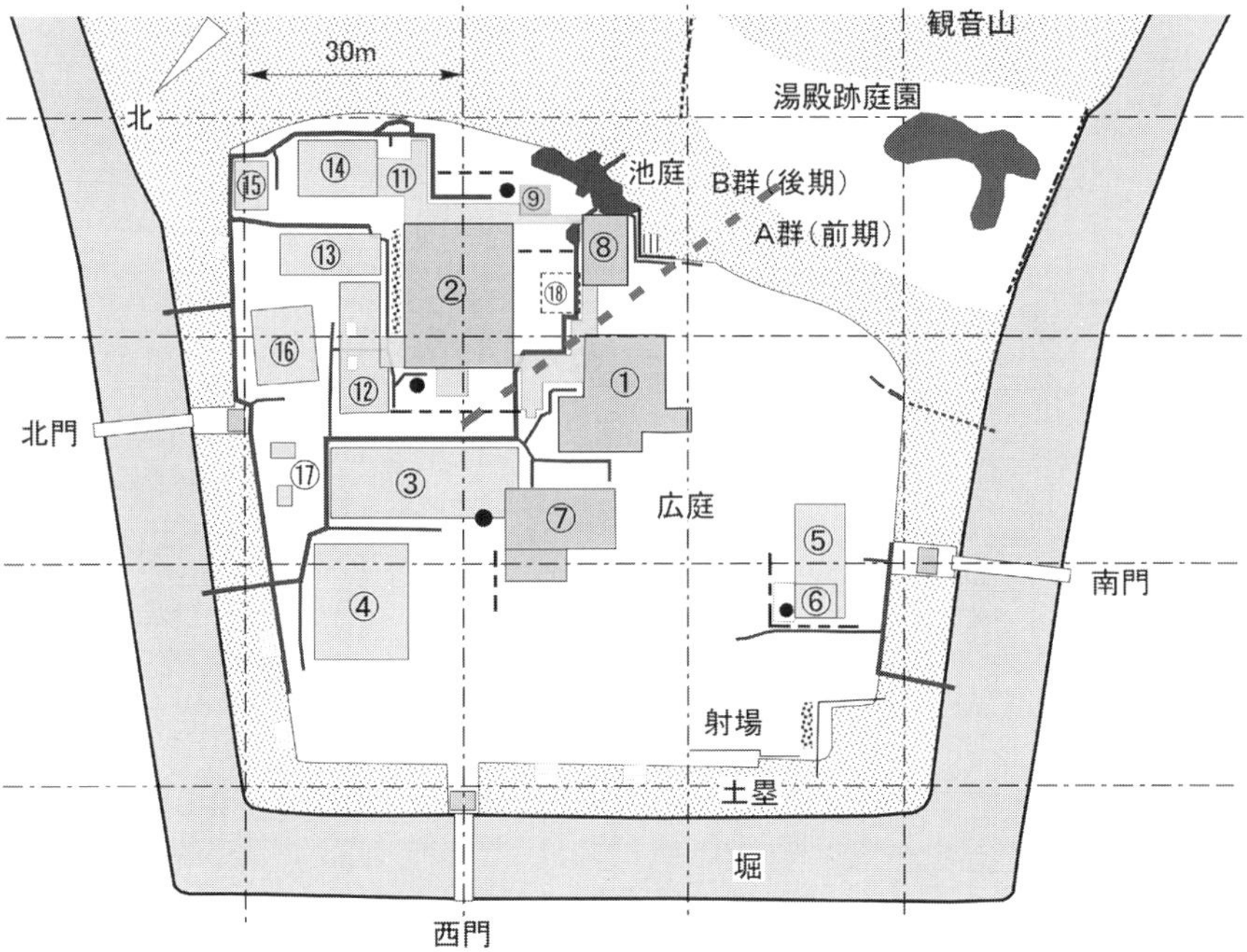

第1図　朝倉館模式図

掘が進んでおり、この館の意味を都市全体のなかに位置づけて議論できる利点がある。

朝倉館は、城山を東に背負い、他の三方を土塁と堀で区画し、西を「御門」とする西礼の館である。館の規模は、正面の西土塁が芯心で約九〇㍍、堀の外側で約一二〇㍍である。方形を意識したものと考えられるが、東の山裾に向かい少し開いた台形となる。当初は三〇㍍方眼を二×三配置した形であったものが後半には北東部に二方眼を拡張している。館内部には、南西の隅櫓を除いて一六の建物、さらにそれらを繋ぐ廊、庇が発掘されている（第1図）。建物を含む発掘遺構は、『朝倉氏遺跡発掘調査報告Ⅰ　朝倉館跡の調査』［福井県教委 一九七九］に第4章5建築遺構としてまとめられている。これがいわば調査組織としての遺構の共通認識を資料化した一次資料である。これに基づき各建物の間取り復元や機能、名称比定などを提示したのが、報告書の考察にあたる第6章まとめであり、その後、建築史の立場から考察したのが「朝倉館の建築的考察」［吉岡 一九八三］

第1表　朝倉館の建物機能推定の根拠

		建物番号	根拠	名称・機能推定	史料の記載
A	特定の遺構が付属する	⑫	大型囲炉裏	厨房	
		⑥、⑭	石敷き基礎	土蔵	
		⑪	竈	風呂屋	
B	特定の施設・間取りを復元できる	④、⑯		厩	
		①	中門廊	主殿	寝殿
		②	十二間	会所	会所
C	他の施設とのセット関係	⑨	池庭	茶座敷	小座敷、数寄間
		⑧	池庭	泉殿	泉殿
D	あったはずの施設が未確認	⑱		能舞台	演能

である。筆者の建物の間取り復元等についても、これらの成果によるところが大きい。ただし、間取り細部や特に建物の機能・性格の評価や名称については、必要に応じて筆者の異なる理解を提示してきた。

朝倉館の発掘建物の名称、機能の復元に関する根拠を整理しておきたい。

第1表は、建物の性格・名称の比定を検討した際の理由付けによりグループ分けしたものである。Aは、特定の発掘遺構が付属することで機能がわかる建物で、大型の囲炉裏を二基もつ建物⑫は厨房、大型竈をもつ建物⑪は風呂屋、一段高い堅固な石敷き基礎に特殊な入り口構造を持つ建物⑥と⑭は土蔵とした。Bは、特定の平面形や間取りが復元できるもので、建物④・⑯は「匠明」のモデルどおりの桁行七尺の柱間で、馬を繋ぐ立場などの特殊な間取りを持つことから「七間厩」「五間厩」、建物①は西の表門に面して中門(廊)をもち、埒が残る射場との関係から「主殿(寝殿)」、建物②は主室「十二間」や「沓形座敷」が復元できることなどから「会所」に比定した。Cは、他の発掘遺構とのセット関係から機能や名称が推定されるもので、建物⑨は池庭や坪庭とセットになる小規模建物であり、隣接する井戸から茶の湯関連の遺物群が発掘され「小座敷」「数寄の間」に、建物⑧は池庭の縁石に乗り出した平面から泉殿的な建物とした。逆にDとして、文献史料にある演能記事から存在が認められるにもかかわらず発掘遺構として未確認な例として能舞台⑱をあげた。

このようにみると、礎石建物として遺構の残りが非常に良好な朝倉館を例にしても、発掘遺構のみの情報によってその建物の機能や名称を読むことができるのは、厳密には

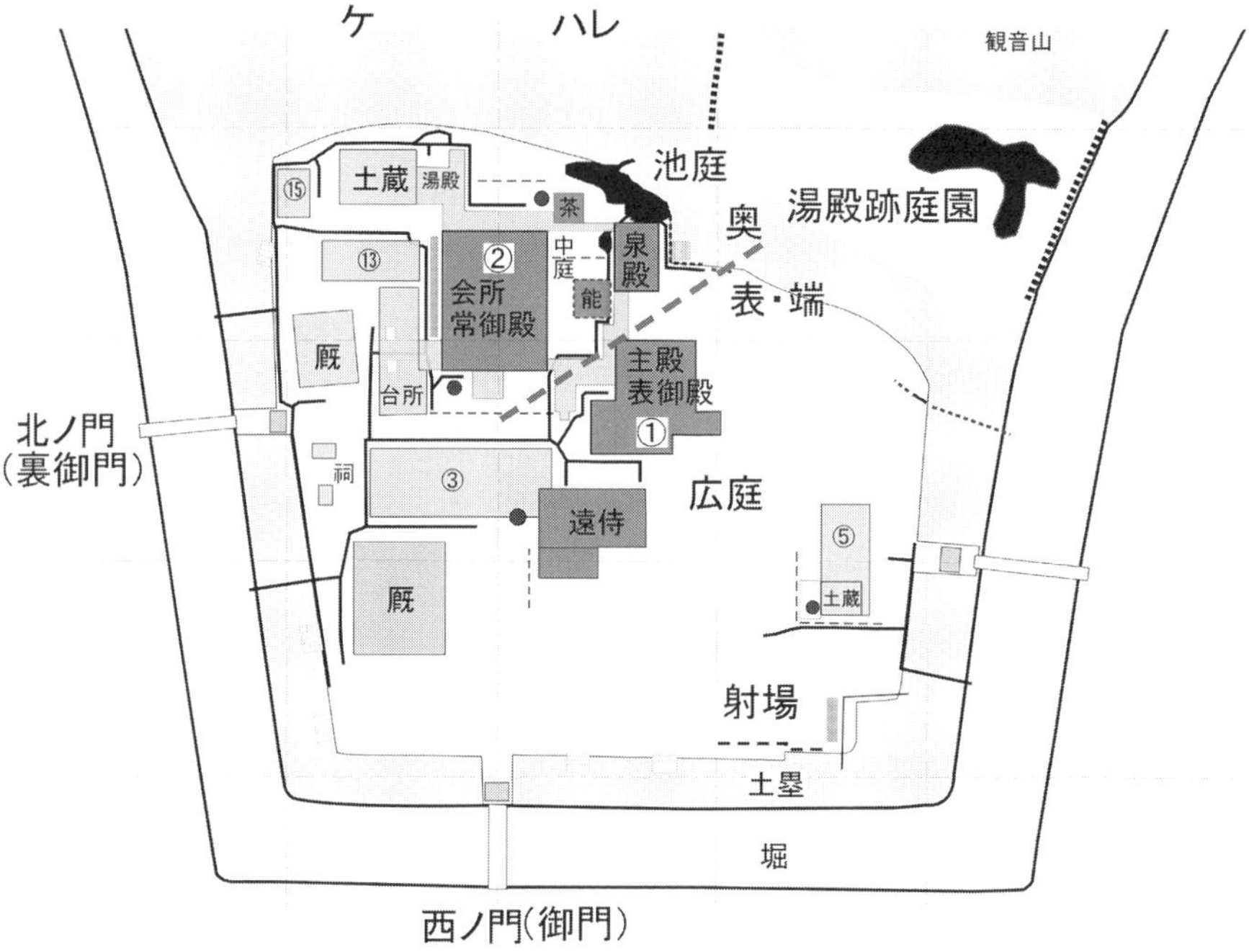

第2図　朝倉館建物比定

第1表のAだけであることがわかる。B・Cは関連史料に記載があることや「匠明」などの記事を参考にすることで読み解くことが可能となる。またそうした時、B・Cのように建物遺構の情報だけではなく、庭園や門などの他の遺構との関係性が推定根拠としても重要だということが改めて確認されよう。それでも、建物⑤、⑦、⑬、⑮、⑰は確定的な読み解きができないままである。さらには、逆にDの能舞台のように存在したはずのものが、発掘遺構として確認できないものもあるということも重要である。能舞台の場合は仮設のためと考えられるが、一般的に礎石建物では掘立柱建物と異なり、礎石の設置面(生活面)が後世に少しでも削平されると痕跡を残さないことが普通である。これらの結果を反映させたのが第2図である。

　次に館の中心建物となる建物①と建物②について、御成記事を重ねて復元的に読んでみる(第2表、第3図)。

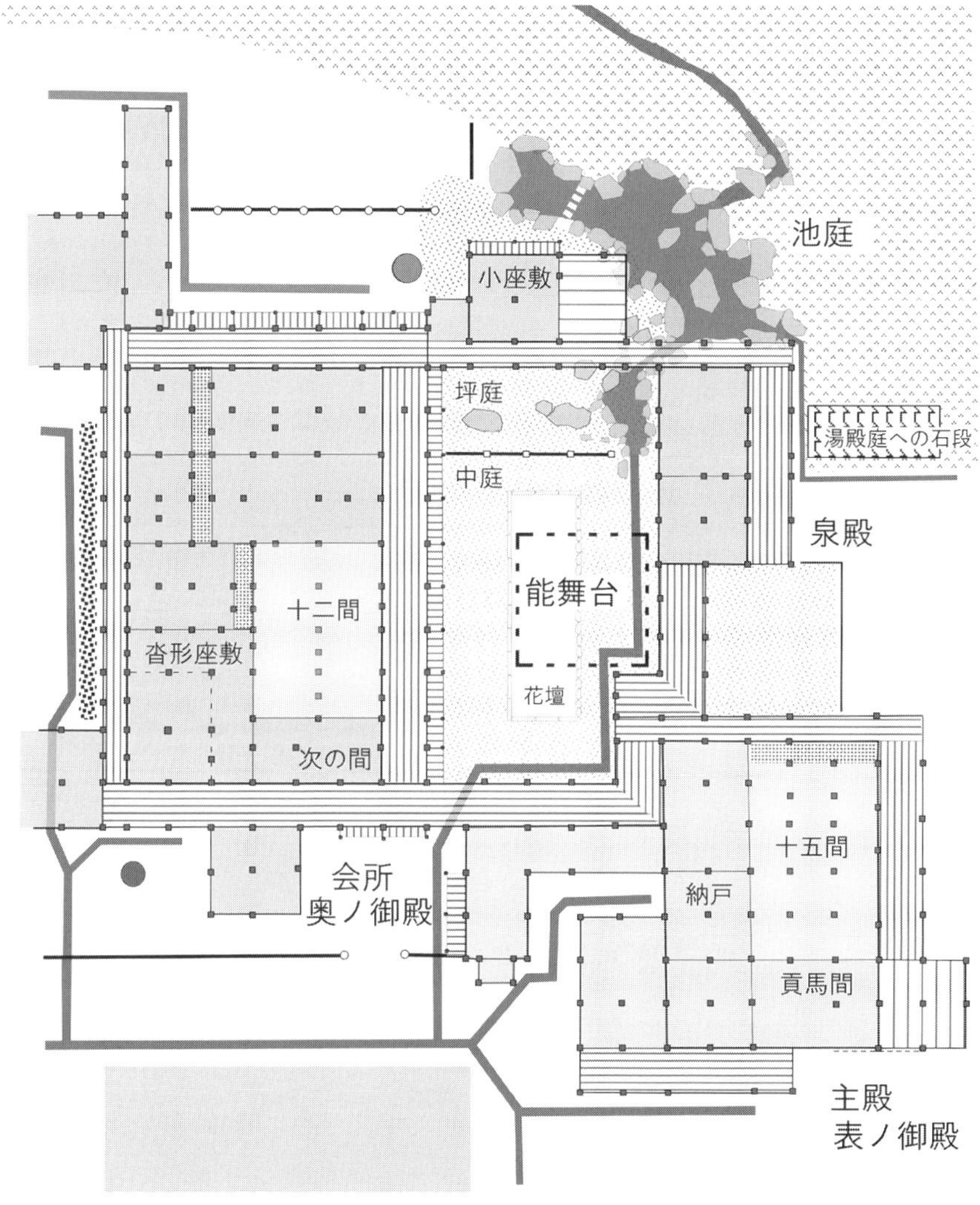

第3図　御成建物間取復元

主殿に比定した建物①の間取りは、礎石配置から、南北五間×東西七間の母屋に南と西に広縁がついた東西棟で、南西隅に二間×二間の中門廊がつく。棟筋の南半分に接客用の数部屋があり、主座敷は十五間(三間×五間)である。文明十三年の二代貞景への代替わりの儀式に使われた「おもての拾五間」がこの建物と同一かどうかについては、この館がいつからあるかの別の議論が必要となる。御成一部の式三献の行われた座敷は、御馬進上に由来してか記事には「貢馬間」と記される。通常「公卿間」とよぶものに相当しよう。この主殿の形状や間取りは、興福寺仏地院主殿(一四八五年)、多聞院寝殿(一五四二年)などと類似しており、こうした主殿が武家に限らず寺家方など戦国期の一定の上級階層の屋敷に共通するものであったことについては、すでに指摘したとおりである。

当時の儀礼に基づき御成一部の会場となった主殿・建物①を復元すると、義昭に先行した一条殿は「表の南戸(納戸)」に控えた。その後「貢馬間」において義景が義昭から式三献の杯を受けた。義昭の座の脇には弓・征矢・鎧が飾られており、披露の後、進上された。それは亭主からの太刀、飾り馬の進上とセットになった弓馬の輩としての武家の伝統性を象徴した飾りである。

御成二部の会場となる会所・建物②は、一〇間×六間の東西棟で四面に縁が付き、南は花壇をもつ中庭に面して広縁と落縁がつく。落縁には主座敷十二間の中央位置に合うように切石の狭間石が抜けている柱間があり、ここに中庭へ降りる踏段があったと推定される。主座敷「十二間」(三×四間)には、押板二間があり、ここに唐物が飾られた。その背後に六間の納戸が復元される。北西の隅にはL字形になる「御沓形の座敷」がある。この沓形の座敷には四月二十一日の元服御成の記事によると、押板、違い棚、書院などがあり、さらに茶の湯の台子と篁笥が飾られたことがわかる。会所の東半分には、比較的小さな部屋が六部屋ほどとられる。その東南隅の部屋は広縁の部分にも柱があることから付書院の張り出しが復元可能である。十二間では、義昭は唐物の飾られた押板を背に南面し、一条晴良(前関白)、仁木義政と義景が御相伴した。四献の後に開始された能は、その舞台を中庭に架設し、義昭たちはこの座敷から観ている。舞台は主座敷から三間の距離という当時の規範に準拠するが、橋架かりは復元できない。

建物②は、永禄十一年に義昭を接待した館内の最大規模の建物であり、これとセットに作られている庭園群や他の建物群との機能や位置関係からも後半期の朝倉館の中心建物となっている。その意匠や間取り構成からも会所機能を併せ持つ新たな御殿と考えられる。この改修では、館内に伝統的な中門廊をもつ主殿（建物①）を表の御殿として残しており、建物②はこの時期にふさわしい機能を持たせた奥の御殿として位置づけられよう。

2　館・屋敷の空間を読む

前節の建物機能などの想定から、館空間は、西の表門を通る東西軸の南と北とに大きく分けられる。このラインよりも北側には比較的小さな建物が集中し、厨房（建物⑫）、風呂屋（建物⑪）、北門の脇の「五間厩」（建物⑯）等が確認され、この館の日常的機能を支える空間＝ケの空間とまとめられる。南側には、主たる建物群が池庭や花壇をもつ中庭、広庭、射場などと関係づけて配置される。会所とした建物②と池庭に伴う小座敷（建物⑨）、池の縁石に柱を乗せた泉殿（建物⑧）が坪庭・花壇をもつ中庭を共有し広縁や廊で連結される。その西と南側には表門から続く広庭・射場が広がり、これに面して主殿（建物①）と遠侍（建物⑦）が配置される。ハレの空間となる南半分には接客機能をもつ建物群と大きく広庭が占めるのが特徴である。軸ラインからは北になるが表門を入った所には広庭に面して「七間厩」（建物④）があり、これが御成に際して献上馬や御召馬を繋いだハレの厩と考えられる。

以上のように厳密な南北ではないが生活方位を意識した、南北による空間の使い分けが原則である。ハレとケの概念は、民俗学においてよく使われるが、中世史では、公家的な儀礼等の表現において使われる例が多い。川上貢氏は、古代から中世の建築空間に関するハレとケの概念について、「ハレの場所とは儀礼の場であり、接客のための場であって、家人の他に外来者との交渉が行なわれる公共的性格がもたらされる。他方のケの場所は家人が日常の生活（食事・就寝・炊事・休息など）にあてられる場所である」と説明する［川上 一九六八］。筆者もこれまでそれを承けてきたが、戦国期の武家館を対象とする本稿では、大まかに儀礼・行事など対面接客のための部分をハレの空間とし、家人の日常生活やハレの行事を裏で支える機能を持つ部分をケの空間とする。

(1) 表と奥、ふたつの権威空間

朝倉亭御成の記事では、異本によって御成の第一部と第二部の主舞台となった各々の空間・建物が、表と奥という異なる言葉で記されており、これから当時意識されていた館内の空間呼称が復元される。この時期の館空間を考えるうえで、このふたつの空間のありかたが重要である。

三好筑前守義長亭御成の記録
群書類従本「三好筑前守義長朝臣亭江御成之記」
未刻（2時）御成
主殿：奥之四間 ・式三献の儀 ・献儀：亭主から太刀と鞍置馬。妻戸から御覧 ・将軍から剱
主殿：九間 ・酒肴の供応：十七献 　奇数の度に献上品 ・三献の後、休息所、奥の四畳半に茶の湯。 　やがて面へ御成 ・五献の後能楽開始：式三番～十四番 　舞台：九間前の庭
翌日、巳刻（午前10時）還御

第2表は、永禄十一年五月十七日の朝倉館御成を記録した二本の概要を比較したものである。左欄は義昭側によって記録されたと考えられる群書類従本などのいわゆる御成記である。右欄は朝倉氏側によって記録されたと考えられる「越州軍記」などを底本とする「朝倉始末記」の記事からのまとめである。両者を比較すると、御成の次第や料理、能の演目、進上の品々などの記述の概要はほとんど同じだが、前者は御成記に共通したフォーマットどおりに、後者は現地や家中を意識したいわばローカルな記述が丁寧である。たとえば、辻固めや家中の年寄衆などの御礼進上についてみると、前者は末尾に項目を立て人名だけの列記、後者はどこの辻に誰がという

第2表　将軍御成プログラム

	朝倉館御成永禄11年5月17日の記録	
	内閣文庫本「朝倉義景亭御成記」	「朝倉始末記」所収「永禄十一年五月十七日朝倉屋形へ御成御門役辻固ノ事」
		午刻(12時)御成 表ノ納戸：先遣の二条殿控える
1部	寝殿： ・式三献 ・義景から太刀、弓・征矢、鎧進上 ・鞍置馬進上、御馬御覧：諸侯庭に伺候	端ノ座貢馬間 ・式三献の儀 ・義景から太刀と馬献上：射場に伺候
2部	会所： ・酒肴の供応：十七献、七膳 ・休息所 ・四献の後、能楽開始、十三番 ：座敷にて御覧 ・十献の後、中入りの休息。 御供衆御小御台に参る ・十七献の後、年寄衆太刀馬進上 ：座敷にて御覧	奥ノ座十二間 ・酒肴の供応：十七献 奇数の度に献上品 ・四献の後、能楽開始、十三番まで ・十献の後、別座へくつろぎ、 ・十七献の後、内衆太刀馬にて御礼、 順の舞：縁にて
		翌日、巳刻(午前10時)還御

記述に始まり、御礼では、本文中に誰々が何献の時に何を進上という個別具体的な書きぶりとなる。

さらにこの両本の比較から、会場となった建物呼称の違いが判明する。これは同じ建物が記録された文献史料の性格によって、いわば建前と実態を反映した異なる呼称で記述される可能性をもつということを示している。将軍御成というハレの行事の舞台の記述において、前者は故実書としての御成記らしく、第一部を伝統的な呼称の「寝殿」、第二部は「会所」と型どおりの建物名称で記録する。対する後者は、第一部は「表ノ」あるいは「端ノ座」、第二部は「奥ノ座」である。「表ノ」あるいは「端ノ」と「奥ノ」という呼称には、単に建物名称だけではなく異なる空間属性が表現されていると考えられる。おそらく表と奥の空間とその主たる建物として「表の御殿」の意を込めた「表(の座)」、「奥の御殿」の意を込めた「奥(の座)」という、この館で通常使われていた呼称で建物を記述したのだと考える。同じ表現は、すでに一四八八年の一乗谷初代孝景から二代氏景への代替わりに際し、当主が家中の内衆や年寄衆と対面した儀礼においても、その会場が「おもての拾五間」(福井県史資料編3中近世一・諏訪公一家文書「諏訪神左衛門代替儀礼覚書」)と記されており、朝倉館においては既定の使い方となっていたことが確認される。

権威空間の重要な点は、時にはこうした在地的なもの、既成のものを意識的に読み替えて使う、都と地方の二重性を容認するような読み替え可能な両性を持つありかたにあるのかもしれない。一乗谷の建物群の柱間六尺二寸、六尺二寸五分は、これらが越前の仕様技術で作られたことを示している。そしてその読み替えが具体的に示されたのがこの二種類の御成の記録といえるのだろう。

(2) 豊後大友館における表と奥（第4・5図）

「表」と「奥」に関する同じような用例を豊後府内の大友館でも確認することができる。大友家の年中行事を記した「當家年中作法日記」である［大分市教委 二〇〇六、玉永・坂本 二〇〇九、坪根 二〇〇八など］。この日記は、『増補訂正編年大友史料』に収録されており、秀吉により豊後を没収された大友吉統が水戸に幽閉中の文禄四年（一五九五）に書いたものとされる。これには、大歳や元旦の正月祝い、正月二十九日の「大おもて節」と呼ぶ家中の対面儀礼などの会場となった建物が「大おもて」と記されている。日記からまとめると、大おもては、「大門」を入った「大庭」や「庭」に面しており、大庭には「遠侍」も面していた。また、「大おもて」から観ることができる位置に能舞台があった。つまり、大門（礼門）につづく広庭が「大庭」と呼ばれ、これに面して主たる建物「大おもて」と「遠侍」があり、少なくともこれらを包摂する空間が「おもて」と呼ばれていたと解釈できる。さらに日記には、「おもて番衆」と「奥番衆」、「奥の蔵番」のように表と奥が対語となった記述があり、館は東の南北街路に門を開き、東側に位置した表に対して、奥という空間が意識されていたことがわかる。

この構成を発掘遺構に重ねて模式化したのが第4図である。ここにみるように東に表門を開き、門の内側に広庭、それに面した「大おもて」かとされる中心建物から始まる建物域が西側に展開、南側には大きく広がる庭園域から成

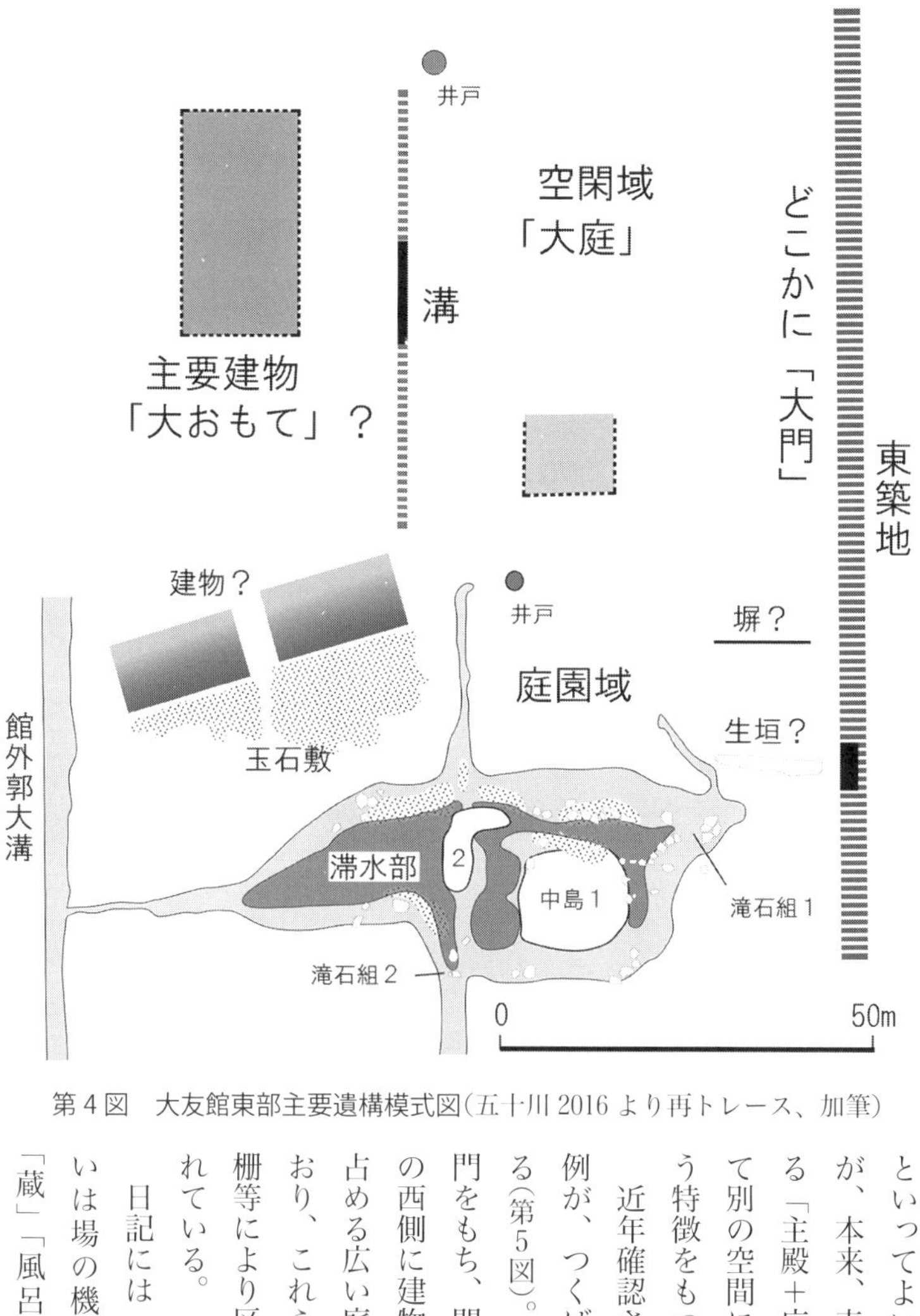

第４図　大友館東部主要遺構模式図（五十川 2016 より再トレース、加筆）

る。このあり方は、基本的な構成といってよいものである。ところが、本来、表の主たるセットである「主殿＋広庭」が、大溝によって別の空間に分断されているという特徴をもつ（第４図）。

近年確認された同じ特徴をもつ例が、つくば市の小田城本丸である（第５図）。大友館同様に東に表門をもち、門の内側に空閑域、その西側に建物域、そして南半部を占める広い庭園域から構成されており、これら三つの空間が大溝や柵等により区分され明確に分離されている。

日記には「表」以外の建物あるいは場の機能名称として、「厩」「蔵」「風呂屋」「公文所」「細工所」「贄殿」「納所」「ね所」「御台

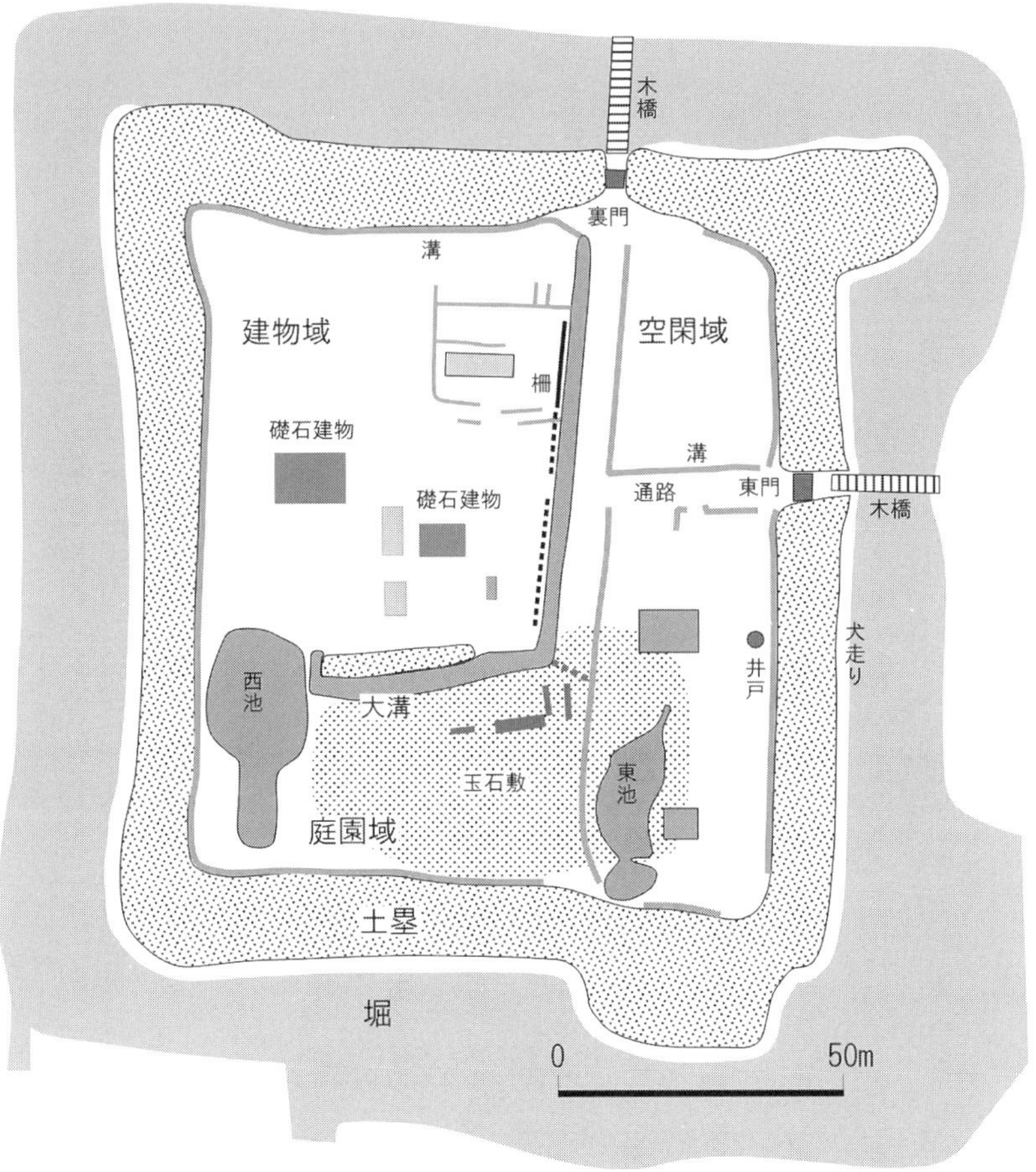

第5図　小田城本丸(氏治期)模式図(つくば市教委2015より作成)

所」などがみられる。これらはすべてが独立した建物名称かどうかは検討の余地があるが、機能的にケの空間に属するものが多く、これらが存在する空間を奥と認識していたと考えられる。また、「ね所」は当主の寝所と考えると、後世の江戸期の大名屋敷における「御座の間」あるいはさらに機能分化した「御休息」、「御寝の間」などに通じ、「御台所」についても当主婦人「御台」の居所と考えると、それらを奥御殿的な機能として捉えることができ、表と奥というふたつの機能からなる大友館の空間構成を知ることができる。

さらに、十九日「簾中かた節」や二十九日「大おもて節」における対面と場の関係をみると、いずれの場合も「おもての座」「おもての座敷」には客分や親類衆、宿老、聞次をはじめ家中の諸侍などが階層によって座（建物と部屋など）を分けて着座している。一方「親子むら」「夫婦親子むら」（狭義の家の者）は「おくにて同座」となる。大友館の表と奥のふたつの空間は、表が家中に対する場であるのに対して、奥が大友当主の家の者の場として使い分けられており、対外的な対面儀礼の場としての表と内向きの対面や御台など女性を亭主とする対面の場としての奥ということになろう。

一方、日記には、この館を特徴づける東南部に発掘された大規模な池庭とその周辺に存在が推定される庭園域の建物群に相当する記載がないことが注意をひく。これについては、この日記の趣旨が「後代に伝えるべき大友家年中行事の記録」と記されていることから判断すると、そうした空間が家としての恒例、公式の行事の場とはならなかったことを意味していると考えられる。たとえば、こうした場に予想される茶の湯、連歌などの寄合は、臨時の、また私的な対面、行事であり、非公式の一過性のものとして位置づけられていたためと理解される。逆説的ではあるが、このこともまた、寄合の舞台となる会所などの空間原理の一端を語るものとして重要である。

(3) 南部根城における表と奥（第6図）

同じ視点で、南部氏根城の正月行事を例に、表と奥の使い分けを検討する。

『三翁昔語』に記載された「八戸家御伝来之正五御吉例御再興之事」によれば、根城では、元旦に、「表」と「奥」で「三献肴法」と呼ぶ御祝があった。二日には、奥において三献肴法の御祝があり、その後、表において新田・中館・沢里の有力一族をはじめ家中の面々を集めた年頭の対面が行われた。三献肴法による盃事とともにこの三氏には祝儀の弓や馬が与えられ、次ぎに三氏から家中の末座へと盃が回された。また、十一日の武事始では、まず「奥」で

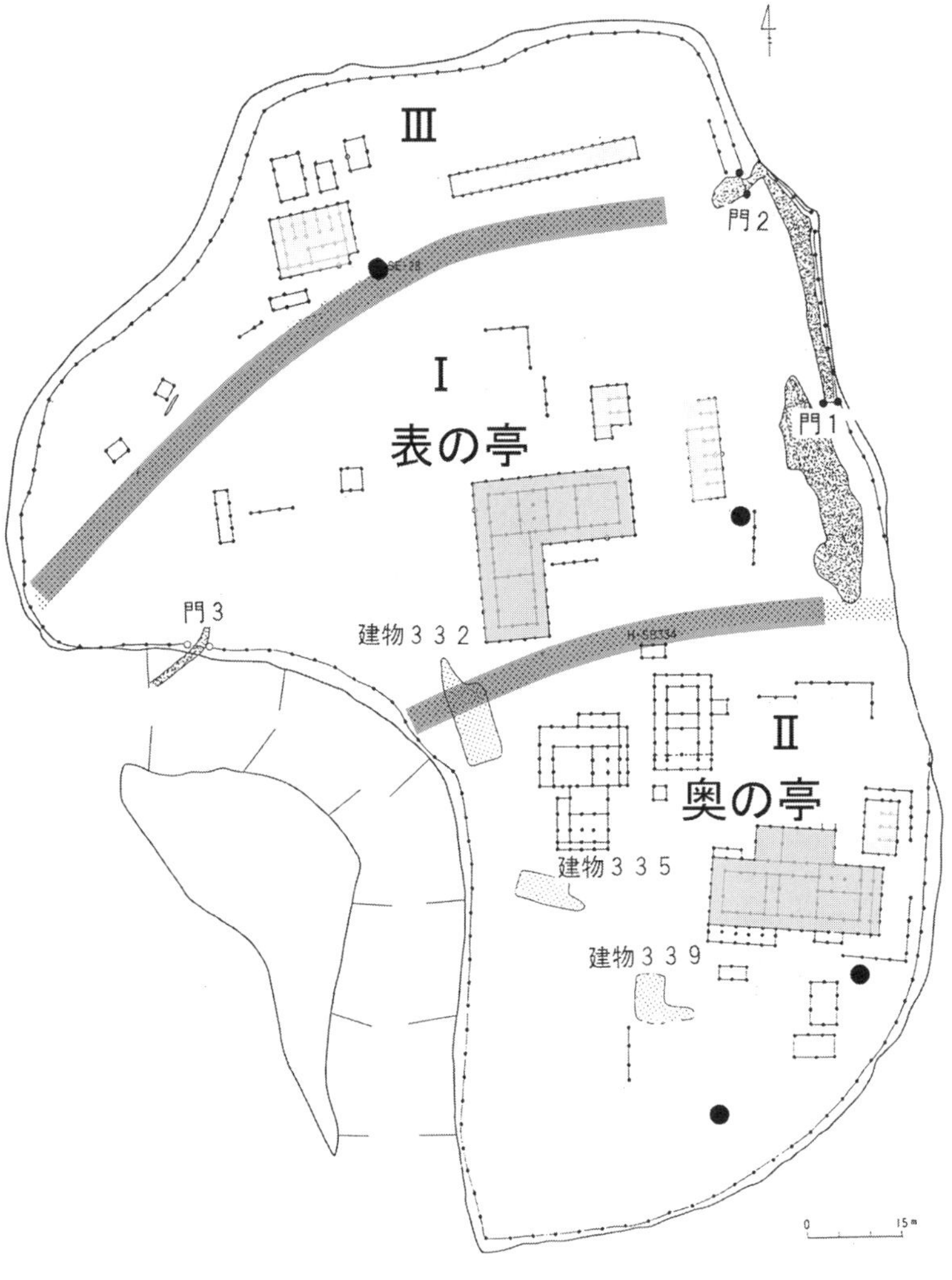

第６図　根城本丸(八戸市教委 1993 に加筆)

三献肴法による御祝があり、次に、「奥」から家宝の重代の具足を「表」へ出して飾り、年男がそれを着けて盃事が行われた。そして、その後、弓、鉄砲、貝の事始などがあった。この具足は、南部氏が奥州の地を賜った根拠となる故事を示す南部家の象徴としての品と意味づけられていたことを考えると、南部家の祖先を体現した年男を介して家と家中との契約、結束を象徴する最も重要な儀礼と位置づけられる。

根城の正月行事から場の使い分けをみると、奥が狭義の南部家の祝いをする私的な場、表は、家中との対面をする公的な場と位置づけられていたと理解される。また、『八戸家伝記』の記事では、この表と奥が各々「表亭」、「奥亭」と表記されており、根城においても表と奥が空間概念であるとともに各々の空間の主たる建物を指す用語でもあった。

根城本丸は全域が発掘されており、その成果によれば十五世紀後半以降では四期の建て替えが検証されているが、大きく公式の行事を行う空間、城主の奥向きの空間、厩や蔵を中心とした空間の三つから構成され、この空間の使われ方が各期に踏襲されていることが報告されている[八戸市教委 一九九三]。第6図は、十六世紀後半とされる15期の遺構模式図であり、このⅠ、Ⅱ、Ⅲがそれに相当する。先の『三翁昔語』『八戸家伝記』の呼称を比定すれば、Ⅰが表、Ⅱが奥、そして九間(三間×三間)の最大の部屋が連続する各々の中心建物が表亭、奥亭となろう。ただし『三翁昔語』は明和八年(一七七一)、『八戸家伝記』は享保年間に編纂されたものであり、編纂時の用語に置き換えられる可能性も残る。用語の年代観を厳密に考える際には注意を要するかもしれない。南部では、七戸城北館曲輪においても根城と同様の空間構成や同じような建物群の構成、変遷が指摘されており[七戸町教委 二〇〇六]、池庭を持たないことなども南部氏に連なる階層の空間においては共通すると考えられる[小野 二〇〇五]。

一方、現在三戸南部家の聖寿寺館の発掘が進行中である。かわらけ儀礼がないこと、池庭もこれまでの調査では根城、七戸城と同様に確認されていない。ただ永正五年(一五〇八)春かとする南部氏二三代安信の代始めの興行の「卜純句集」発句に庭を詠んだ句があることから、京下がりの宗祇一門の連歌師が参加する会場にふさわしい園地を備え

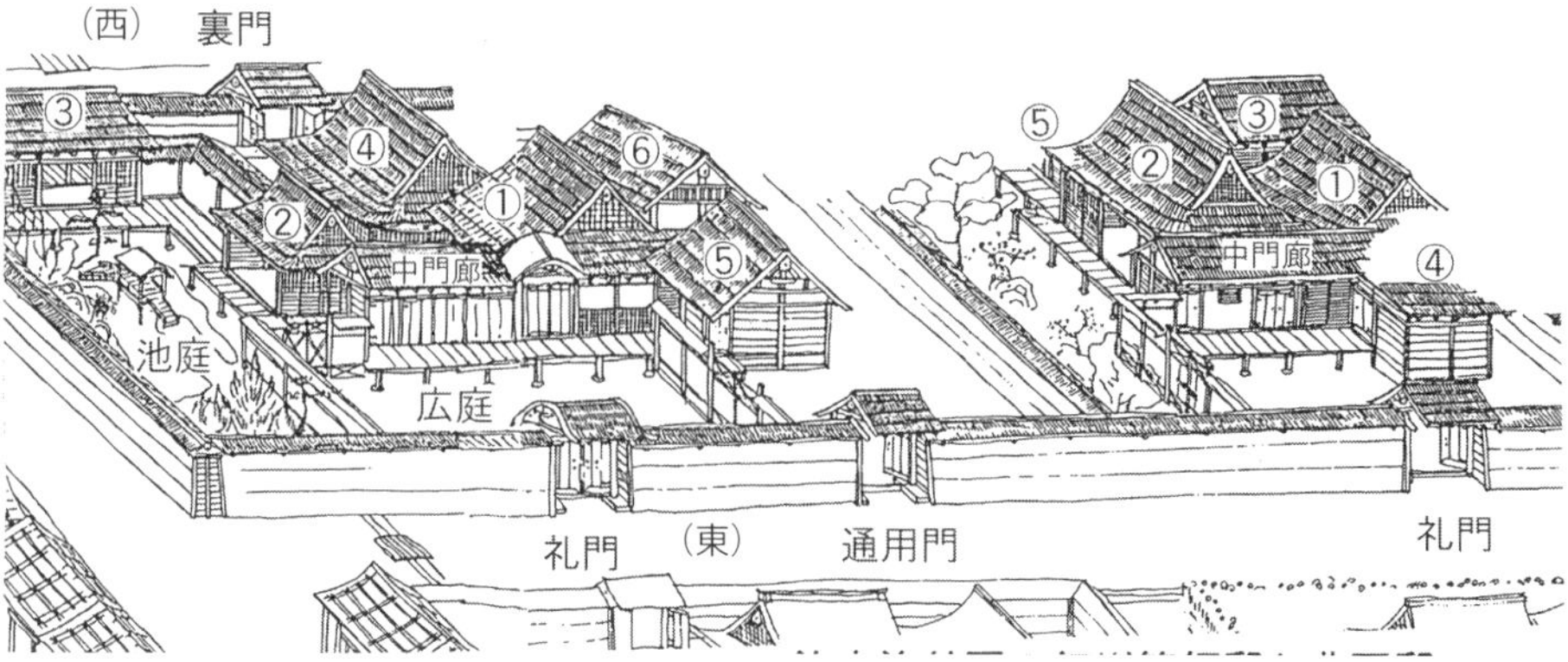

第７図　細川邸と典厩邸（平井 1980 に加筆）

た庭園の存在が指摘された〔斎藤 二〇一四〕。しかし、句では「苺の庭」「苔の庭」の表現であり、あえて水が詠まれていないことから池庭ではなく平庭と考えたい。建物の理解もあわせて結論は今後の調査の進展をまちたい。

(4) 細川邸の建物群と空間（第7図）

都の上級武家屋敷のありかたをみておきたい。第7図は、「洛中洛外図屏風」（歴博甲本・旧町田家本）に描かれた「細川殿」と「典厩」邸の平井聖氏によるトレース図である〔平井 一九八〇〕。十六世紀代の都の景観を描く洛中洛外図には歴博甲本や上杉本、東博模本などが知られるが、いずれも将軍邸とともに細川惣領家とその庶流典厩、さらに有力被官の薬師寺・額田・若槻邸など、細川家全盛の描写が多く取り込まれていることが知られる。この屏風では将軍邸と細川邸が武家方の中心画題であり、両者とも雲の部分を最小限にして屋敷全体を描くことにもその意識が表れている。将軍や描かれた屋敷の居主については、研究者による異なる見解がある。一方、細川邸については澄元以降、晴元・氏綱も同じ屋敷を踏襲したとされており、また、筆者はこれを独自に議論できる知識はなく、ここでの論点の材料としては、細川惣領家京兆と庶流典厩の屋敷であると確認するにとどめる。

細川邸について朝倉館と同じ視角から建物群と屋敷空間を概観する。屋敷は築地塀に囲まれ東に礼門があり、その北寄りに通用門、西に裏門をもつ。

礼門は格が高い平唐門でそれを入ると広庭がひろがり、正面に唐破風付きの中門廊をもつ①主殿がある。主殿の北東に繋がるのが⑤遠侍であろう。これらが表の施設である。屋敷の東南には、表の広庭と塀によって明確に仕切られた大きな池庭が広がり、これに面して②会所と③厩が展開する。②会所には鼓を打つ人物が描かれ芸能の場であることを暗示し、また③は池に面した畳間に人物が侍り、その奥が板の間、馬をおく立場で仕切の立羽目がみえ厩とわかる。厩の遠侍で碁や将棋を指す東博所蔵の「厩図屏風」をひくまでもなく、厩は遠侍をもつサロンであり、会所とともに池庭をめぐる奥空間のハレの場を構成している。主殿と会所を繋ぐのが主殿の奥にある④で常御殿と考えられ、裏門に近い位置になる。主殿の裏側には土壁で煙だしの窓をもつ⑥台所がある。これらのケの建物群は北から西の裏門へかけて広がる。こうした細川邸の建物と空間の景観は上杉本においてもほぼ同じで、常御殿と厩の間に建物が一棟多いだけの違いであり、たとえば同じ位置にある台所には棟のうえに煙だしの小屋根が付き、同じく厩には立場に馬がみえるなど、より丁寧に建物機能を説明している。

この細川邸として機能を描き込んだ建物群と空間配置は、屏風の中心的な画題である屋敷の描写が両本に酷似することを考えると、この構成は実景に近いと思えるが、ここでの関心は、この描写がどこまで実景かに立ち入ることは必要なく、絵師が、この景観を細川クラスの屋敷の必要最小限のモデル的なセットとして、観るものが納得するように限定された狭い画面にそれを描いたことである。むしろこれが実景であることよりもこの時期の細川クラスの屋敷景観を理念的なモデルとして描いたと意味づけられることが重要なのである。

(5) 表と奥の空間模式

朝倉館でみてきた表と奥の空間をまとめなおしておく。南側のハレのうち、「表」空間の中心は中門廊をもつ建物①表の御殿・主殿で、広庭が伴う。これはその古い呼称に示された寝殿とその南庭がセットになった古代以来の伝統

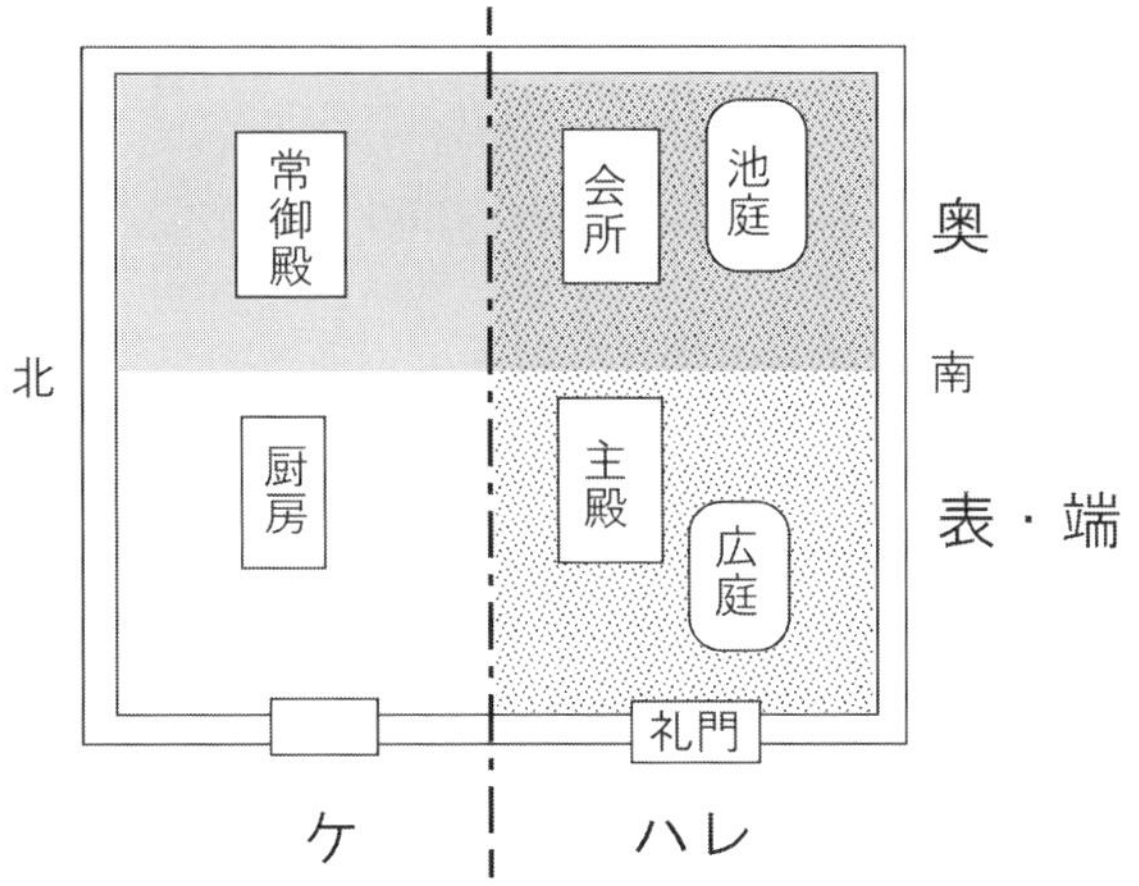

第8図　都型館屋敷空間模式図

的な儀式空間の機能を継承したことに由来する。唐破風をもつ中門廊はその象徴である。「奥」空間を代表するのが建物②奥の御殿・会所で、それには池庭、坪などの庭園が伴い、また茶の湯のための数寄の建物⑨が伴っている。朝倉館において義昭を迎えるために新造されたと推定してきた建物群はB群に比定されており、旧来からあるA群とは柱間寸法と柱筋の方位を異にする。B群には台所⑫、厩などのケの建物群をも含むが、主体は会所機能をもった建物②の奥の新御殿と池庭、それとセットの建物⑨小座敷、建物⑧泉殿である。したがって、単純に奥＝ケという図式ではなく、ハレの機能のうち従来からの儀礼の場を担うのが表であり、接客の場でも茶・花・香、連歌などの寄合などの場は奥に属す空間に存在するという理解である。これは大友館や根城本丸で確認されたように、ハレの対面や諸行事などが、武家社会における公的か私的か、外向きか内向きかという基準によって表と奥の場が使い分けられたためと説明できる。将軍御成という朝倉氏の最大のハレ行事、権威誇示の場を、行事の内容に合わせて、表を「表の御殿（主殿）＋広庭」、奥は「奥の御殿（会所）＋池庭」というセットが担ったのである。

ハレとケ、表と奥の空間、その主たる施設をモデル化したのが第8図である。前稿［小野 一九九四］の「都型館・屋敷の空間概念」をもとに、先述の奥について修正をかけたものである。これは都やその影響を受けた大名クラスの館・屋敷の理念的な空間モデルであり、主たる構成要素は先にみた細川邸に描かれた必要最小限のセットとしたものと同じになる。

一方、各地で発掘される多くの武家館は個性的であり、「戦国の武家館はこうあるはずだ」という単一モデルに当てはめることにはなじまない。後述するように、地域や権力の指向によっては池庭さえもたない大名館もある。例示した朝倉館、都モデルを熟知し、指向したと考えられる朝倉氏においても、この模式図どおりではなく、たとえば、ふたつの主要建物さえも、寝殿・主殿、会所ではなく、各々「表(の御殿)」、「奥(の御殿)」と呼んでいた。先にみたように、表と奥はふたつの異なる性格をもつ空間とそれを代表する建物名としても使うありかたは、北の南部根城や西の大友館でも確認できることから、戦国期には広く一般的なものとなっていたと考えられる。朝倉館では、従来からの表御殿と奥御殿を、御成という有職故実を重視する行事においては、寝殿・主殿と会所に読み替えて使ったのである。表御殿については、中門廊をもつ寝殿・主殿としての建物様式を備えたものであったが、奥御殿は、この館の中心建物として、会所というよりも、会所に必要な機能を包摂したうえでより多機能で大規模な建物となっていた。

(6) 中世を語る空間論理

「表」と「奥」の空間の原理・機能からは、中世という時代、また武家の空間の特徴が見えてくる。「表」の中心建物主殿(寝殿)では、武家儀礼の中心といえる式三献―盃事が行われている。御成の場合は将軍と朝倉氏の主従関係の契りを確認する儀式である。また、一四八八年の朝倉氏初代孝景から二代氏景への代替わりの対面儀礼の場も、朝倉館の「おもての拾五間」と記される。まさに新しい当主に家中が忠誠を誓う儀式の場である。大内館の「大おもて」で行われた正月の対面儀礼、根城の「表亭」の正月儀礼も同じで、新年に主従関係を確認する行事である。武家の権力編成の根源である主従原理に基づく秩序の契約・確認の場が表の空間原理といえる。

それに対して、「奥」空間にある会所は、御成の饗宴では、一定の身分の者だけが入るという御成ならではの形がとられたが、本来、ここは身分秩序を積極的に否定する空間であり、身分秩序を視覚化する儀礼の場としての主殿とは相対する原理の空間であったと理解される。会所の機能は、公的な対面行事とは異なる、私的な対面の場であり、また、特に十五世紀以降盛んになる室内芸能、茶、花、香、連歌等の会が行われるサロン的な空間として急激に発展したものである。斎藤英俊氏の説明を借りれば、会所の特性は、「寄合」と「遊興性」であり、特に前者は、「一味同心」「一座建立」に示される同じ意志・目的を持つ者がそこに集い、一つの場を共有する意味をもち、さらに世俗的な身分秩序を離れた「貴賎同座」など、中世的な「一揆」の原理の場ということになる［斎藤 一九八四］。

大友館における「大おもて節」の儀礼の経過をみると、最初に対面儀礼の盃事である式三献があり、途中から舞台で能が始まり、能のあとには酒宴が続いた。この酒宴は「乱酒無其限、今日はいかようにもゆるし候間、諸人沈酔」と記され、一揆、無礼講の「乱れ酒」であった。ただし対面の後、会場を変えた記述はみえない。大人数のためであろうか。あるいは表を家中との対面と交歓の場ととらえ、御成のように厳密に場を分けないことに積極的な意味をみるべきかもしれない。

武家の対面儀礼が、式三献とそれに続く酒宴(乱れ酒)の二部で構成され、それぞれが寝殿・主殿と会所というふたつの異なる論理の空間で担われるありかたは、すでに鎌倉幕府、頼朝の時期の大倉御所における正月行事にも確認される。たとえば、『吾妻鏡』には「上総前司義兼献垸飯、相模守惟義持参御剱、又御弓箭以下進物。事終将軍家更出御于西侍障子上。盃酒及数巡。私催群遊」(建久六年正月一日条)と記される。公家的な公式行事としての寝殿＋南庭を舞台にした垸飯儀礼とその後に続く侍所における非公式な酒宴のセットがそれである。

垸飯は、正月の元旦、二日、三日に有力御家人が日を替えて将軍に食事を捧げ、頼朝から返礼をうける儀式である。このとき将軍は寝殿の中、御家人たちは広庭に伺候し、それを見上げる形で空間と席次に身分秩序を示す服属儀礼である。垸飯の後、頼朝は西の侍所に出座し集まった御家人たちと酒宴をしている。公家社会では、都の御所や貴族邸において侍所(侍廊)は中門廊の外の低いランクのエリアにあり、主人は儀式や接客のため寝殿から中門廊を越えてその外側にある侍廊に出て接客することはないのが原則とされる。頼朝はあえてその侍所に出座した。元々公家の行事であった垸飯を将軍邸に導入した頼朝であったが、大倉御所においては、ランクの低い区域にあたる侍所が、頼朝とそれを源氏の棟梁として推戴した御家人たちとの一揆的な交歓空間として機能し、その座を共有することが双方に必要だったことを示している。頼朝段階の大倉御所には館内空間をランク分けする公家方の上級屋敷に必須の中門廊が設けられなかったが、それもそうした武家権力のありかたと関係しているといえよう。鎌倉幕府初期の頼朝の年頭儀礼のありかたには、武家の権力原理とふたつの空間の儀礼・行事の本質がよく映されているといえる。

戦国時代においても、大名館や将軍邸における権力誇示の空間が、主殿と会所が象徴する身分秩序と一揆という、両極にある空間原理の並立で構成されることが特徴だと指摘できる。一方、同じ視点からみると、聚楽第大広間に代表される一五八〇年代後半からの「広間」への対面空間の変化、同じ時期の会所の消滅は、単に会所が広間に統合されたということではなく、織豊期に権力空間から中世的な〝一揆の空間原理〟が消し去られていく変化、いわば中世の終焉として評価できるのである。そして、その後の対面空間は、身分格差を視覚的に表現することを強化するベクトルで変遷していくことになるのである[小野 一九九七]。

3　館・屋敷から読む階層性、家格

(1) 可視化された屋敷の格差

細川邸と典厩邸の比較から始めよう(第7図)。そこに一人の絵師が細川惣領家とその庶流典厩という家格をどのように描き分けたか＝同時代の人びとが納得する階層差の表現があると考えるからである。屋敷外からの視線でまず見えるのが屋敷規模と外構え、門である。規模は、明らかに細川邸が大きく描かれ、外構えは築地塀で共通するが、その格式の差は門に明確である。細川邸では、正面に格の高い平唐門の礼門と棟門の通用門が並び、典厩邸は棟門ひとつである。屋敷規模は、当然内部の空間と建物の数＝機能分化の程度を反映している。先述の細川邸と同じ視点で典厩邸の建物をみると、建物①は白壁連子窓がある中門廊の付く主殿、建物②が庭に面し開放的な建物としての会所。庭は池をもたない平庭である。①に続く建物④は細川邸同様、遠侍であろう。建物③は棟方向が南北棟となるが常御殿か、これより裏門付近が雲に隠され不明だが、⑤あたりに台所などがあることになろう。

両者の家格差が顕著に描き分けられたのが、門の数と型式、池庭か平庭か、主殿中門廊妻戸の唐破風の有無である。ここで注意が必要なのは、この描き分けはこの屏風の絵師としての基準であって、これらの描き分けが必ずしも他の絵画資料に一律であることは意味しない点である。たとえば、上杉本では、典厩邸の中門廊にも唐破風が描かれている。それが細川氏という家におけるヒエラルキーなのか、都における一般的な格差なのかは検討課題である。

一方、都における厳然とした格差の反映といえるのが将軍邸の描き分けである。特に将軍邸ではすべての建物が檜皮葺で棟には瓦をのせていることに注目する。これは公家や寺院を除くと武家方では将軍家だけで、細川邸にしても板葺き屋根で唐破風のみが檜皮葺に描かれる(上杉本では唐門も檜皮葺である)。本来律令期には、檜皮葺は五位以上の屋敷に規定され六位以下は禁じられ、板葺きよりランクが上と格差が付けられていた。細川氏は右京大夫を極官とする家で、高国が従四位下武蔵守、晴元は従五位下を受けている。戦国大名は通常従五位下が多い。戦国期にこの規定が守られていたのかはおおいに疑問のあるところだが、いずれにせよ、武家の場合には公家的な官位による規制というよりも、洛中というひとつの世界における武家方のトップとしての将軍邸の権威表象のひとつであったと理解したい。さらに加えれば、その背景には、将軍邸が天皇・公家との応接が必要な空間として、公家的な格式を表現した屋敷であることが求められたことによるのであろう。細川邸と典厩邸の家格の差が顕著に示された門についてもより差別化して描かれる。礼門は檜皮葺の平唐門、通用門は四脚門、礼門を入ると向唐門が塀中門として客を迎えるという順路となる。すべてが細川邸よりも一ランク上の構成となり、将軍の権威が屋敷の構成要素の隅々にわたって表現されていることがわかる。

(2) 発掘例にみる屋敷の格差

こうして描き分けられた格差の表現が、ひとつの屏風の仮想世界を離れて、家格を示すものとして広く意識されていたのか。「洛中洛外図屏風」に描き分けられた将軍邸、細川邸、典厩邸の家格による差異化は、発掘された館・屋敷の比較からはどのように検証できるのであろうか。一乗谷と奥州南部氏の館・屋敷を例に検証したい。指標は、先に指摘した屋敷規模、門・外構施設、建物の格式、庭園の有無である。

一乗谷は城下町として権力を反映した都市であり、史料や地籍図、江戸時代に描かれた古絵図等により、同名衆をはじめ「内衆」「年寄衆」、譜代の家臣や有力国人などの屋敷の所在が推定され、「朝倉英林壁書」にある集住策が実現していたと考えられている。大名館をはじめ、ひとつの世界における各階層の比較が可能である。

屋敷規模と外構施設では、堀と土塁をもつ方形の館のありかたが注目される。城戸の内では、字中惣にある43次調査が朝倉館以外の唯一例で、そこは同名衆筆頭の大野郡司朝倉景鏡の館と推定されている。地籍図からは東西半町、南北一町の地割りが復元され、北側は発掘された東西街路に接している。調査では北と南は約五～六㍍の堀と約六㍍の土塁の外構施設をもち、堀の内側で南北九六㍍を計る。礎石の残りが悪く、この館の中心建物などは不明だが、西寄りには平庭が、また南土塁際には土蔵が確認されている。堀と池庭は礎石建物と異なり、存在の有無が確認しやすい遺構であり、この館の推定範囲内には池庭はなさそうである。もう一例が上城戸の外、字斎藤の28次調査例である。地割りからは一町程度の館が想定されたが、部分発掘のため北側に東西街路が走り、これに沿って堀と土塁、内部の溝や建物の一部が確認されたにとどまる。上城戸の外は足利義昭の御所をはじめ、客分斎藤龍興などの朝倉氏家臣とは異なる屋敷なども置かれたところと理解されているが、この館の性格は不明である。

一乗谷川の左岸、上城戸付近から八地谷にかけては一二に及ぶ大型の武家屋敷群が発掘されている。これらの屋敷は、町割りにより基本を間口三〇㍍、奥行き六〇㍍前後で規格化されており、その区画施設は石垣基礎に土塀または板塀、門は棟門または薬医門に復元され共通した同じ規格となる。町作りとともに屋敷地が宛がわれたことで、この地区の大型武家屋敷には、規模や外構施設などに大きな差がないのが特徴である。換言すればこれらのランクの屋敷は規模や外構えの仕様が決められていたということになる。屋敷内部の空間構成には個性があり、礎石の保存状況が悪く主屋や空間構成がわかる例が少ない。このうち五例には玉砂利または砂敷きに景石を配した小規模な平庭が発掘されており、これがこのランクに共通する庭園であり、庭園はもつが池庭ではないことが共通すると言える。

第9図は、字平井の全体空間が判明する武家屋敷の例である。三方を街路で囲まれた三〇×六〇㍍の屋敷で西に表門、東に裏門をもつ。主屋は、南面に座敷を三部屋、北側に納戸（寝所）と囲炉裏のある板の間と井戸・流しのある土間からなる。主屋は、一棟のなかに接客空間から厨房までがまとまっているのが特徴である。また主屋と東の土塀との間には三畳または四畳半に復元される数寄の座敷があり、坪庭をもつ。こうした屋敷は、権威空間ではなく、生活空間としての機能が意図されており、この庭園も「生活の庭」と呼ぶにふさわしい小間の茶室とセットになった茶庭と評価される［藤田二〇一六］。

一方、城戸の内における池庭の発掘例に注目すると、朝倉館を中心に、一段高い位置に館の北東から並ぶ南陽寺、湯殿跡、中の御殿（第10図）、ひとつ屋敷をおいて諏訪館に至る地区に集中している。湯殿跡庭園は朝倉館の一部であり、他の三例はいずれも朝倉宗家に関連する寺院や屋敷と推定されており、義昭滞在中には南陽寺では観桜の歌会、中の御殿は義景母二位尼高徳院の屋敷に比定され、ここにも御成があり、記事にある能舞台の遺構が確認できる。池

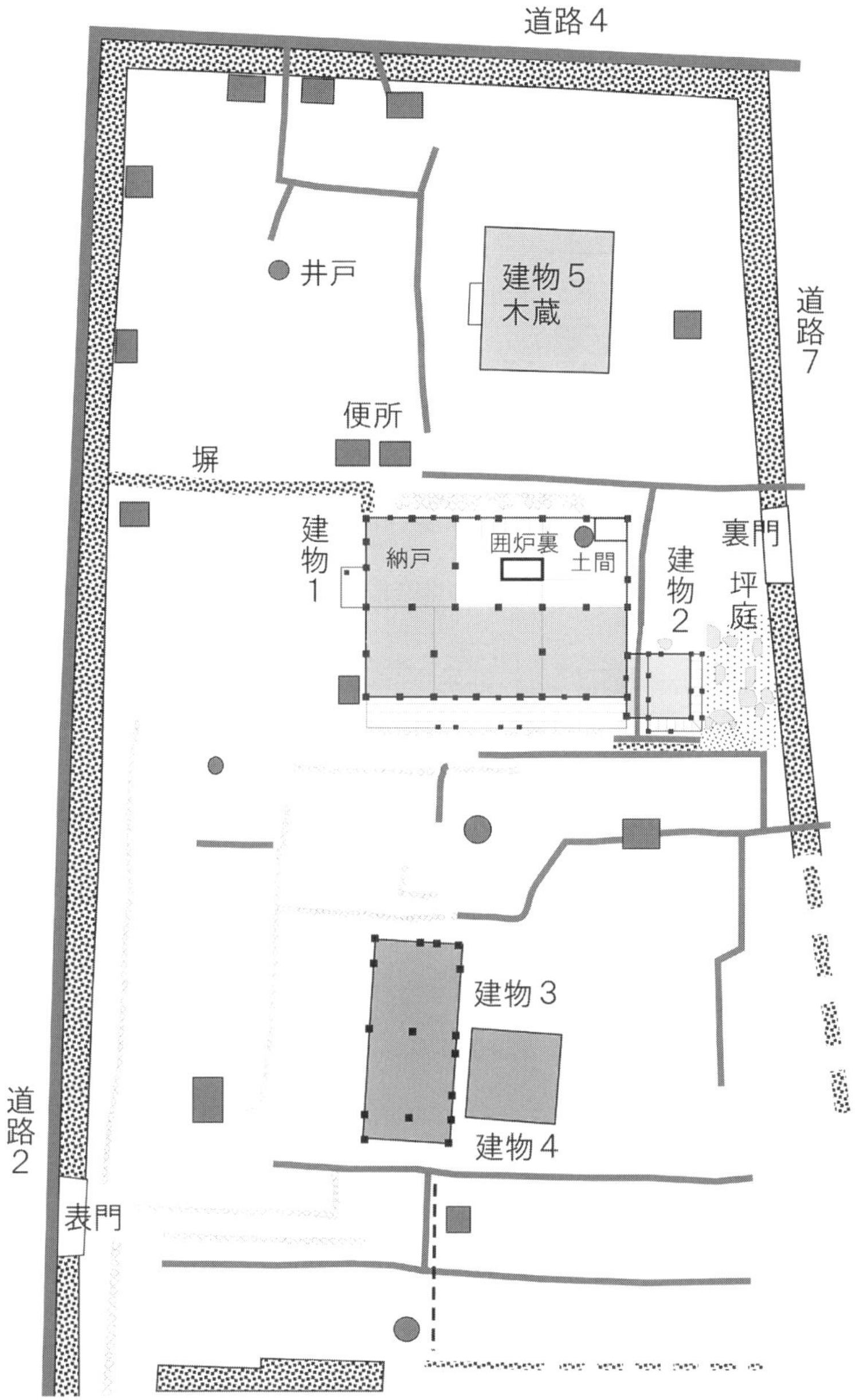

第9図　平井武家屋敷模式図

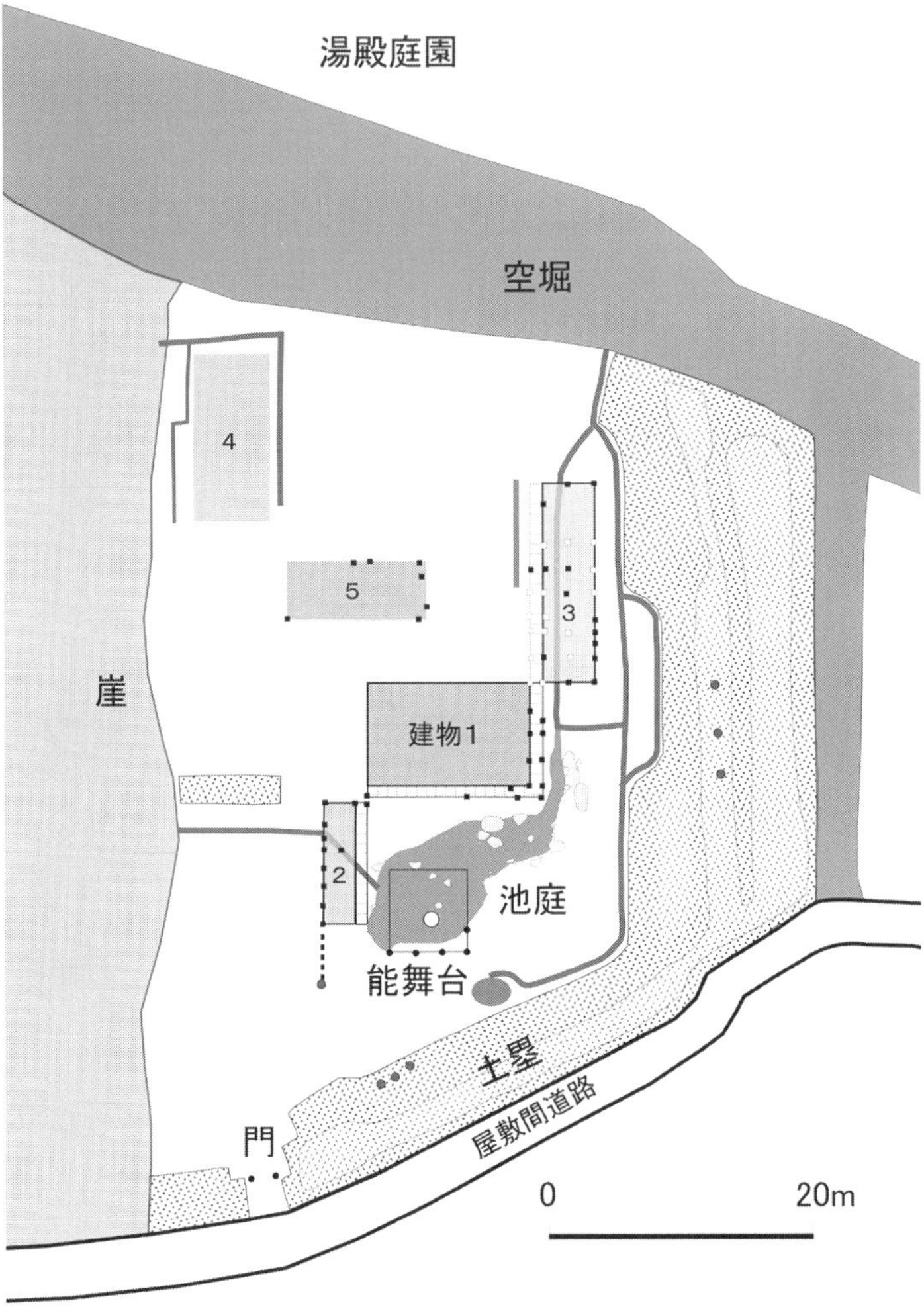

第 10 図　中の御殿模式図

庭を持つ場は朝倉氏に関わる接客の場所として特別な存在であったと思わせる。例外は字奥間野の寺院と推定される46次調査例である。

先の推定朝倉景鏡館や大型武家屋敷の状況を考慮すれば、「城戸の内」というひとつの世界においては、堀と土塁による外構施設は朝倉宗家と同名衆筆頭までに限られ、さらに池庭に関しては、朝倉宗家とそれに関連する屋敷に限定され、朝倉を名乗る同名衆にもそれを認めないという家格を反映した規制があったことを推定させる。また中の御殿や平井地区大型武家屋敷で朝倉館主殿のような型式の主屋を持たない状況については、それを規制の反映と考えるか、そのような主殿を必要としないとする機能論として理解するかについては、類例の増加を待ちたい。ちなみに先に指摘した朝倉館の建物①と同じ平面の主殿例とした興福寺仏地院は、大乗院門跡尋尊が再建して管轄した塔頭で格式が高く、敷地は南北約七〇㍍、東西約四五㍍の築地で囲まれた大規模なものであり、これも寺のなかでも一般的なランクの空間構成ではないことに注意が必要である。

一方、こうした規制は、一乗谷の城戸の内という同一世界における階層性の表現であり、その表現は入れ子状の各々の世界の中で相対化されるものである。たとえば敦賀郡司の朝倉教景館には広大な庭に奇岩を配した池庭があったことが知られ［米原 一九八六］、また上下の城戸の外には、堀で区画された館が確認されている。城戸の外は大名朝倉氏のイエ論理に包摂されない空間として、足利義材や義昭をはじめとする貴人、客分や一向一揆の加賀方人質などの滞在の場となり、川湊や市場が存在する公界の場としての空間特性によると考えられる。さらに在地においては領主もまたその世界のトップであり、当然ながら堀や土塁をもつ館があり、池庭を持つこともあり得たと考えられる。その場合のトップの屋敷とは、後述するような対外的、統治的な儀礼・行事の機能を必要としている屋敷ということになろう。そうした施設の必要度は小宇宙ごとに比較することが前提であり、全国一律ではなく、ひとつの世界を超えて、一律に規模などで計ることには危険性が潜んでいる。

4　槍や鉄砲だけでは生き残れなかった戦国大名

強力な武力を手段に実力支配を推進する戦国大名にとって、この時期、時には都を追われ、実質的に軍事力も政治力もない落ち目の将軍・幕府がなぜ権威性をもち、将軍邸の空間・建物やそれを舞台にした儀礼、室礼などが各地の大名にとって導入すべきモデルになりえたのか。その効果、必要性は何だったのか。

(1) 戦国大名と旧制的権威

ひとつは対戦国大名間である。戦国時代の論理からは逆説的だが、戦国大名が覇権拡大を推進するとき、他と同じ武力だけではない優位性、都の上位権威(将軍、天皇)からの「公」の大義名分や家格の授与・保証は、覇権の正当性を語り、相互の関係のなかでプラスアルファの要素として実体としても有効に働いたと評価したい[池 二〇〇九など]。具体的には、明応頃から天皇が授与する官位、将軍が発給する守護職や「御相伴衆」などの栄誉が大名の求めに応じて乱発され、特に天文頃からは「実利的官位」の取得が盛んになったという指摘が興味深い[今谷 一九九二]。たとえば、一五一八年に家督を継いだ二代氏綱は、北条に改姓し小田原城へ入った。一五二九、三〇年には従五位下、左京大夫の官位と御相伴衆の栄誉を得て、同じ左京大夫を名乗る伊達稙宗、武田信虎など周辺大名と同格になることで相模・武蔵支配の正当性を主張した。一五五〇年に山口の大内義隆を滅ぼした陶晴賢も大友氏から大内義長を迎えて推戴し、朝廷から義長への左京大夫の官をもらうことで正当化を図っている。こうした旧制的な権威の利用が、特に西国や東国などのいわゆる遠国では実質的な効果があったとする[今谷 一九九二]。

関東においては、関東公方と関東管領といういわばミニコピーの幕府があったことが東国的な図式を作りだしている。氏綱は、先の中央との関係強化に加えて、鶴岡八幡宮、箱根権現、三嶋大社、寒川神社などの源氏将軍が崇敬した寺社の修営を行い、東国武家棟梁のイメージに重ねた権威付けを進めた。阿部能久氏は、氏綱がさらに娘を関東公方足利晴氏に嫁し関東公方家の「御一家」となり、その結果氏康は関東公方義氏の伯父、公方の後見として自らを関東管領に擬することで関東支配を確立していったとする。その対抗勢力の長尾景虎もまた、上杉憲政から上杉の名跡を譲られ、鶴岡八幡宮で関東管領就任の式を行い、関東管領上杉政虎を名乗ることで関東進出の大儀を得、国衆など在地勢力の取り込みを図った。関東公方と関東管領という旧体制の秩序の包摂、利用が戦国大名にとって有効に機能し、特に東国では必須だったと理解する[阿部 二〇〇六]。

戦国期の権力が、覇権拡張、領国支配のために利用したのは、それだけではなかった。こうした旧制的な権威による秩序が再評価、利用されていく時期とその政治動静に連動するように、それを契機に天皇や将軍など都の権威を象徴するハードやソフト、具体的には儀礼や行事とセットになった館空間(建物、池庭など)や室礼等の威信財、京都系かわらけなどが、東国や西国周辺部の大名に積極的に導入されていくことは当然のありようで、むしろ時代の必然であったと言えるだろう。これはすでに指摘されるように、義晴から義輝期、天文から永禄の頃に武家儀礼、武家故実が形をなしていくとともに、その内容を著した故実書が数多く著されたという[川嶋 一九九五、家塚 一九九七など]。中島圭一氏は、戦国期における武家故実の集成、故実書のまとめを伊勢氏との関わりで検討し、永正年間を重視する。そうした時期、状況と重なるものであることは指摘のとおりである[中島二〇一六]。

小田原城の北条氏綱が、先述のような関東における一連の権威つくりと連動して十六世紀第2四半期に導入したのが手づくねで製作された京都系のかわらけである[服部 一九九九・二〇〇八、佐々木 二〇一〇など]。永禄元年(一五五八)には足利義氏が関東公方になり鶴岡八幡宮を参詣し、小田原城の氏康(従五位上　左京大夫・相模守)邸への御成が行われた。この御成では、故実通りに寝殿における式三献に続き、会所での五献の饗宴があった。また会所の押板には唐絵三幅一対と三具足（花瓶は青磁）が飾られ、違い棚には上の重に建盞と天目台、下の重には唐物薬籠という恒例に則った室礼が行われている。そして、儀式の中心的な道具であるかわらけには、小田原の手づくね技法で作られたかわらけが特別な意味をもって使用されたことは想像に難くない。

朝倉館の造営の契機についても、氏綱による一連の動向と同じ視点からみてみよう。朝倉館については、一九七九年の報告書以来、館の二時期の遺構群ついて、清原宣賢の孫枝賢が記した「天文十二年記」にある「即家君御供向彼亭新造令見参畢」を根拠のひとつとして四代孝景が新造した館を義景が継承したものとの前提で、北東部の拡張により改修・新築された新期の遺構群は、その契機を義景の家督継承時、または永禄十年の義秋を迎えるための二つの可能性を考え、その後者と考えてきた〔福井県教委 一九七九、吉岡 一九八三、小野 一九九七ほか〕。その後、発掘が広域に及んだ結果、朝倉氏の館と考えられる他の遺構が、城戸の内はもとより周辺でも検出されていないこと、さらに城戸の内の町割りで十六世紀初めにはすでに現朝倉館の地点が中心となっていると考えられ、また一乗谷初代孝景の墓とされる英林塚、一族に関係する館や三代貞景の娘が入った南陽寺などとの位置や群構成などからも、最後の五代義景館であることはもちろん、四代孝景館であったことも確実となったといってよい。したがって、天文四年（一五三五）富小路資直を自邸に招き接待した場、池庭をもつ「泉殿」もこの館である。

問題は、天文十二年の「彼亭新造」の実態である。孝景による新造が、これまでのように今みる朝倉館A群を含む前期遺構で、B群の改修部分を義景によるとみるか、他の可能性として孝景は三代貞景からの館を継承、または永正九年に家督を継いだ頃にA群を含む館を造営したとし、B群の改修を天文十二年の新造とするかである。朝倉館の下層が未調査の現段階では、考古学からは二つの可能性が残されている。この詳細は別稿を用意したいと思う。

ここではいずれの場合にも、四代孝景が館をめぐる契機に大きく関与したことを確認して先へ進めたい。永正九年（一五一二）三月に貞景が急死し、孝景は同年六月には代始祝儀の馬を将軍義尹に贈っている。永正十三年（一五一六）

には将軍義稙から白傘袋、毛氈鞍覆を免許され、念願の守護格として認められた。その後、大永七年(一五二七)将軍義晴により御供衆を諮られる(翌八年御供衆とも)。天文四年(一五三五)塗輿免許。天文七年(一五三八)には義晴から御相伴衆に加えられた。そして、天文十二年(一五四三)「彼(孝景)亭新造」である。また、朝倉宗俊本「君台観左右帳記」の奥書には、宗俊(宗淳＝孝景)が相阿弥を一乗谷に招き入手していた旨の記述が指摘される[源 一九七二]。先の清原宣賢の逗留をはじめ、都からの文化吸収が最も盛んだった時期がこの孝景の代であった。政治的には、一向一揆との戦いや内乱が一段落し、領国外への出陣が増加し、対外的な地位の向上を展開した時期でもあった。朝倉館に関わる「彼亭新造」が、こうした一連の動向を背景に行われたことを考慮すれば、具体的な契機は不明だが、先の御相伴衆とともにこの新たな館景観が孝景の権威の可視化として大きな意味をもち、権力の画期となったことは間違いないであろう。

ところで、ここで注意が必要なのは、こうした現象が戦国期においては朝廷や将軍、幕府にパワーがあったから生まれたのではないという点である。都の権威に力があって、その影響が波動のように一斉に放射状に、一円的に各地に及ぶのではなく、「大内問答」の成立過程が語るように導入する側がその効果、利用価値を認め、積極的に働きかけて導入した結果であり、各々の導入には個別の動機があった。しかし、具体的な導入契機は個別であっても義晴以降の将軍権力の衰退と幕府機構の混乱を共通の背景とした大名間のパワーバランス、政治動向が強く反映されているために、大まかには同じような時期に類似した導入状況が生じたと理解すべきなのであろう。この時期、栄誉しか付与できない朝廷や将軍の権力が弱体化したことは大方の指摘のとおりだが、逆にそれらが弱体になったことによって各地の大名権力にとっては欲しいものを要求、入手しやすい状況が生まれたとも言えるのである。同じ時、大名側では上位の公権からの認知を有効なものとし、利用する状況が強まっていたのであり、利用すべき看板として官位のみならず「都の権威」を表徴した儀礼や館空間などのソフトとハードが選ばれたのだと理解される。前稿まで「受容」

の語を宛ててきたが、受容には受動的なニュアンスを伴うので、能動的な意味を強調して本稿では「導入」と言い換えたい。

(2) モデルともどき

そのようにみると、選択によっては導入されるものは、必ずしもモデルの一括キットとして構成要素全体である必要がなかったのだともいえる。そして、選択・導入され、具現化されたものも、たとえば池庭やセットとなる建物群、あるいは式三献などのハレの場で使われるかわらけ等についても、将軍邸の厳密なコピーとはならず、また考古学的に同じ型式と認定されるような忠実なモノのコピーとは限らなかったのである。先の小田原かわらけのように、意識した要素が再現された一見似て非なる擬似的、擬制的な「もどき」であっても機能したのが戦国時代だったのだといえる。

小田原城の京都系かわらけは、手づくねという点を除けばどうみても京都的でないことは明らかである。しかし、当時ロクロ技法でかわらけを製作していた関東において、小田原北条氏が先のような契機と意図をもって手づくね技法の、いわば「京都もどき」のかわらけを製作し、さらにそれをロクロ技法のまま模倣した「小田原もどき」のかわらけが製作されたことの意味は大きい。服部実喜氏が明らかにしたように、それらのかわらけが北条氏惣領の小田原城と庶流の支城との格差を視角化する道具となり、領国内のヒエラルキーを入れ子状に表現したのである。またこれもすでに指摘されているように、関東公方晴氏や続く義氏が「葛西様」と呼ばれ、一時御座所とした葛西城出土品にみる小田原かわらけや小田原模倣のロクロかわらけの特殊な一群のありかたと、他の支城との顕著な格差は、こうしたかわらけがもどきであっても家中を超えて北条惣領家としての小田原の権威を表現する道具としても有効に機能していたことを示している。言い換えれば、新規に加えた権威表徴の道具だからこそ、その効果が大きく、また強く規

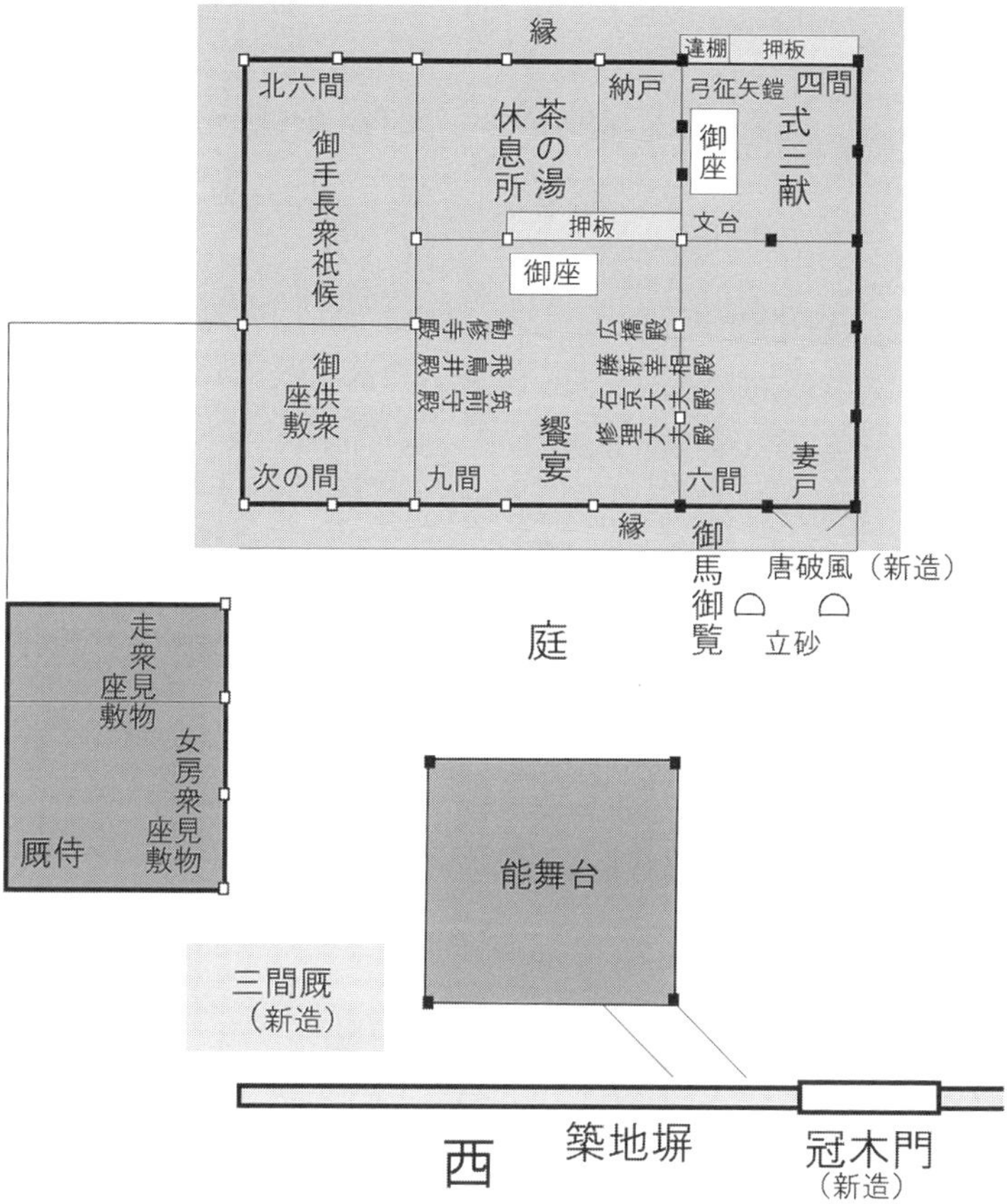

第11図　三好亭御成

制をかけコントロールしたのだともいえよう。

一方「もどき」では通用しない場面があった。残念ながらこうした場面は考古学の成果からは確認が難しいが、こうした場面こそ記録に留めたのが文献史料の目的のひとつである。たとえば、小田原城への関東公方義氏御成から三年後の永禄四年(一五六一)三月三十一日の京都・三好筑前守邸への将軍義輝御成をみてみよう。これは三好長慶の長男義興が正月に将軍義輝から御相伴衆に加えられた栄誉への御礼である(「三好筑前守義長朝臣亭江御成之記」『群書類従』巻第四百九、「三好亭御成記」『続群類従』巻六百六十二)。

御成に際し、中古の屋敷であっ

た義興邸が幕府政所執事伊勢氏からの指示により、「主殿の破風」と西の築地の「冠木門」、さらに献上馬を繋ぐ「三間厩」と「便所」を新築した。唐破風は主殿の入り口中門の格式をつけるためであり、西の築地に門が新造されたのも、御成空間にふさわしい構成にするためである。なぜか新築された門は冠木門で、本来御相伴衆よりも格の低い御供衆に対して毛氈鞍覆、白傘袋、錦半袴とともにその使用が許されるものである。天野忠幸氏の指摘のように義興の称号を御供衆とすれば、門の型式と整合する［天野二〇一六］。

御成の次第は故実に則って行われたが、会場は第一部、第二部とも主殿で行われ縮小されている（第11図）。これは屋敷が小さく、会所や池庭などの奥の空間がないか不十分な屋敷だったためと考えられる。室礼を復元すると以下のようになる。第一部の主室東南四間の押板には唐絵の山水画に、いずれも陶磁器製の香炉・花瓶・燭台の三具足が飾られ、違い棚には天目台に載った天目茶碗と湯瓶、唐物漆器の食籠などが飾られた。納戸構を背にした義輝の座の左側には、献上される弓・征矢・鎧、座の右には文房具をのせた文台が飾られた。第二部の九間では押板に唐絵三幅一対と三具足が飾られた。いずれも故実に則った室礼である。四間が休息所で台子飾りの茶の湯が用意された。

七年後の永禄十一年（一五六八）四月、朝倉館（義景亭）における足利義昭元服に伴う御成の主座敷「沓形の座敷」では、押板には唐絵三幅一対と胡銅の三具足、違い棚には天目台に茶垸（天目茶碗）と湯瓶・青磁碗、食籠などをメインとする室礼が行われた。さらに書院には書籍巻子を納めた厨子と文台、また台子の茶の湯などが飾られた。ちなみにこの時義景は従四位下左衛門督で父孝景からの御相伴衆を相続していた。

三つの例にみるように、将軍御成という前例と格式を重んじる公式行事では、屋敷空間の格式のみならず、部屋の室礼にも「かくあるべし」という規範が重視されたことが特徴である。義興邸御成には、幕府の同朋衆春阿弥以下九名が奉仕して、規範通りの座敷飾りをしたことが記録されている。彼らに与えられた官位や御供衆、御相伴衆等の栄誉は、さながら書札礼と同様にこうした儀礼の世界において建前と故実による規範が求められ、実現すべき立場であったことを意味している。室礼には規範があり、高価な品々を飾ればいいということではない。出土品の高級陶磁を奢侈品としてではなく、威信財としての意味を付加して議論する意味がここにある。

(3) 領国の内にむけて

もうひとつが、逆に領国の内に向けた有効性、必要性である。戦国期の大名権力はいわれるほど堅固なものではなく、常に家中や国衆をはじめ領国内の地域領主たちとの良好な関係を確認しあい、強化する必要があった。そのために、都の権威を体現したような館空間を舞台として行われる年頭儀礼をはじめとする年中行事や代替わりの際の儀礼が、政治的・実効的な必要性を増していたといえる。

大友氏の「當家年中作法日記」にもみられた主従関係・領国統治確認の対面儀礼と「乱酒その限り無し、今日はいかようにも許し候間、諸人沈酔」と記された一揆的な無礼講の宴という二部構成は、鎌倉以来武家儀礼がもつ原理であり、戦国期においてもそれが有効・必要だったことを示している。また、八戸南部氏の根城の曲輪群は、南部氏の本丸と有力一族が館主となった館曲輪が並列集合する一揆結合的な権力構造を示すが、『八戸家伝記』に記される年頭対面儀礼の場にもその権力構造が反映される［小野 一九九七］。その席次は、南部家当主を中心に有力一族がならんで主座を構成するもので「家中和合の席次」と記される。そこでは、先述のように重代の家宝の甲冑を着た年男が南部家先祖を象徴し酌をすることで、家中の統合を演出しているのである。

また大友氏の「當家年中作法日記」には、年頭対面儀礼のみならず、八朔、亥の子などの年中行事も記録されている。八朔の儀は「たのみ」とも言われ、八月一日に目下の者が目上のものに進物をする行事で、鎌倉の武家行事から続き室町幕府でも盛んに行われた。大友家では家中のものが太刀や馬を進上し、その後着到状が披露され、対面が行われる。亥の子も、宮中や幕府をはじめ広く行われた行事で、十月亥日に上の者が下の者に手づから餅を下賜するのを中心としている。幕府では将軍が、大友家では当主と御台から下賜している。これらの年中行事のありかたには、武家行事として、上下関係の可視化とともにそれが幕府などでも行われる行事だというところに、その性格と意図がよく示されているといえよう。越後色部氏の「色部氏年中行事」を分析した中野豈任氏は、色部氏の年中行事は「統治の演技」として、「主従制的支配権に関わる行事」と「領主として領域の統括者としての立場で行う行事」の二つからなるとまとめたのも、武家儀礼の二部構成がもつ機能と重なるものと理解される［中野一九八八］。

大友、南部、色部などの家行事を故実書として記録した例からはトップの大名のみならず、国人等その下位の領主層にもこうした儀礼・行事が、内容は少し格落ちし、階層性を有しながらも入れ子状に導入されている状況を示しており、大名や地方領主の権力維持装置として必要不可欠なものになっていたことを語っているといえよう［小野二〇一六］。こうした領国統治への必要性こそが対抗勢力への対外的エネルギーとともに、各種儀礼、行事とその舞台としての館空間を導入、継続していくもうひとつのエネルギーだったのである。

統治においてこうした武家故実に基づく儀礼、行事やその舞台を必要としたのは戦国期だけではなかった。江戸時代においても、権威も権力も失ったはずの室町幕府で形成されたものが江戸幕府に継承され、また先の色部氏のような地方の領主層にも生き続けたという指摘［久留島二〇〇二］、さらに、一度は滅亡した関東公方家が、秀吉の対徳川戦略のもとで存続が図られた経緯をもつとはいえ、徳川幕府の全国支配が確立した後も存続し、喜連川家として特別な家格に遇されたという指摘［阿部二〇〇六］は、武家儀礼・故実と権力との関係の本質を暗示しているのだといえよう。そして、その舞台となった屋敷空間についても、戦国期、織豊期、江戸期の館・屋敷の空間構造、とりわけ御殿等の変遷は、豊富な建築図集などにより中世からの系譜としてトレースすることができ、建築史の成果も多い。本稿では、戦国期の館空間に限定したが、通史的な視点にそって見直してみたい問題である。

まとめにかえて

二〇一五年七月第一三回「考古学と中世史シンポジウム」での小野報告「館・屋敷をどう読むか―戦国期武家館を素材として」の後、同年七月小田原シンポジウム「発掘調査成果でみる16世紀大名居館の諸相」が、二〇一六年三月には勝瑞城シンポジウム「戦国期・武家の館」が開催された。また、同じ三月には小田原シンポジウムの報告集が刊行され、その中で、筆者の描いた館・屋敷の空間モデルや室礼、儀礼・行事などの背景に、朝廷、将軍・幕府など都の権威を想定し、そこに規範性を求めたことについて過大評価であるとの批判が、村木二郎・中島圭一両氏からあった[中島二〇一六、村木二〇一六]。本稿はその批判に直接答えることを目指したものではないが、両氏がこれまでの拙論を丁寧に読んでいただいたことに感謝したい。

筆者が、館・屋敷の空間モデルを提案した一九九〇年代には、発掘遺構として館・屋敷空間が判明する例は極めて限られたもので、地域的にも限定されており、その共通項をまとめることでモデル化し、意味を語ってきた経緯がある。近年、発掘情報が事例の増加とともに地域的にも広がるなかで、共通項とともに、一方で多様性が検証できるようになったのが現在である。武家館・屋敷を権威空間として捉えたとき、どこまでを共通、普遍的なもの、どこまでをバリエーションとみるかについては議論があろう。共通、普遍的な事象を抽出したときにも、なぜ共通するのか、規範性といえるような意識はあるのか、その共通する価値を支える根拠はなにか。規範性を語る、強調したときの難しさ、危うさかもしれない。

空間モデルは決して設計図ではなく、理念的な空間概念の構成を示すものであり、実現レベルでは多様な要因が重なる。しかし、それにも関わらず発掘された館・屋敷空間から権力や権威について議論するには、一定の視角によるモデルを呈示し、比較することが有効であることは間違いない。普遍的なものが認識され、意識されているからこそ、多様性の認識とその意味を語ることができるというのが筆者の視点であり、モデルの導入時に、各権力の意志が働くという理解で多様性の意味を説明するのもそれによる。館空間における普遍性と多様性は二者択一の対立項ではなく、共通性・普遍性とともに併せ持つ多様性に注目することで地域性や時代性、権力の個性、ランクなどをみることができると考える。

そうした視点からは、南部氏に関わる根城本丸や七戸城北館曲輪などの例は、空間全体のレイアウトにみる特徴やその建物も、各時代に中央を意識した変化をもちながら南部独自の中心建物を生み、また池庭を持たないなど［小野二〇〇五］、朝倉館や都に対するのとは異なる、南部氏モデルと位置づけることもできよう。

表と奥ということでは、ふたつの異なる空間機能や属性の特徴から、表に比べて特に奥空間にこそ個性や新規性を主張したレイアウトやデザインが企画されることが多かったと考えられる。池庭をめぐる空間を例にすると、守護系の大友館・勝瑞館の池庭は、前代の寝殿と南庭（広庭）にセットになった南池＝かつて池庭が表空間の要素であったときの大型で中島をもち、池岸には州浜や土羽を多用する、主たる建物との間に広い空間がひろがる伝統的景観を志向した。大内館の主となる南東隅の2号庭園もそれであり、この館ではその後、西に枯山水の3号庭園が加わる［丸尾二〇一六など］。小田城本丸も中島こそもたないが、南半分を占める玉石敷空間の東西に池庭を配した構成はこれに入るだろう（第5図）。小田城は、鎌倉幕府成立時には常陸守護となり、千葉・小山・佐竹・結城・宇都宮などとともに関東「八屋形」と呼ばれた名家小田氏の居城である。それに対し、下剋上のいわば成り上がりの戦国大名の朝倉館や北条氏八王子城御主殿の池庭では、会所などの建物と近接、一体化した石組みを主体とする池庭がみられ、当時の武家社会に流行する当世風の構成、景観を志向したと評価できる。小田原城御用米曲輪については、庭園や建物群の全体像が未発掘だが、発掘された範囲の庭園は、その由来は不明にしても個性の強い新規なデザインを志向している。

中央の権威、その影響をどう評価するかについては、前節に述べてきたが、官途問題を例にすれば、大名が自ら名乗る僭称もあり、その大名が家臣に対して官途を出す場合もある。「官途状の発給は、実のところ、室町幕府的秩序の下にはいるということを意味しない」「支配領域における公権力化を果たした時点である」という中島氏の引用・指摘は、領国経営における大名権力による中央権威の利用の本質を指摘している。

一方で筆者は、それが「官途成」の形をとって全国の村落単位にまで広く浸透していることに注目したい。頂点の大名のみならず村落レベルまで、社会全体が都の価値観を志向していたことが背景にあることに注目すれば、「中央性」が広く共有された時代、地方においても各階層でそれが再生産された時代であったといえよう。「権力基盤があるから権威が浮上するのではなく、権力と権威は別に考えて、権力を持たぬものが権力者を権威づける場合もある」という脇田氏の指摘に同意したい［脇田 二〇〇三など］。すでに述べたように、中央の上位権力が弱体になったからこそ、地方の下位の権力が自らの必要に応じて、中央からの権威を要求し領国の内外に対してそれを利用する、あるいは自らそのミニコピーを作り出す、そんな状況が広く一般化したのが戦国時代だったのである。

引用参考文献

阿部能久　二〇〇六年『戦国期関東公方の研究』思文閣出版

天野忠幸　二〇一六年『三好一族と織田信長』中世武士選書31　戎光祥出版

家塚智子　一九九七年「同朋衆の存在形態と変遷」『藝能史研究』No.一三六

池　亨　二〇〇九年『戦国大名と一揆』日本中世の歴史6　吉川弘文館

五十川雄也　二〇一六年「豊後府内・大友館の調査成果」『発掘調査成果でみる16世紀大名居館の諸相』

今谷　明　一九八八年『京都・一五四七年―描かれた中世都市』平凡社

今谷　明　一九九二年『戦国大名と天皇』福武書店

岩崎宗純　一九九〇年「小田原北条氏の文化」『小田原城とその城下』小田原市教育委員会

大分市教育委員会　二〇〇六年『府内の町　宗麟の栄華』

小野正敏　一九九四年「戦国期の館・屋敷の空間構造とその意識」『信濃』四六巻三号
小野正敏　一九九七年『戦国城下町の考古学』講談社選書メチエ一〇八
小野正敏　二〇〇五年「発掘陶磁器からみた脇本城」『海と城の中世』高志書院
小野正敏　二〇一六年「戦国期武家館の景観と意味」勝瑞城シンポジウム『戦国期・武家の館』資料集
川上　貢　一九六八年『日本中世住宅の研究』墨水書房
川嶋将生　一九九五年「室町期武家故実の成立」『武家と公家　その比較文明的考察』思文閣出版
久留島典子　二〇〇一年『一揆と戦国大名』日本の歴史13　講談社
近藤喜博　一九六六年「越前一乗谷の清原宣賢—天文十二年記より」MUSEUM 180
斎藤英俊　一九八四年「会所の成立とその建築的特色」『茶道聚錦二』
斉藤利男　二〇一四年「室町・戦国の日本国と『三戸屋形』南部氏—聖寿寺館と本三戸城下の歴史的位置」『第2回南部学研究会シンポジウム資料集—中世南部氏と北日本の中世城館』
佐々木健策　二〇〇九年「小田原北条氏の威信—文化の移入と創造」『東国の中世遺跡—遺跡と遺物の様相』随想舎
佐々木健策　二〇一〇年「小田原のかわらけと漆器」『葛西城と古河公方足利義氏』雄山閣
佐藤博信　二〇〇七年「古河公方足利義氏論ノート—特に「葛西様」をめぐって」図録『関東争乱』
重見高博　二〇一六年「阿波勝瑞、三好氏館の調査成果」『発掘調査成果でみる16世紀大名居館の諸相』
七戸町教育委員会　二〇〇六年『七戸城跡—北館曲輪発掘調査総まとめ報告書』
玉永光洋・坂本嘉弘　二〇〇九年『大友宗麟の戦国都市豊後府内』遺跡を学ぶ56　新泉社
坪根伸也　二〇〇八年「大友館の変遷と府内周辺の方形館」『戦国大名大友氏と豊後府内』高志書院
つくば市教育委員会　二〇一五年『国指定史跡　小田城跡』
中島圭一　二〇一六年「戦国時代の大名・国衆にとっての室町幕府的規範」『発掘調査成果でみる16世紀大名居館の諸相』
中野豈任　一九八八年『祝儀・吉書・呪符—中世村落の祈りと呪術』吉川弘文館
八戸市教育委員会　一九九三年『根城本丸の発掘調査』
服部実喜　一九九九年「戦国都市小田原と北条領国の土師質土器」『中近世土器の基礎研究』16
服部実喜　二〇〇八年「かわらけからみた北条氏の権力構造」『戦国大名北条氏』中世東国の世界3　高志書院
平井　聖　一九八〇年『図説日本住宅の歴史』学芸出版社
福井県教育委員会　一九七九年『朝倉館の調査』朝倉氏遺跡発掘調査報告書Ⅰ

藤田若菜　二〇一六年「越前一乗谷、朝倉氏館の調査成果」『発掘調査成果でみる16世紀大名居館の諸相』
藤田若菜　二〇一六年「戦国城下町一乗谷の庭園文化」『中世庭園の研究―鎌倉・室町時代』奈良文化財研究所学報第96冊
丸尾弘介　二〇一六年「周防山口、大内氏館の調査成果」『発掘調査成果でみる16世紀大名居館の諸相』
村木二郎　二〇一六年「『朝倉館モデル』とその地平―小田原城跡御用米曲輪跡の調査成果が投じた問題」『発掘調査成果でみる16世紀大名居館の諸相』
源　豊宗　一九七二年「曽我派と朝倉文化」『古美術』38
吉岡泰英　一九八三年「朝倉館の建築的考察」『朝倉氏遺跡資料館紀要』
米原正義　一九八六年『戦国武将と茶の湯』茶道文化選書　吉川弘文館
脇田晴子　二〇〇三年『天皇と中世文化』吉川弘文館

発掘された建物遺構をどのように読み解くか
──中世住宅発掘遺構の研究方法をめぐって──

冨島 義幸

はじめに

発掘された建築遺構をどのように読み解くのか──考古学との関係において建築史学にもっとも期待されている役割は、発掘された遺構のうえに立っていた建築の姿を具体的に提示すること、つまり復元であろう。木造の建築が主流であった日本においては、ほとんどの場合、発掘調査でえられる情報は平面構成に関するものにかぎられ、建築学の知識がなければそこに建っていた建築の姿をイメージすることすらできない。

とはいえ、建築史学が歴史学の方法による以上、史料にもとづく研究が基本となり、史料の限界がおのずと研究の限界、ひいては復元の限界ともなる。建築史学においてもっとも基礎となる史料は、いうまでもなく現存する建築である。しかし、現実にはすべての時代の、すべての種類の建築がのこっているわけではなく、今日知られているのは建築の歴史の一部にすぎない。建築がのこらない部分を語るには、発掘遺構・遺物などの考古史料や記録・文書・指図など文献史料、絵巻物などの絵画史料によらざるをえない。

それにしても、考古学と建築史学の連携のもと、多様な史料、なかでも絵巻物などの絵画史料を活用する研究にどのような課題と可能性があるのだろうか。本稿では、中世前期の住宅建築を題材として考えてみたい。中世前期の住宅建築をとりあげるのは、現存する建築がなく、その一方で発掘調査の成果が蓄積されつつあり、考古学との連携こそが建築史学の研究の進展につながる、本稿の目的には恰好の題材と考えるからである。

1　中世住宅建築研究の課題と方法——史料としての絵画——

(1) 中世住宅建築研究の課題

中世の建築についていえば、寺社建築には多くの遺構がある。それにしても、けっしてこれらだけで中世の寺社建築の全体像を示せるわけではない。現存遺構からは想像もできないような建築が存在していた可能性もあるからだ。さらに住宅建築になると、貴族住宅・武家住宅や寺院の住房、町家や農家などの民家と、多様な建築があったにもかかわらず、中世の住宅建築でのこっているのは、寺院建築として竜吟庵方丈(嘉慶元年〈一三八七〉)や慈照寺東求堂(文明十七年〈一四八五〉)、法隆寺北室院太子殿(室町中期)、民家で箱木家住宅と古井家住宅(いずれも室町後期)くらいである。とくに中世前期の貴族住宅や武家住宅はのこっている建築がなく、これまで中世住宅史研究では、文献史料による研究が主流であった。

文献史料からは、建築の造立・修理・移築などの沿革や、建築がもつ社会的・宗教的な意味などを、ときに建築遺構のみからの研究よりも、より正確で、よりゆたかな歴史を描くことも可能となる。しかし、文献史料ゆえの限界もある。第一に京都や鎌倉の政権に近い地域・階級の貴族や武士の住宅については、比較的多くの文献史料があるが、それ以外の地域や階級の低い貴族・武士の住宅になると、極端に記述が少なくなること、第二に古代寺院の資財帳のような建築の詳細を書き上げたものは別として、多くの場合、文献史料からはせいぜい建築の大まかな平面形式や規模が判明する程度で、上部の構造や技法など具体的な建築の姿を知るための情報量は著しく少ないことである。

では、考古学との連携はどうであろうか。中世住宅建築の研究は、建築遺構がない以上、現実の建築にアプローチしようとするならば発掘遺構にたよらざるをえない。考古学による中世の建築遺構の発掘事例は年々増え、とりわけ地方の武家住宅や農村集落など、これまでの建築遺構や文献史料からの研究では知りえなかった実態が次々と明らかになってきた。とくに発掘では多くの掘立柱建物が見出され、そこに総柱建物も数多く含まれていることは重要な論点となろう。

中世の掘立柱建物の分析・研究は、建築史学では宮本長二郎氏によってすすめられてきた。宮本氏は、膨大な数の中世の発掘遺構の平面形式を分析し、とくに総柱建物については箱木家住宅や古井家住宅、立山室堂との関係から上部の架構についても検討している［宮本 一九九九］。しかし、大規模な総柱建物となると、そのすべての柱が立ち上って上部構造を支えていたのか、あるいはいくつかは床束なのかなど、不明瞭な部分も多い。また、箱木家住宅や古井家住宅、立山室堂は中世の建築の一面をあらわしてはいるが、絵巻物に描かれた中世の地方の武士や有力者の住宅とはほど遠い。総柱建物には有力な武士の住宅とみられるものもあり、これらのなかに絵巻物に描かれるような建築があったのか検証が必要である。

こうした課題に、考古学の立場からアプローチしたのが小野正敏氏である［小野 二〇〇四］。小野氏の研究の重要な点は、中世の武家住宅の変遷について、建築史学の成果と発掘遺構、さらに絵巻物の三つを総合して検討したところである。建築遺構がない以上、建築の具体的な姿を考えるには、絵巻物などの絵画史料にたよるのは当然ともいえよう。それにしても、絵巻物など絵画に描かれた建築をもちいて研究するならば、それを史料としてどのように評価するかが大きく影響する。次に、この点について考えてみたい。

第１図　『一遍聖絵』巻１一遍の生家

(2)　絵巻物に描かれた建築の評価

現存する建築がない中世前期の住宅建築は、これまでも絵巻物などの絵画史料をもって語られることがしばしばあった。たとえば、日本建築史の教科書として広く使われている彰国社刊『日本建築史図集』でも、中世の住宅となると、建築遺構の図面や写真にかわって、『年中行事絵巻』（平安時代後期）の貴族住宅、『一遍聖絵』（正安元年〈一二九九〉）や『法然上人絵伝』（嘉禄三年〈一二二七〉～十四世紀前半）の武家住宅など、絵巻物に描かれた建築があげられる。

このように絵巻物を、歴史を語る史料として使ってきたのは、その信憑性が評価されていることによる。たとえば、望月信成氏は『一遍聖絵』巻一伊予の一遍生家（第１図）の描写を「構造の細部もゆるがせにせず、例えば上蔀、舞良戸、釘隠、懸魚、はては檜皮葺柿葺等の屋根のいろいろ、その反りなど、建築設計者の見取図ほどの正確さを示している」［望月　一九七五］と評し、福山敏男氏もこの絵巻物について「地形や建築などはつとめて忠実に記録し後世に伝えようという意気ごみがあらわれている」もので、「一遍聖絵は建築史の上での見のがすことのできない資料」［福山 一九七五］と、その史料的価値を高く評価している。

『一遍聖絵』のほかにも、『年中行事絵巻』や『春日権現験記絵』（鎌倉時代後期）・『慕帰絵詞』（観応二年〈一三五一〉）などでは、瓦葺や檜皮葺の屋根は棟瓦を積み上げるところまで描き、妻面の虹梁や蟇股・叉首、面取りした角柱や長押のおさまりまで表現している。『春日権現験記絵』や『慕帰絵詞』では板戸や舞良戸・蔀などの建具はもちろん、それらに附属する金具まで精緻に描きこんでいる。これらの描写は、現存する建築から知られる当時の建築形式・技法をよく表現しており、こうしたかぎりでは、たしかに絵巻物は当時の建築を正確に描いているとする評価にもうなずけよう。

しかし、その一方で福山氏が『一遍聖絵』に描かれた建築を現存遺構や文献史料により検証するなか、たとえば当麻寺本堂（曼荼羅堂）については、実態とはまったく異なる形式と指摘している点は注意を要する。すなわち、現在の建物は正面七間、側面六間、寄棟造、本瓦葺で、この形式は『一遍聖絵』成立以前の永暦二年（一一六一）再興からのものであるにもかかわらず、『一遍聖絵』には正面五間、側面三間、入母屋造、檜皮葺とまったく異なった形式で描かれているのである。

近年、藤井恵介氏は『一遍聖絵』に描かれた当麻寺本堂と現存遺構との具体的な違いをより詳細に指摘し、その描写の正確さを否定している［藤井 一九九六］。絵巻物の建築に疑問をいだいているのは藤井氏だけでない。貴族住宅と武家住宅を中心に、発掘遺構と絵巻物の建築を対照した玉井哲雄氏は、貴族住宅については発掘調査で寝殿造の形式の遺構が見出されていないとして、「寝殿造とは当時ないし後世の人々によるある種の理想像」［玉井 一九九六b］と評し、武家住宅についても「絵巻物の武家住宅とは必ずしも現実のものを反映したものではなく、当時の人々の考えて

第２図　柳之御所遺跡出土折敷板絵

いたイメージないし理想像であって、そのような物が現実に存在したと短絡的に考えるのも危険」〔同右〕とする。そして「絵巻物などの絵画に描かれた個々の建物ないし周辺の状況は、決して正確にその場所を描いているわけではなく、その絵画の目的に応じた形での、何らかの根拠に基づいた絵師による再構築」〔同右〕と総括する。

絵巻物の問題点に鋭く切り込んだ指摘といえようが、それにしても、このように絵巻物の信憑性に疑問をのこしたままでは、これまでのように絵巻物をもって中世の住宅建築を語ることも、復元の史料として使うこともできないはずである。絵巻物には建築をはじめ、そこでの人々の営みなど、発掘遺構や文献史料からでは知ることのできない、ゆたかな情報が盛り込まれている。絵巻物が研究史料として使えないとすれば、われわれは中世の住宅建築をさぐる重要な手がかりを失うことになるだろう。

(3)　絵画は史料として活用できるか

——平泉柳之御所遺跡出土の折敷板絵をめぐって——

では、近年の発掘遺構の研究において、絵画が具体的にどのように活用されているのか、平泉・柳之御所遺跡から発見された折敷板絵（２０８０）（第2図）を事例として見ていきたい。この折敷板に描かれた建築については、川本重雄氏が柳之御所遺跡に立っていた建物を描いたものと評価し［川本 一九九二］、これが柳之御所遺跡の建物を寝殿造とする説の重要な根拠となっている。すなわち川本氏は、建物手前側の縋《すがる》破《は》風《ふ》―反り上がりのある屋根の先に、さらに反りのある屋根を付加することで生じる破風板―をもつ前庇の側面に描かれた繫虹梁とみられる部材（A）に注目し、「平安時代の絵巻や仏画の住宅描写においてこの繫虹梁が描かれることはほとんどない」とし、「本板絵が繫虹梁を描いていることは、これが京などから齎（もたら）された絵巻や仏画などを模したのではなく、実際の建築に基づいて描かれたことを示しているといってよい」とした。

第３図　平等院鳳凰堂上品中生図の建物
（京都市立芸術大学蔵模本）

　この川本氏の見解にたいして上原真人氏は、柳之御所遺跡から出土した瓦は折敷板絵の棟の形式とはならないとし、折敷板絵は平等院鳳凰堂の扉絵の中品中生など絵画の定型化された建築表現であり、この遺跡の建物を描いたものではないとした［上原 二〇〇二］。そこで、あらためて鳳凰堂扉絵をみていくと、上品中生にも妻面を手前に向け、そこに縋破風の前庇を付加した、より柳之御所遺跡出土折敷板絵に近い形式の建物が、ほぼ同じ視点から描かれている（第３図）。

　折敷板絵を確認してみると、たしかに繫虹

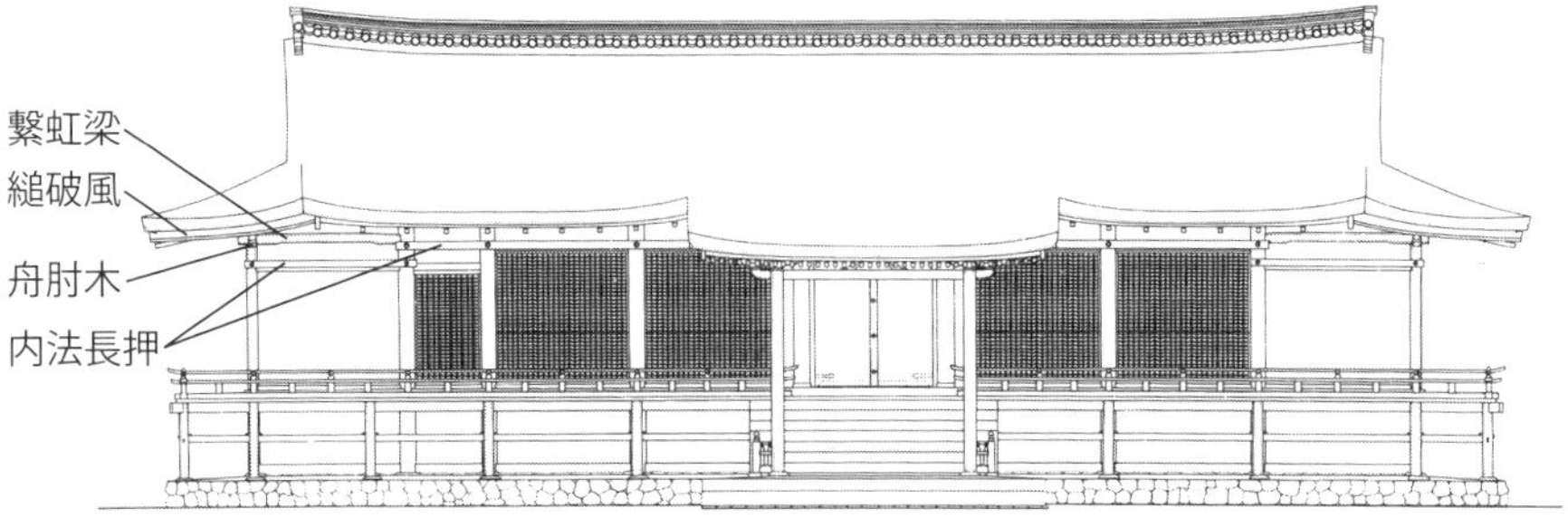

第４図　宇治上神社拝殿立面図（『日本建築史基礎資料集成 二 社殿Ⅱ』所収図に加筆）

第５図　京都大学蔵『年中行事絵巻』闘鶏場面の板葺建物

梁とされる部材（Ａ）は手前に湾曲した部分があり、虹梁のようにも見える。しかし、繋虹梁ならば、本来その先端は前庇の柱の上の舟肘木などの組物に架かるべきところ、折敷板絵では柱の途中で側面にまわっている。しかも、先端は前庇正面の内法長押（Ｂ）と前庇の柱の角部で突き当たっており、これは繋虹梁ではなく内法長押の納まりである。鳳凰堂扉絵上品中生の建物でも、この部材は繋虹梁ではなく内法長押として描かれている。建物本体との関係においても、繋虹梁ならば建物本体の内法長押(C)の上に架けられるべきである。こうした納まりからは、繋虹梁とされてきた部材は、内法長押とみなすべきである。

現存遺構でいえば、宇治上神社拝殿(鎌倉時代前期、第4図)では、母屋とその左右の縋破風をそなえた庇の柱をつなぐのは、母屋の内法長押の上から庇の柱上の舟肘木の上に架かる繋虹梁と、その下に架かる内法長押であり、折敷板絵の内法長押はこれらのうちの後者に相当する。なお、絵巻物でも繋虹梁を表現するものもあり、たとえば京都大学蔵『年中行事絵巻』巻十三闘鶏場面の建物(第5図)では、縋破風の下に繋虹梁が見えている。ここでは、内法長押はもちいていない。

つまり、この折敷板絵は、現実の建物技法を反映しているものの、当時の絵画で定型化された建築表現であり、それは実際に建築を見なければ描けないようなものではない。したがって、これを柳之御所遺跡の建築の実態をあらわす史料として活用することはできないのである。柳之御所遺跡出土折敷板絵をめぐる議論は、絵画を歴史研究の史料として使うことの難しさをよくあらわしている。

絵画には、正確な描写とそうでない描写の双方がふくまれている可能性がある。福山敏男氏は『一遍聖絵』の正確な部分を見てその描写の信憑性を評価し、藤井恵介氏は同じ絵巻物の不正確な部分を見て疑わしいとしたわけである。問題は、これまで絵画を、おそらく正しいであろうという推定のもとに、実態と齟齬する点があったとしても曖昧なまま活用してきたところ、つまり絵画の史料批判がじゅうぶんにできていないところにある。今求められているのは、絵画に描かれた建築の何が信頼できて、何が信頼できないかを明確にすることであろう。

これまでのような現存する建築遺構や文献史料にくわえ、新たに発掘遺構・遺物にもとづき、絵画に描かれた建築の部分から全体にわたって一つ一つ検証していけば、絵画を史料として活用する道は開けるはずである。と同時に、こうした検証をつうじて、発掘遺構にも具体的な建築の姿をあたえることもできるのではなかろうか。以下では、中

第６図　『春日権現験記絵』巻10 高野山教懐庵室

世の住宅建築の発掘遺構と絵巻物に描かれた建築とは本当に結びつくのか、多くの絵巻物に広くあらわれながら、現存遺構としてはのこっていない、地方の上層階級の住宅を中心に検証してみたい。

2　出土遺物が明らかにする建築技法

⑴　絵巻物に描かれた板葺屋根について

絵巻物を見ていくと、先にあげた『年中行事絵巻』闘鶏場面の建物（第5図）をはじめ、『春日権現験記絵』巻十高野山教懐庵室（第6図）、『一遍聖絵』巻第五の大井太郎邸（第7図）の中心建物など、京都の中流以下の貴族の住宅や地方の有力者の住宅の中心建物――中世前期の文献史料には貴族住宅・武家住宅ともに「寝殿」と記される――、あるいは寺院の住房は板葺として描かれることが多い。これらの板葺屋根はいずれも反りをもち、破風板は葺板の側面を塞ぐように取り付けられている。また、破風板をよく見ると、その先端部では上辺が突出した同じ形状をしている。こうした板葺屋根は、さまざまな絵巻物にかなりの数を見ることができ、中世には広く普及した屋根形式であったことが想像されるが、建築としては現存していない。では、この描写の信憑性はどのように評価されるのであろうか。

第７図　『一遍聖絵』巻５大井太郎邸

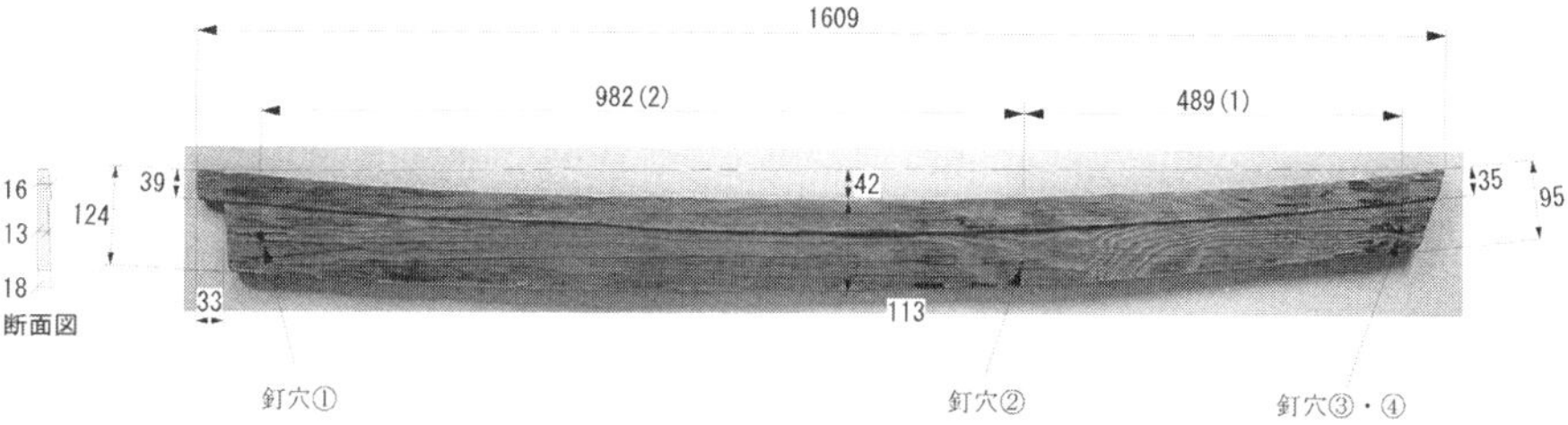

第８図　柳之御所遺跡出土破風板

平泉柳之御所遺跡の平安時代後期の井戸からは破風板（第８図）が出土し、このことははやくから知られていた［岩手県埋文一九九五］。長さ一六〇・九センチ、成《せい》は鼻先すなわち先端部の大きなところで一二・四センチ、厚さ一・六〜一・八センチしかなく、破風板としてはあまりにも華奢な材である。全体に緩やかな曲線を描き、鼻先では上辺が突出した形状をしている。今日もちいられる破風板は、茅負との取り合い関係から、鼻先の上部が逆に内側に欠き取られるのがふつうである。こうした破風板の納まりの古い事例は、元弘四年（一三三四）の建立当初の茅負・破風板がのこる長野県木曽郡の白山神社本殿にみることができる。このように、柳之御所遺跡の破風板は建築史学の常識からは考えられないようなものであった。

ところがその形状は、先にあげた絵巻

第９図　柳之御所遺跡出土部材にもとづく板葺棟門の推定復元模型

物の板葺屋根の破風板と同じなのである。絵巻物だけではない。あらためて中世の建築遺構をみていくと、たとえば神明社諏訪社本殿（長野県、天正十六年〈一五八八〉）の破風板は柳之御所遺跡のものとほとんど同じ形状をしている。ただ、神明社諏訪社本殿の葺板に反りはなく、真っ直ぐな葺板を勾配の異なる二段に葺いて破風板の反りに合わせている。

柳之御所遺跡では、破風板のみならず葺板もセットで出土していた。葺板は長さ一四八・〇〜九・二センチ、幅一三・〇〜一三・九センチ、厚さ四〜一三ミリで、破風板の曲線に近い反りものこったまま出土した。絵巻物にみられる反りは、こうした薄い葺板を曲げることでつくられていたのである。

葺板は杉材で、上面つまり凹側の面が風蝕した板と、下面つまり凸側が風蝕した板があるので、二重に葺いていたことがわかる。風蝕していない面では、表面を槍鉋で丁寧に仕上げた様子がよくわかる。

また、葺板には釘穴がまったく確認されず、現存遺構の板葺技法から知られるような、釘止めではなかったことがわかる。葺板には上から横材で押さえつけたアタリ跡のあるものがふくまれ、またこの痕跡と幅が一致する部材もあわせて出土しており、葺板を押縁で押さえつけていたことも判明した。『年中行事絵巻』別本巻三の破損した棟門や『一遍聖絵』巻四小田切の武士の館、『春日権現験記絵』巻一藤原吉兼邸などいたんだ板葺屋根で、薄い葺板が外れかけている様子が描かれているが、この描写はこうした板葺の技法を如実にあらわしているといえよう。

このように柳之御所遺跡出土部材から復元される板葺屋根の形式は、先にあげた絵巻物に典型的な板葺屋根と同じ形式なのである［冨島 二〇〇四］。部材寸法や形状からは、『春日権現験記絵』巻六の藤原俊盛邸の棟門にみるような、棟門の板葺屋根と推定される（第9図）。

この板葺屋根は、葺板が非常に薄く、また破風板も華奢で、しかも直接雨にさらされる形式であるため消耗が早く、建築遺構としては現存していないのだと考えられる。こうした薄板は多くの中世の遺跡から発見されており、とくに二メートルをこえるような長大な薄板は葺板であった可能性が高い。絵巻物では、『一遍聖絵』大井太郎邸（第7図）の奥の雑舎のように、簡素なものは破風板をもうけず、薄板を葺くだけのものもみられる。破風板をもうけない形式もふくめ、絵巻物に描かれた板葺屋根の全国への広がりが推測されよう。

また、絵巻物の板葺のほとんどが屋根に反りをもっているにもかかわらず、これまで板葺といえば、分厚い真っ直ぐな板を葺くと考えられており、復元においてもそうした姿が提示されてきた。これは、おそらくは現存する板葺の建物をもとにつくられたイメージによるのであろうし、絵巻物の描写の信憑性が検証できていなかったためとも考えられる。貴族や武士の寝殿に、まさか厚さ一センチにも満たない薄い板を葺いていたとは、今日の常識では考え難いであろう。発掘の遺物から失われた建築技法が検証でき、さらには絵巻物の描写の信憑性も評価できるのである。

なお、『春日権現験記絵』に描かれた小祠にも同様の形状の破風板が認められるが、春日大社では今日でも、壺神神社本殿などの末社の社殿にこの形状の破風板を見ることができる。中世の板葺屋根の形式は、今日まで継承されていたのである。

(2) 掘立柱として使われた面取り柱

石川県金沢市の堅田B遺跡では、掘立柱の柱穴から、建物の柱が短く切られ、礎盤として再利用した状態で多数発見された。この遺跡は、建長三年（一二五一）および弘長三年（一二六三）の巻数板が出土したことでよく知られ、鞍や鐙、高級な陶磁器などの出土遺物からは、御家人クラスの武士の居館とみられている。

柱は四寸二分～四寸七分程度（一二・六～一四・三チセン）の角柱で、一三～一八％ほどの大きな面取りがほどこされ、表面は槍鉋などでなめらかに仕上げられている（第10図）。掘立柱建物というと、茅葺の民家のような姿をイメージしてしまいそうなところであるが、丁寧に仕上げられた堅田B遺跡の柱は、手斧の跡がのこっている箱木家住宅や古井家住宅（いずれも室町時代後期）のような民家の柱とはまったく異なり、むしろ金剛峯寺不動堂（和歌山県、十四世紀）のような住宅風の仏堂の柱に近い。金剛峯寺不動堂をはじめ現存する中世の仏堂は、当然のことながらすべて礎石建ちである。しかし、堅田B遺跡で礎石建物は発見されていない。

第10図　堅田B遺跡出土柱材

第11図　堅田B遺跡出土柱材柱根部

小野正敏氏は、『法然上人絵伝』や『一遍聖絵』に描かれた地方武士の館の中心建物の柱は、すべて角柱で礎石建ちであると指摘している［小野 二〇〇四］。たとえば、上層の武家屋敷と考えられている今小路西遺跡の主要な建物は礎石建ちである。この遺構は十三世紀後半から十四世紀前半のものとみられ、鎌倉でも鎌倉時代後半ころから武家住宅に礎石建ちが普及すると考えられている。

では、鎌倉時代中期の地方にある堅田B遺跡から見出された、面取りをほどこした掘立柱は、絵巻物と齟齬していることになるのであろうか。そこで絵巻物を見ていくと、『一遍聖絵』や『春日権現験記絵』はもちろん、ほとんどの絵巻物で上層階級の住宅の柱は大きな面取りをした角柱である。また、足下が描かれているのは縁束で、建物本体の柱が礎石建ちであったかはわからない。逆に、『男衾三郎絵詞』男衾三郎邸（十三世紀末）では寝殿、中門廊、侍廊とも縁束に礎石は見えず、細部まで精緻に描く『春日権現験記絵』では貴族住宅、僧侶の住房ともに、檜皮葺・板葺の区別なく、礎石建ちとそうでないものの双方が認められる。このように、絵巻物の描写のみから、中世の武家住宅が礎石建物か掘立柱建物かを判断することはできないのである。

そこで、堅田B遺跡から出土した掘立柱の柱根部分（第11図）を見ていくと、柱径は四寸五分～五寸程度（一三・三～一五・二センチ）、手斧の跡がのこったままではあるが、面取りもなされ、その割合はおよそ一五～一七％である。先の柱材にくらべていくぶん太いが、これは柱根部では表面の仕上げをしていないためとみなされよう。面取りの割合は柱材に近い数値であり、なかには上部と柱根部の部材を並べると、材質や木目まで非常に似ているものがある。つまり、堅田B遺跡では、面取りをほどこして表面を丁寧に仕上げた角柱が掘立柱として使われていたと考えられるのである。掘立柱建物でも、かなり質の高い建築が存在した可能性を考えなければならない。

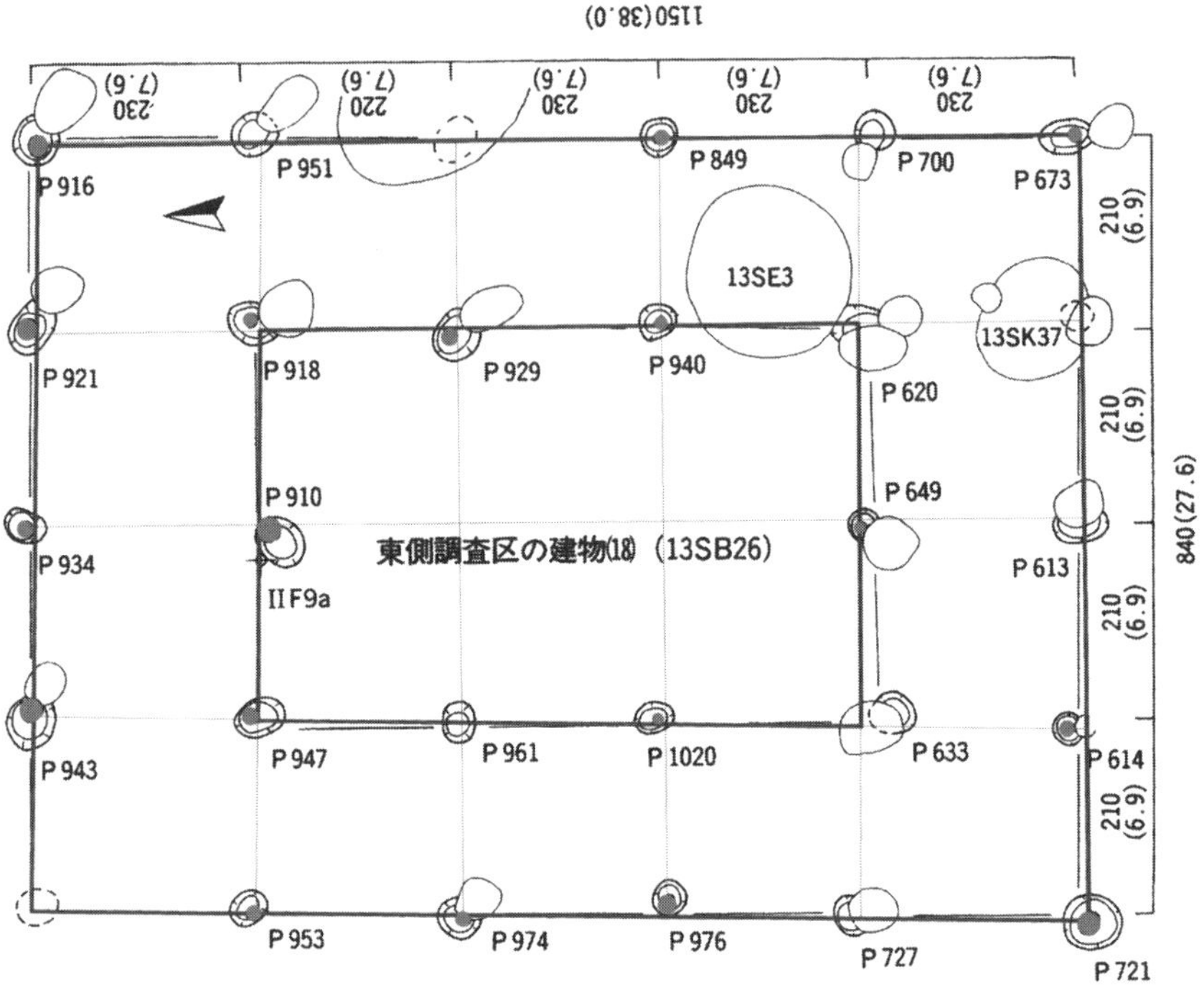

第12図　志羅山遺跡建物13SB26

3　平面構成から立面構成へ

(1) 四面庇建物の一解釈
——縋破風をもつ建物——

次に、建築全体の姿について検討してみたい。発掘で四面庇の建物遺構が出てきたり、あるいは文献史料に四面庇と記されていれば、その建築の屋根は入母屋造と考えるのがふつうであろう。たとえば、平泉の柳之御所遺跡の建物52SB25や志羅山遺跡の建物13SB26（第12図）は、いずれも平面形式としては三間四面と表現され、屋根は入母屋造と考えてしまう。しかし、遺構を詳細にみていくと、ほかの形式であった可能性もうかびあがってくる［冨島二〇〇六］。

これらの遺構で注意すべきは、いずれも庇の隅部が振隅《ふれずみ》となっている点である。振隅の屋根では、隅部の柱間で桁行方向と梁行方向の寸法が異なり、隅木を四五度でかけることはできない。志羅山遺跡建物13ＳＢ26は東西いずれの面も庇の隅部で桁行柱間の寸法が七・六尺、梁行柱間の寸法が六・九尺と異なっており、柳之御所遺跡建物52ＳＢ25の東面では桁行柱間が一二・八尺、梁行柱間が一〇・二五尺と大きく異なっている。じつは、先にあげた堅田Ｂ遺跡の中心建物ＳＢ01や、後にあげる大桑ジョウデン遺跡の中心建物ＳＢ03も振隅なのである。こうした建築で母屋の隅の柱から庇の隅の柱に隅木をかけると、四五度では納まらない。もちろん多少の振隅ならば入母屋造に納めることもあるのだが、これほど極端な振隅になると、入母屋造の屋根だったのか疑問である。

そこで絵巻物を見ていくと、先にあげた京都大学本『年中行事絵巻』闘鶏の場面の建物（第5図）や『春日権現験記絵』巻十高野山教懐庵室（第6図）など、切妻造の屋根の妻面に縋破風の庇を付加する形式が多く見出される。逆に、板葺で入母屋造の住宅はほとんど見出せない。絵巻物以外の絵画でも柳之御所遺跡出土折敷板絵の建物（第2図）や、鳳凰堂扉絵上品中生の建物（第3図）、現存遺構では宇治上神社拝殿（第4図）も縋破風をもつ屋根形式である。とくに『春日権現験記絵』教懐庵室は両側の妻面に縋破風の庇をもうけており、志羅山遺跡の建物13ＳＢ26は同じ形式であったことが考えられる。このように絵画を対照することで、発掘遺構だけではひとくくりにされてしまう四面庇建物でも、建築形式の解釈の可能性が広がり、あわせて絵巻物の建築描写の信憑性の評価も可能となる。

なお、宇治上神社拝殿は、母屋だけで成り立つ切妻造建物の両側の妻面に庇がつく二面庇の形式であるが、四面庇の建物の場合、まず母屋の平《ひら》側の二面に庇を付加した二面庇の切妻造建物とし、さらにその両側の妻面に庇を付加することで同様の縋破風をもった外観となる。もちろん、振隅になっていなくとも縋破風の庇とすることは可能である。

⑵ 寝殿造と発掘遺構

考古学と建築史学の関係では、寝殿造もまた重要な論点である。寝殿造は、東三条殿にみるような街路に対して築

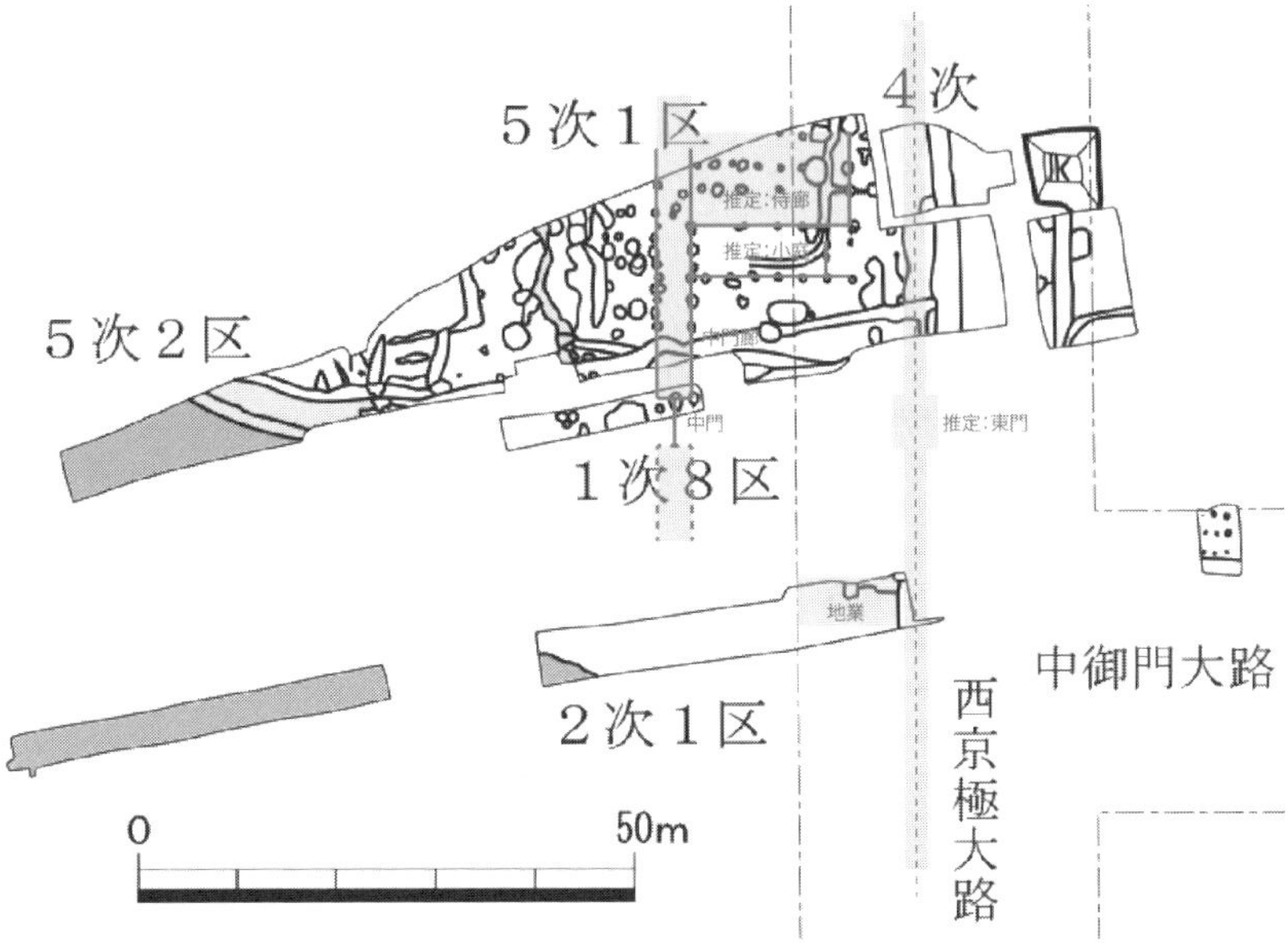

第13図　法金剛院発掘遺構にもとづく中門廊の推定復元
（『平成８年度　京都市埋蔵文化財調査概要』所収図に加筆）

地で囲んで東門を開き、そのなかにさらに中門廊・中門をもって寝殿とその南庭をへだてる構成がその典型とされる。しかし先にも述べたように、玉井哲雄氏はこうした典型的な寝殿造の形式の発掘遺構がないと指摘し、寝殿造は実態をともなっていないのではないかという疑問を呈している［玉井 一九九六b・二〇〇四］。

太田静六氏による寝殿造の復元は、指図を含む文献史料にもとづく実証的研究によっており、研究方法から見ても信頼性は高い。しかも、それは『年中行事絵巻』巻一の法住寺殿や同巻三の東三条殿など絵巻物の描写ともおおむね一致しており、信頼性は高いはずである。しかもまったく発掘事例がないかといえばそうでもない。法金剛院の発掘遺構である。

『中右記』大治五年（一一三〇）十月二十九日の条によれば、法金剛院には池の東に御所がもうけられ、寝殿、東御門、中門、南庭、東対代廊があった。法金剛院の発掘調査では、川原石を敷き詰め、景石を据えた池と遣り水が発掘され、この遣り水の東から中門および中門廊、礎石建物と築地が検出された［京都市埋文 一九九六〕。寝殿および東門と推定される場所が未発掘のため、はっきりしない部分もあるが、中門廊の東北にとりつく礎石建物を侍廊、東南の地業を随身所もしくは車宿と考えれば、『年中行事絵巻』や文献史料から知られる典型的な寝殿造の構成となる（第13図）。たしかに全体として東三条殿のような構成がわかる遺構は発掘されていないが、東三条殿や法金剛院など平安時代後期の最上層の貴族の住宅で、絵巻物に描かれている寝殿造が実在したことはじゅうぶん考えられよう。

(3) 小規模寝殿の中門廊について

次に、小規模な中世住宅の中門廊について考えてみたい。『一遍聖絵』一遍の生家（第1図）、『男衾三郎絵詞』男衾三郎邸、『法然上人絵伝』漆間時国邸（美作の法然生家）など、絵巻物には武家住宅の寝殿として二間ほどの短い中門廊を直結させた形式が数多く認められる。こうした形式の中門廊は、貴族住宅でも藤原定家の一条京極邸によって鎌倉時代前期から存在していたことが知られる〔太田 一九八七、藤田 一九九三・二〇〇六〕。

一条京極邸は嘉禄二年（一二二六）の建立で、『明月記』同年十二月二十二日の条によれば、寝殿は「丈間」すなわち一間一〇尺の三間四面という京都の貴族住宅としては小規模なもので、もともと中門廊はなく、南庇の西端の柱間を連子窓のある土壁、次の第二間は「唐棟」すなわち唐破風をもうけて車寄せとしていた。『一遍聖絵』巻五大井太郎邸では、中心建物の正面庇一番奥の柱間を連子窓のある土壁としている。この部分を中門廊と見る考えもあるが、一条京極邸寝殿のような形式であった可能性も考えられる。また、車寄せとして唐破風をもうけることは、『春日権現験記絵』巻五藤原俊盛邸や『奈与竹物語絵巻』（鎌倉時代後期）陰陽師邸にみられる。

この一条京極邸の寝殿は寛喜二年（一二三〇）に改築され、『明月記』同年四月十二日の条には、

今日破此屋坤飛簷、依立二間小廊皆七尺間、加作合三間、擬中門廊不立中門、其南頭為車寄、妻戸西依略儀不塗壁、皆欲立杉遣戸唐棟、

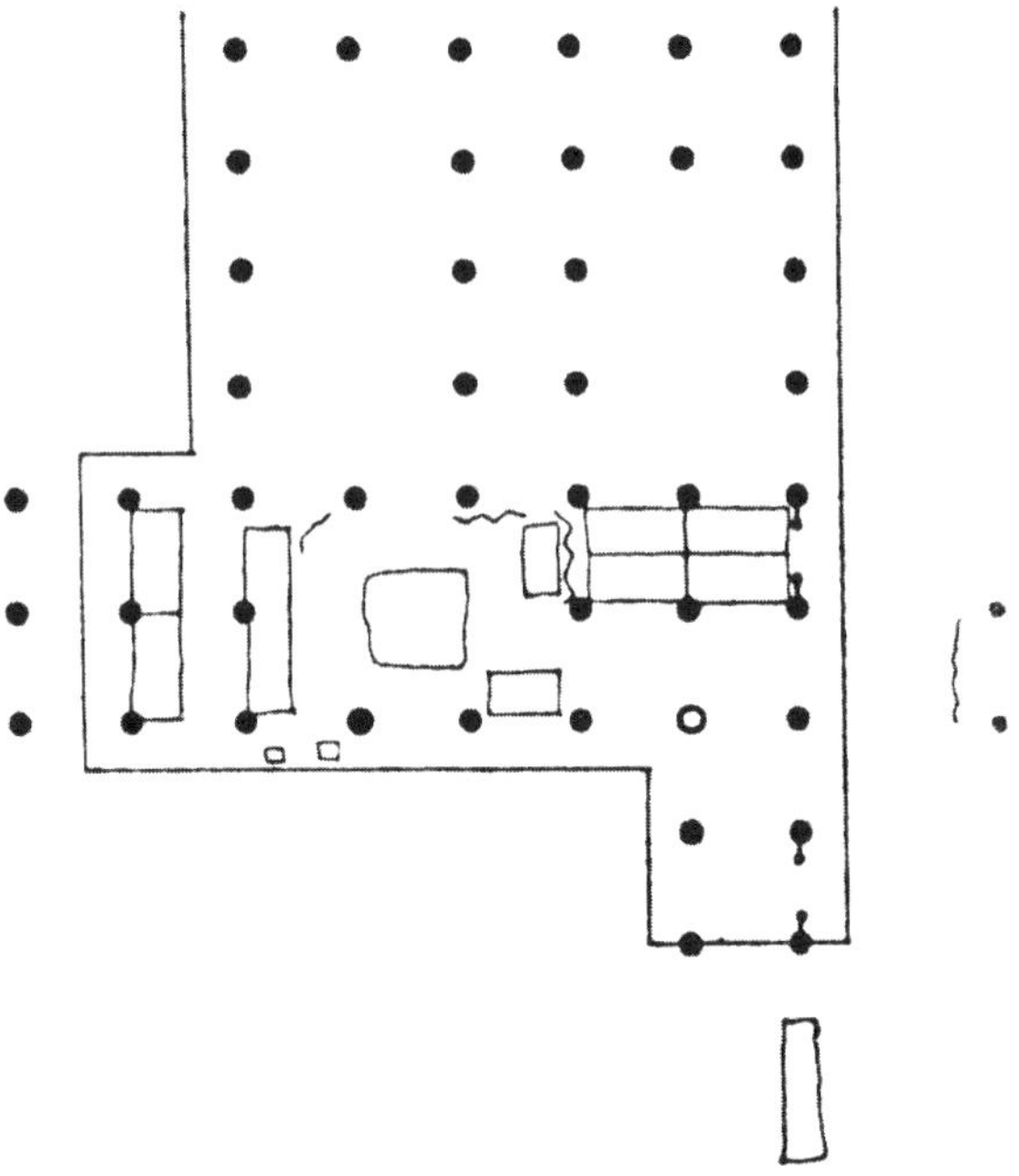

第14図　醍醐寺文書344-97 醍醐寺妙法院伝法灌頂指図（書起）
（山岸常人『中世寺院の僧団・法会・文書』より転載）

と、南西角の屋根を取り壊し、ここに二間という短い廊をもうけた。作合をあわせても三間である。この廊に中門はなく、それは中門廊に擬えた、簡略なものであった。鎌倉時代の小規模な寝殿では、中門廊をもうける場合も、もうけない場合もあったわけである。

なお、この一条京極殿の中門廊は「唐棟」とされ、これは『法然上人絵伝』漆間時国邸で中門廊の先端に唐破風をつける形式であったことが考えられる。

一方、現存する建築で、こうした中門廊をもつものの代表は光浄院客殿である。ただ、この建築は慶長六年（一六〇一）の建立とされ、『法然上人絵伝』や『一遍聖絵』など絵巻物にくらべて時代が降りすぎる。そこでもう少し古い時代の建築を求めていくと、法隆寺北室院太子殿をはじめ東寺西院御影堂（康暦二年〈一三八〇〉、中門廊部分は応永二年〈一三九五〉）などがある。

指図では文明十七年（一四八五）の興福寺仏地院主殿がよく知られ、応永三年（一三九六）の伝法灌頂指図にみる醍醐寺の院家である妙法院（醍醐寺文書三四四箱九七号、第14図）も同様の形式である。また、八間×六間と規模は大きくなるが、醍醐寺理性院のものとされる宝治元年（一二四七）の伝法灌頂指図（醍醐寺文書四七二箱五〇号）の中門廊も同様の形式で、こうした中門廊の形式は院家の建築でも鎌倉時代前期までさかのぼる形式であったことがわかる。絵巻物でも『法然上人絵伝』巻五法然住房、同巻十四比叡山東塔円融房などの僧侶の住房にも、このような中門廊を直結させた形式がみとめられる。中心建物が中門廊をそなえることは、寺院の住房でも同じであった。

では、こうした中門廊をそなえた建築の地方への広がりは考えられるのであろうか。文献史料では、たとえば正安三年（一三〇一）の「沙弥順阿譲状」（『鎌倉遺文』二〇七一七）には備前国の神官の居宅について、

一、寝殿一宇、五間三面萱葺、在中門、板庇、

とあり、萱葺きで板庇をそなえた寝殿に「中門」が取り付くものがあった。絵巻物を見ていくと、『法然上人絵伝』漆間時国邸や同巻三十六摂津押部の武士の館、『一遍聖絵』一遍の生家（第1図）では、寝殿は萱葺きで周囲に板葺の庇を付加し、板葺の中門廊をもうけている。備前国神官邸の寝殿は、五間で萱葺きの母屋の三面に板葺の庇をもうけ、中門廊をそなえた形式と理解すべきであろう。

『一遍聖絵』の成立は正安元年（一二九九）なので、時期的にこの史料に近い。さらにいえば一遍は、伊予国の守護職と同格の武士で、大三島社の祝でもある河野氏の出身であり、社会階層としても「沙弥順阿譲状」の備前国神官に近いといえよう。地方の有力者の住宅として、こうした形式の住宅が実在していたであろうことはじゅうぶん考えられる。

このように見てくると、寺院の院家・住房にしても地方の有力者の住宅にしても、絵巻物に描かれた中門廊は、現実と乖離していたわけではなさそうである。問題は、絵巻物にこれだけあらわれながら、実際に地方で中門廊をそなえた小規模寝殿の遺構がなかなか確認できないことである。

(4) 中門廊の発掘遺構をめぐって

これまで中門廊をそなえた小規模寝殿の発掘事例は、今小路西遺跡の南屋敷の中心建物に求められてきた(第15図)。この建物は礎石立ちで、柱間は南北、東西ともに二・一六㍍(七・二尺)、発掘調査の報告では「身舎南端列の東端柱間に一個、東縁ラインの南延長に二個の礎石があり、建物本体とは配置が異っているが、この部分で縁(庇)に入り組む中門があったのではないかと思われる」[鎌倉市教委 一九九〇]と、南面東端から延びる一間×一間半の部分を中門廊であった可能性が示唆されている。建築史学では、玉井哲雄氏は「東南の隅には出っ張りがある」[玉井 一九九六a]と慎重な姿勢をみせ、藤田盟児氏は慎重ながら「中門らしき突出部をもち七尺等間の柱配置をもつ礎石建の建物」[藤田 二〇〇六]と、中門廊の可能性を示唆している。

あらためて遺構を見ていくと、中門廊とされる突出部の柱筋は建物本体とは半間ズレており、建物本体と接している西側の柱間の寸法は一メートルほどしかなく、ここに妻戸や舞良戸などの建具をもうけることは困難である。さらには、東側の柱間は建物本体の東面の縁が突き当たっており、このような納まりでは中門廊に縁がまわっていなかったことになる。中門廊ならば、その前面の柱筋は建物前面の側柱筋にそろい、建物本体から中門廊につながるように縁がまわるべきで、絵巻物、指図、現存遺構いずれにおいても柱筋がそろっている。今小路西遺跡の建物の形態で、じっさい中門廊として機能したかは、はなはだ疑問である。このように今小路西遺跡の中門廊が否定されるならば、中門廊をもつ小規模寝殿の発掘遺構は存在するのであろうか。

そこ注目されるのが、石川県金沢市の大桑ジョウデン遺跡の建物ＳＢ03(十三世紀後半)である(第16図)。この遺跡は遺構の重複が少なく、建物ＳＢ03には三間×四間の掘立柱建物の東面の北端から一間×二間の東西棟の廊状の建物が延びる形式が明瞭にあらわれている[金沢市 二〇〇三]。遺物が少なく遺跡の性格が明確になっておらず、また建物が小規模であるなど課題もあるが、この発掘遺構をもって、中門廊をそなえた建物の地方における存在が浮かび上がっ

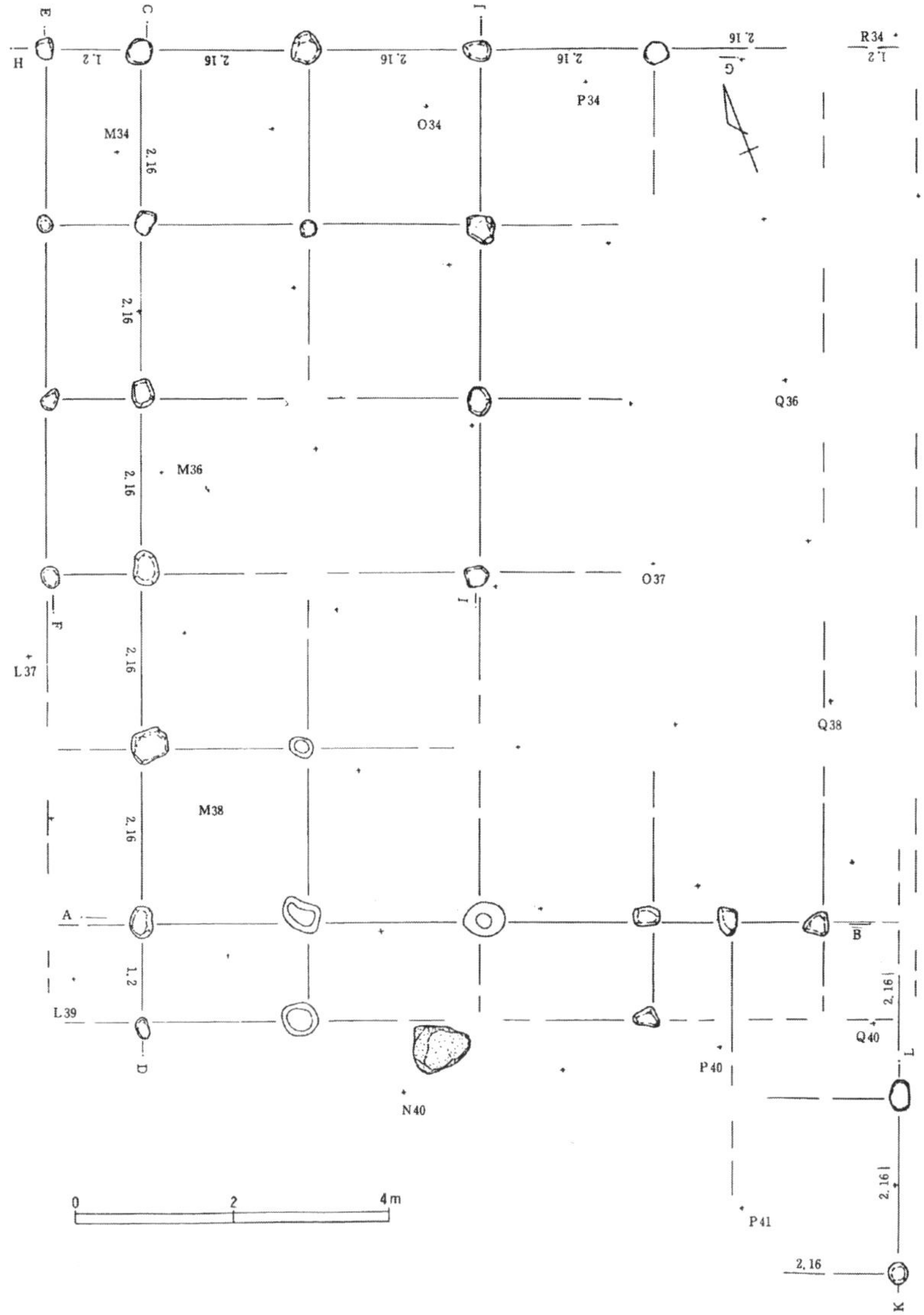

第 15 図　今小路西遺跡南 4 礎石建物
(『今小路西遺跡(御成小学校内)発掘調査報告書』より転載)

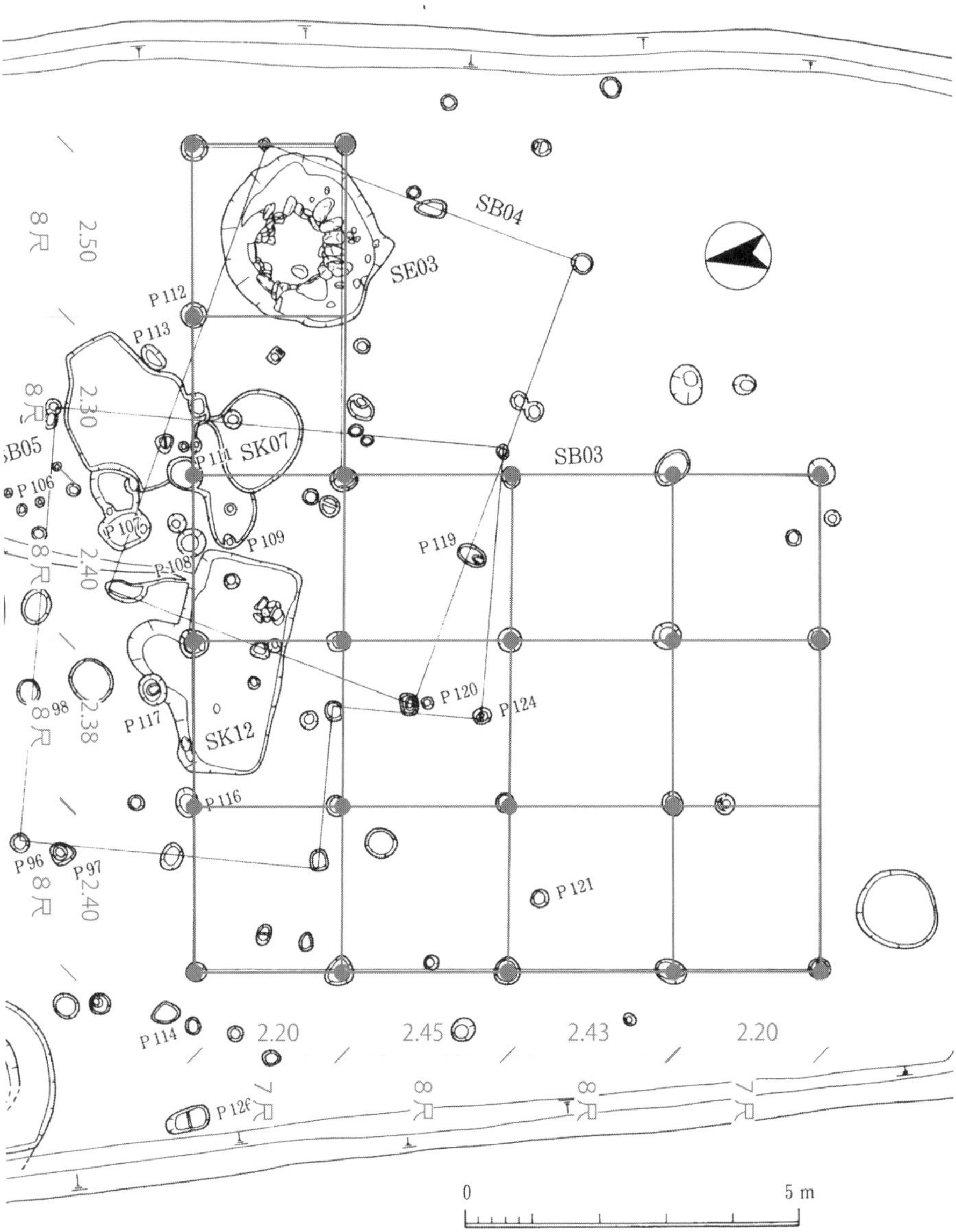

第 16 図　金沢大桑ジョウデン遺跡 SB03（『大桑ジョウデン遺跡 I 』所収図に加筆）

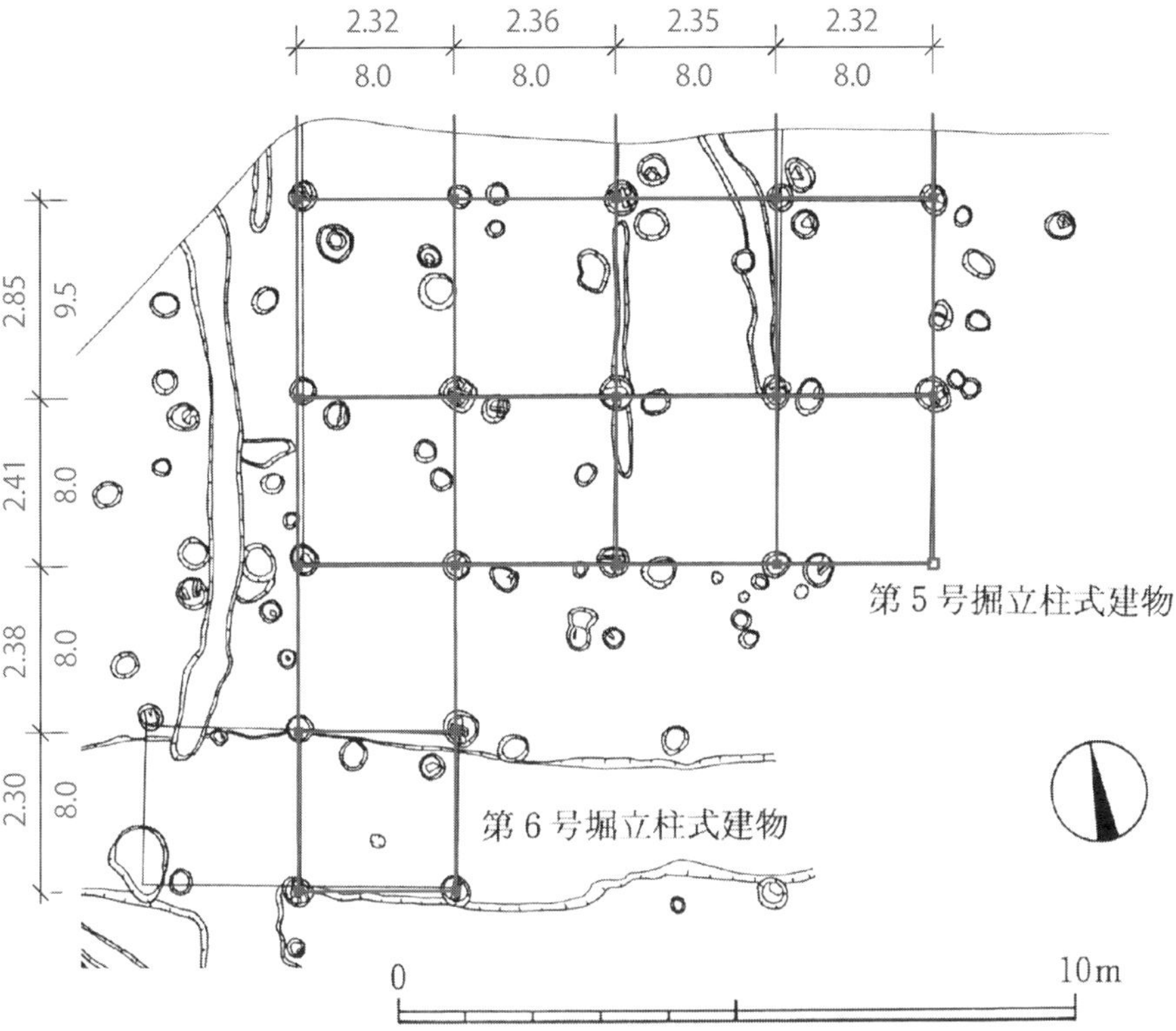

第17図　水白モンショ遺跡発掘遺構にもとづく中門廊建物の推定
（『中能登町水白モンショ遺跡・小竹ボウダ南遺跡・小竹スナダ遺跡』所収図に加筆）

てくる。

また、こうした形式を意識して遺構を見直せば、これまで中門廊が認められていない遺跡でも、中門廊の柱穴がひろえる事例がでてくるかもしれない。たとえば、石川県鹿島町の水白モンショ遺跡で発掘された第5号掘立柱建物と第6号掘立柱建物（十二世紀中期～十三世紀中期）は、別々の建物として報告されているが〔石川県教委 二〇一四〕、これらをつなげることも可能である（第17図、垣内光次郎氏のご教示による）。東西四間、南北二間以上の第5号掘立柱建物と、その南面西端の柱間から第6号掘立柱建物の一部である一間×二間の廊状の建物が延びる構成となり、これは大桑ジョウデン遺跡の建物遺構SB03に近い規模・形式である。

ところで、大桑ジョウデン遺跡と水

白モンショ遺跡の遺構では、絵巻物では当然のように描かれている縁が検出されていない。先に見た平泉の四面庇建物でもそうである。もちろん、掘立柱建物では縁束か下屋の柱か判別の難しいものもあり、こうした事例はおくとしても、縁があってもおかしくない大規模な掘立柱建物遺構でも、なかなか縁が見つからない。そこで絵巻物を見ると、たしかに縁束は礎石の上に立っている場合が多い。自立性の求められる建物本体の柱は掘立柱とし、付属的な縁束については後から礎石を置いて立てる程度だった可能性が考えられよう。絵巻物に描かれた掘立柱のように見える縁束も、地面に直接据えただけの状態をあらわしているのかもしれない。それゆえに遺構表面とともに痕跡が失われてしまうのではなかろうか。いずれにしても、縁束の問題は、今後、発掘遺構を精査しながら検証していく必要がある。

4　描きうる小規模寝殿の姿

では、以上の検討から、中世の小規模寝殿としてどのような建築の姿が描けるであろうか。一つの可能性を述べておきたい。

柳之御所遺跡出土の葺板のような薄く長い板材は、多くの遺跡で発見されているし、振隅の発掘遺構も広く認められる。そして、掘立柱建物でも、質の高い面取りした角柱をもちいたものがあったのである。先にあげた堅田B遺跡では、面取り柱のみならず多くの薄板も発掘されており、大桑ジョウデン遺跡の建物ＳＢ03は振隅である。こうした発掘遺構・遺物からは、大きな面取りをほどこし、表面をなめらかに仕上げた角柱をもちい、薄く長い板を葺いた反りのある板葺屋根で、左右の妻面に先端の上辺が突出した形態の縋破風をそなえた、まさに絵巻物に描かれている板葺の建物が、より現実的な存在として浮かび上がってこよう。建築形態としても、絵巻物にあらわれる妻側の屋根を縋破風とし、中門廊をそなえた寝殿が実在していた可能性はじゅうぶん考えられる。

もちろん、地域・時代とも異なる柳之御所遺跡の板葺屋根や、切妻造の両妻面に縋破風をもつ庇を付加した形式の四面庇建物、金沢の堅田B遺跡の面取り柱を結びつけることには疑問もあろう。中世前期において、こうした建築が地域をこえて共有されていたのかという疑問である。建築についても地域性や多様性は重要で、本稿もこうした点を否定するものではなく、今後具体的に検証されるべき課題と考える。しかし、まず本稿では、中世の日本列島で多くのモノの形式・技術が、地域をこえて共有されていたという側面に注目したい。

たとえば、自然風景を写したとされるいわゆる「浄土庭園」が平泉をはじめ東国に数多くつくられ、定朝様の仏像は全国へとひろがっていった。建築でも遺構から知られる中世の寺社建築の形式や技術は、ときにゆたかな地方性を示しながら、全国で共有されている部分も多い。面取りした角柱は京都や奈良はもちろん、全国の中世の建築遺構に認められ、『年中行事絵巻』に描かれた板葺屋根が、たしかに同じ頃の平泉に存在していたのである。断片ではあるが、中世の絵巻物に広くあらわれる板葺建物へと結びついていく建築遺構・遺物が、地域をこえて見出されることは、こうした形式の建築が中世の日本において普遍的な広がりをもっていたことを示唆している。中世の住宅建築においても、地域をこえて共有された形式が存在していた可能性を考えなければならないであろう。

おわりに

発掘遺構の解釈は、遺構そのものからなされるのが理想である。しかし、住宅建築遺構の場合、とくに掘立柱建物は短期間で建て替えがくり返されて重複が著しくなり、遺構として柱穴を結んでいく作業が困難をきわめる場合もある。こうした場合、柱穴を正しくつないでいく方向性を示すうえでも、中世住宅建築の具体像の実証レベルでの構築が求められる。建築遺構がほとんどない中世の住宅建築の具体的な姿を知ろうとすれば、文献史料や発掘遺構だけではじゅうぶんでなく、絵巻物などの絵画史料に頼らざるをえない。しかしながら絵画は、歴史史料という観点からいえば、フィクションである危険性を多分に孕んでいる。

たしかに絵巻物の建築の精緻な表現は、「正確」といわしめるほどのリアリティーがある。注意すべきは、正しく見える描写の何が史実かである。正確さにも、個別の建築全体の構成・形式を正確に描いているのか、あるいは当時の建築技法として正確に描写しているのか、という二つの段階がある。先学が指摘するように、絵巻物に描かれた建築は全体としては正確でない場合が多々ある。にもかかわらず、それを史実と評価させた要因は、細部意匠・技法の正確な描写――ときに正確であるかのように見えて正確でない場合もあるが――であったと考えられる。

絵師たちは、実際の建物を見ずとも、正確な細部の描写、あるいは正確かのように見えるほどの精緻な描写をもって、あたかも大工が現実の建物を建てるかのように、画面のなかで建築を構築していったと考えられる。こうした絵師の技術は、『一遍聖絵』巻六の三島社の中門の描き直しが端的に物語っている。この中門はもともと単層の八脚門として描かれていた［若杉 二〇〇二］ところ、基壇と屋根はほとんどそのままに、柱の途中に組物・縁・高欄・連子を描き加えることで、入母屋造の楼門に変えられている。このように絵師によって構築された建築は、『一遍聖絵』に描かれた当麻寺本堂のように、史実でなくとも、リアリティーをもったフィクションとして絵巻物を構成していくのである。『一遍聖絵』の正確さにたいしての相反する二つ評価は、こうした絵師の仕事によるものであったといえよう。

建物がのこっていないなか、絵画の史料としての弱点を補完するのが、発掘遺構・遺物という考古史料である。たとえば、絵巻物に数多く描かれる板葺屋根についていえば、それが史実と認められるためには、柳之御所遺跡の板葺屋根部材が必要であった。絵巻物だけでは歴史史料とはなり得ないのである。今後の中世住宅建築の研究では、出土部材が重要な意味をもつことになるであろう。

一方、出土部材はといえば、たとえば柳之御所遺跡出土の板葺屋根部材は、報告書に掲載された当初、破風板については、それが破風板と認められていたものの、具体的にどのように使われていたかはわかっていなかった。葺板である薄板は、用途すら不明であった。絵巻物と結びつけることで、ようやく遺物が語りはじめたのである。出土部材のうち、用途のわかるものは、そこに建っていた建築を知るうえで重要であることはいうまでもない。しかし、用途不明のものこそが、失われた建築技法を知る重要な史料となる可能性がある。

これまでの中世の発掘遺構の研究における関心は遺構の平面形式や配置構成に向いており、出土した建築部材から上部の形式や技法を検討することは、多くの部材がまとまって出土する場合をのぞいて、ほとんどなされていなかった。たとえ小さな部材、断片であっても土の中からひろいあげ、報告書に掲載することが求められる。そして、それを現存する建築あるいは絵画の建築なかで位置づけていく作業が、中世の発掘遺構、住宅建築の解明において重要になるはずである。こうした研究の蓄積により、失われた建築形式・技法を明らかにするだけでなく、絵巻物など絵画の史料としての信憑性を評価していくことにもなる。

考古学の強みは、遺構や遺物によって、失われたものの存在を証明できるところにある。筆者はかつて、文献史料に「奉建三十三間四面瓦葺堂一宇」と記され、ながらく三三間とされてきた尊勝寺阿弥陀堂(九体阿弥陀堂)はじつは一三間で、「奉建立十三間四面瓦葺堂一宇」の書写の誤りであると論じた［冨島 二〇〇五］。しかし、いくら総合的かつ厳密に検証しても、文献史料を否定することは困難で、それが正しいことを最後に証明したのは発掘遺構であった［イビソク 二〇一五］。

考古学は歴史を語れるか——もちろん歴史を雄弁に語る遺跡や遺物は数多くあり、考古学は歴史学の重要な役割を担ってきたし、これからも担っていくであろう。しかし、自らの力だけでは語ることのできない遺構や遺物も多くあるはずで、こうした遺構や遺物は、それぞれの学問分野において総合的学問として研究することによってはじめて語りはじめるのである。

主要参考文献

浅川滋男・箱崎和久編　二〇〇一年『埋もれた中近世の住まい』同成社
石川県教育委員会　二〇一四年『中能登町水白モンショ遺跡・小竹ボウダ南遺跡・小竹スナダ遺跡』
稲垣栄三編　一九七二年『日本建築史基礎資料集成　二　社殿Ⅱ』中央公論美術出版
イビソク関西支店　二〇一五年『白河街区跡・尊勝寺跡・岡崎遺跡』
岩手県埋蔵文化財センター　一九九五年『岩手県文化振興事業団埋蔵文化財調査報告書第二二八集　柳之御所跡　一関遊水地事業・平泉バイパス建設関連第二一・二三・二八・三一・三六・四一次発掘調査報告』
上原真人　二〇〇一年「秀衡の持仏堂―平泉柳之御所遺跡出土瓦の一解釈」『京都大学文学部研究紀要』四〇
太田静六　一九八七年『寝殿造の研究』吉川弘文館
小野正敏　二〇〇四年「中世武士の館　その建物系譜と景観」『中世の系譜　東と西、北と南の世界』高志書院
金沢市　二〇〇三年『大桑ジョウデン遺跡Ⅰ』
金沢市　二〇〇四年『石川県金沢市堅田B遺跡Ⅱ』
鎌倉市教育委員会　一九九〇年『今小路西遺跡（御成小学校内）発掘調査報告書』
川本重雄　一九九二年「寝殿造の絵画史料」平泉文化研究会『奥州藤原氏と柳之御所跡』吉川弘文館
京都市埋蔵文化財研究所　一九九六年『平成8年度　京都市埋蔵文化財調査概要』
玉井哲雄　一九九六年a「武家住宅」小泉和子他編『絵巻物の建築を読む』東京大学出版会
玉井哲雄　一九九六年b「絵巻物の住宅を考古学発掘史料から見る」（前掲）
玉井哲雄　二〇〇四年「建築史からみた「中世武士の館」の研究」『中世の系譜　東と西、北と南の世界』高志書院
冨島義幸　二〇〇四年「平泉柳之御所遺跡出土部材にもとづく板葺屋根の復元考察」『建築史学』四三
冨島義幸　二〇〇五年「九体阿弥陀堂と常行堂」『仏教芸術』二八三
冨島義幸　二〇〇六年「平泉柳之御所遺跡の建築についての一考察」『平泉文化研究年報』六
福山敏男　一九七五年「建築」『新修日本絵巻物全集　十一　一遍聖絵』角川書店
藤田盟児　一九九三年「藤原定家の周辺住民の居住形態」『日本建築学会計画系論文報告集』四四八

藤田盟児　二〇〇六年「主殿の成立過程とその意義」鈴木博之他編『シリーズ都市・建築・歴史3』東京大学出版会
藤井恵介　一九九六年「絵巻物の建築図は信頼できるか」小泉和子他編『絵巻物の建築を読む』東京大学出版会
宮本長二郎　一九九九年「日本中世住居の形成と発展」『建築史の空間』中央公論美術出版
望月信成　一九七五年「一遍聖人絵伝について」『新修日本絵巻物全集十一　一遍聖絵』角川書店
山岸常人　二〇〇四年「醍醐寺院家の建築的構成」同『中世寺院の僧団・法会・文書』東京大学出版会
若杉準治　二〇〇二年「国宝・一遍聖絵について」『特別陳列修理完成記念　国宝・一遍聖絵』京都国立博物館

図版出典　第1図・第7図は遊行寺宝物館、第5図は京都大学附属図書館より提供、第2図は岩手県教育委員会提供写真に加筆、第6図は『続日本の絵巻　一三』（中央公論社）、第14図は山岸常人『中世寺院の僧団・法会・文書』、第4図は『日本建築史基礎資料集成二　社殿Ⅱ』、第15図は『今小路西遺跡（御成小学校内）発掘調査報告書』より転載、第12図は平泉町提供資料、第13図は『平成8年度　京都市埋蔵文化財調査概要』所収図、第16図は『大桑ジョウデン遺跡Ⅰ』所収図、第17図は『中能登町水白モンショ遺跡・小竹ボウダ南遺跡・小竹スナダ遺跡』所収図に加筆・転載した。

つわものの館の成立と姿

八重樫忠郎

はじめに

古代から中世への推移を論じる時、国司以外のつわものの館《たち》がどのように成立していったのか、またその姿はどのようなものだったのかを考えることは、不可欠といえる。なぜならつわものの館は、古代社会の崩壊が生み出し、そして後に鎌倉幕府へと発展する礎とでもいうべきものだからである。

本稿では、北東北で明瞭に見え始めたつわものの館について、考古学からアプローチしてみたい。なお、以下で館とは、特別に断らない場合には、つわものの館を指す。

1　館

(1) 記録に見える館

最初に確認しなければならないことは、「館」とは文献の用語であることから、考古学によって「館」を確認するためには、文献の整理が必要だということである。そして館の成立がうかがえる資料は、北東北に関わるものしかない。

平泉の文献史学研究は、柳之御所遺跡の調査の進展に歩調を合わせるかのように、一九九〇年代に入ると深化していった。斉藤利男氏は、平泉藤原氏三代秀衡が『吾妻鏡』によれば「御館」と呼ばれていたことから、「御館」の意味を考察し、「国府の主である国司本人か国司館をさすものであった。しかも御館を後者の意味で使う場合、それは国司の私邸ではなく、国司の庁＝国府政庁を意味していた」とし、平泉に存在した平泉館も平泉政庁であったとしている。そしてこの解釈を補強するのが、平泉館内に「奥州・羽州両国の省帳・田文已下の文章」が存在していたことを示す『吾妻鏡』の記事であるという［斉藤 一九九二］。

省帳田文とは、本来は国衙にあるべき土地台帳のことである。土地台帳は、租税を徴収するには欠かせない。これによって、平泉館に政庁機能があったことは、疑いようがないだろう。

それでは秀衡と四代泰衡が、平泉館の主と『吾妻鏡』に記載されているからには、彼らがいつの間にか国司並みの権力を持っていたことになる。このことについて入間田宣夫氏は、『陸奥話記』の中で、平泉藤原氏の母方の豪族である安倍氏が「安大夫」、平泉藤原氏の太祖ともいうべき藤原経清が「亘理権大夫」と呼ばれていたことに注目し、前九年合戦（一〇五一～一〇六二）の頃に彼らは「鎮守府（胆沢城）の在庁官人のトップ」であったとしている。

ところが『奥州後三年記』によると、そののちの後三年合戦（一〇八三～一〇八七）時には、清原真衡の居所が「真ひらがたち」と記されており、「在庁官人のトップ」である大夫から、館を構えられるまでに政治的な立場が変化したことを明らかにした入間田氏は、「広義における在庁官人の呼称に甘んじていたことにくらべれば、格段の上昇である」とその成長ぶりを認めている。そして初代藤原清衡も『吾妻鏡』によれば宿館を構えていたことから、「豊田の御館、そして平泉の御館、と呼ばれていたに違いない」とし、清衡の時期にすでに平泉館が存在したことを明確にしている［入間田 二〇一〇］。

すなわち平泉館とは、突然に京都から持ち込まれたものではなく、国司館の影響を受けながら在地の論理の中で形作られ、成長していって生まれたものということができる［八重樫 二〇一二、羽柴 二〇一一］。そして平泉館は柳之御所遺跡堀内部地区であることが、考古学的に論証された［八重樫 二〇一五］。後述するがその平泉館の姿は、北のつわものたちの館の延長線上に位置し、なおかつ京都文化を取捨選択、咀嚼したものであった。

第１図　多賀城の国司館

(2) 考古学によって見えてきた国司館

考古学的に国司館だと確認できるものは、陸奥国府多賀城跡（宮城県多賀城市）の南面に広がる国府域から発見された四面庇建物跡しかない。考古学がこの建物跡をどのような理由から国司館だと判断しているかというと、木簡が発見されたことも大きいが、四間×九間の他を圧倒する大規模な四面庇建物跡であり、近隣から小規模ながらも土器の完形一括廃棄が検出されていることによる［多賀城市埋文 一九九一］。

陸奥国内の古代遺跡において四面庇建物は、官衙もしくはその関連遺跡からしか検出されない。つまり四面庇建物は、官衙系の建物すなわち国家権力が持ち込んだ建物形態ということができる。高橋與右衛門は、「梁行2間以上の身舎に四面庇を付し、身舎内に間仕切りや床束などの内柱を配置しない建物」を律令型建物とした［高橋 二〇〇三］。

また土器の一括廃棄は、宴会儀礼を行った痕跡と考えられている。宴会儀礼は、上下関係の確認と合意形成の場であり［飯村 二〇一〇］、国司館内

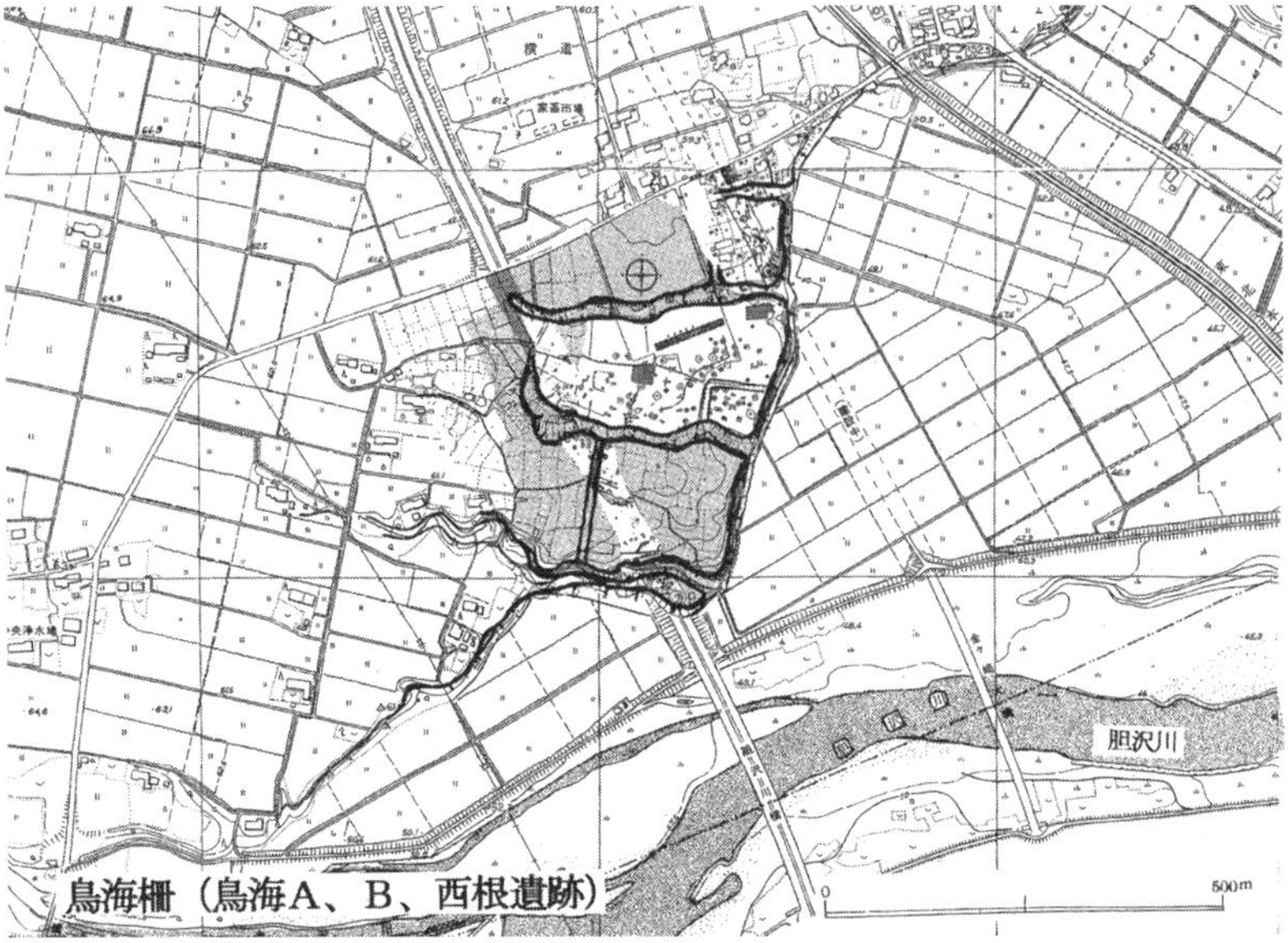

第２図　鳥海柵遺跡

で行われていた政治行為の主たるものであった。

2　館の成立

(1) 前　夜

国司である源頼義・義家親子プラス清原氏連合軍と安倍氏が戦った前九年合戦時においては、繰り返しになるが安倍氏は安大夫、清原氏は清大夫、安倍氏と婚姻関係にあった平泉藤原氏の初代の父である藤原経清は亘理権大夫と呼ばれていた。

大夫とは国司を取り巻く上級のつわもののことであり、この段階では館と呼ばれるものがいないことから、館は存在していないと考えられる。つまりこの時期には、館を構えることができたのは、陸奥国司たる源氏のみであり、それは国司館であった。

前九年合戦の顛末を描いた『陸奥話記』には、安倍氏の重要拠点として鳥海柵が挙げられている。鳥海柵については、鎮守府胆沢城から眺めることができる場所にあったこと、安倍氏の前当主である安倍頼時が息を引き取ったとこ

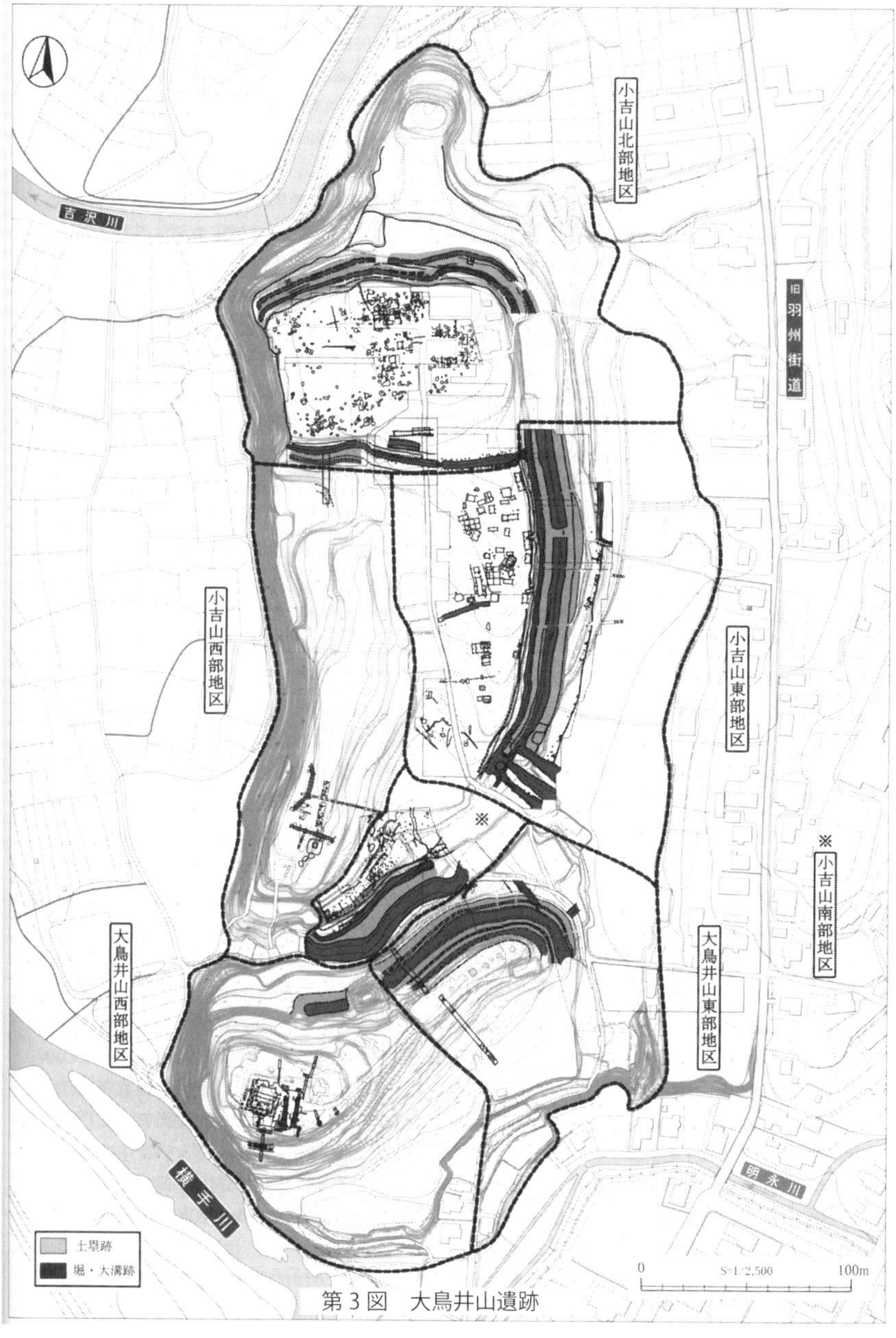
小吉山北部地区
吉沢川
旧羽州街道
小吉山西部地区
小吉山東部地区
※
※
小吉山南部地区
大鳥井山西部地区
大鳥井山東部地区
横手川
明永川
土塁跡
堀・大溝跡
0
S=1/2,500
100m

第３図　大鳥井山遺跡

ろ、また源氏軍が占領した際、大量の酒があったことが記されている。

その鳥海柵は、岩手県金ヶ崎町の鳥海柵遺跡であることが、発掘調査によって確認されている。鳥海柵遺跡は、胆沢城の北二キロ、中規模河川である胆沢川に面した河岸段丘上に立地し、自然の沢に分断された大地をさらに直線的もしくはL字の堀で分割する。一間が三メートル以上の三間四面の四面庇建物が検出されている。多数のかわらけは出土しているが完形一括廃棄は認められない。年代観は十一世紀前半から中葉。

(2) 成　立

後三年合戦は、清原家の複雑な血縁関係により勃発し、そこに国司である源義家が介入したことによって拡大している。再掲するがその顛末を記した『奥州後三年記』には、「きよはら真ひらがたち」と見え、この頃には国司義家が国司館を構えていたにもかかわらず、清原真衡が真衡館を設けていたとされる。

その清原氏関連の館と考えられている遺跡が、秋田県横手市の大鳥井山遺跡であり、横手川と吉沢川の合流地点と羽州街道に挟まれた段丘に位置する。幾重にも堀と土塁が廻る南側の大鳥井山と、二重の土塁と堀が廻る北側の小吉山に分けられる。さらに小吉山は、北側部分が堀で分けられており、その最北端部分から第2期雄勝城と推定されている払田柵跡の最終時期の土器が出土していることから、官衙の衰退とともに胎動を開始したことが分かる。

また小吉山の堀内側には、逆茂木と柵状の塀、投石用の可能性が高い櫓が設けられていた。さらに大鳥井山山頂からは、精緻な五間四面の四面庇建物跡が検出されている。かわらけは、多数出土しているものの完形一括廃棄はない。年代観は十世紀後半から十一世紀後半。

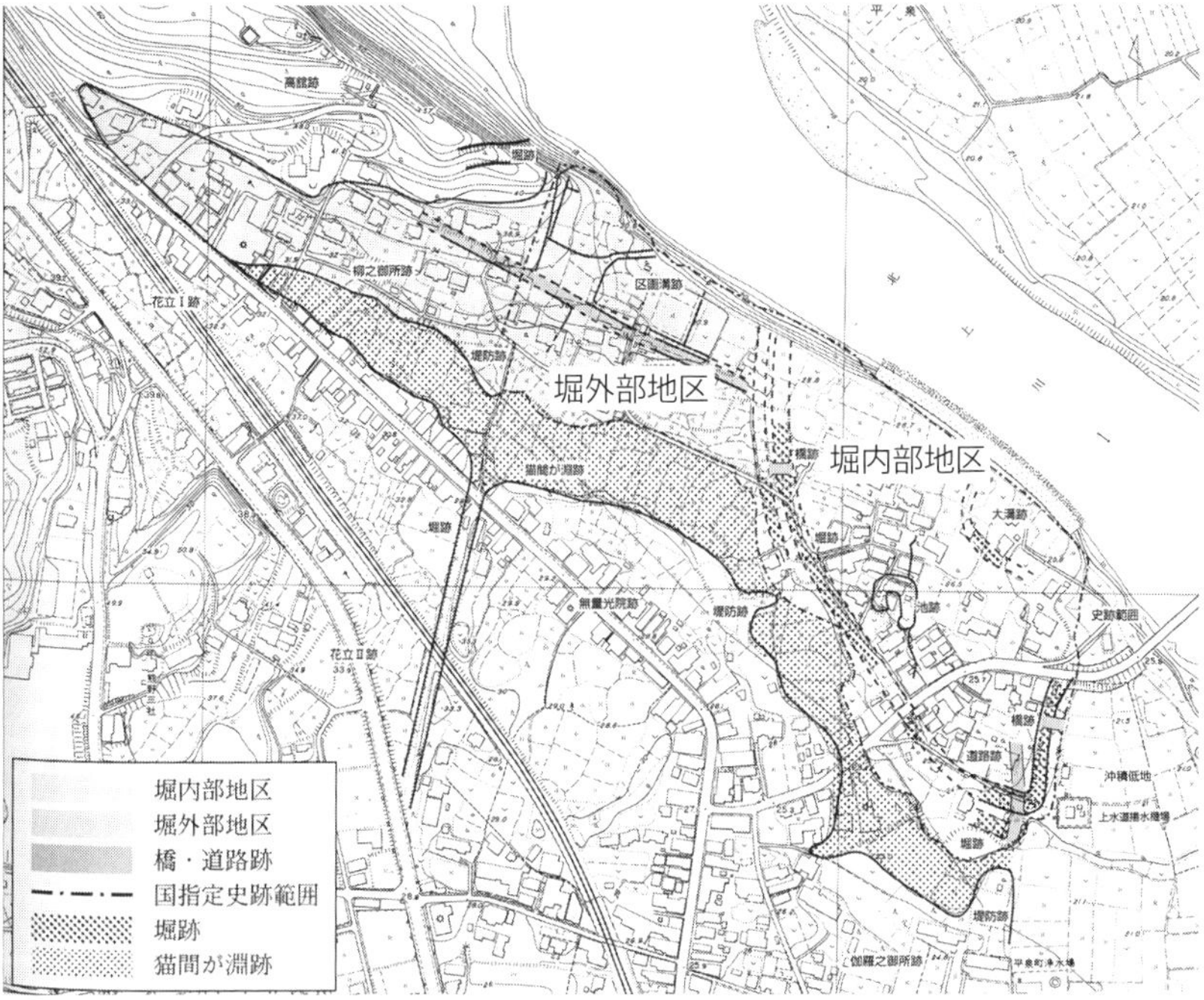

第４図　柳之御所遺跡

(3) 平泉館

岩手県平泉町に位置する柳之御所遺跡は、東北の大河である北上川の西岸の河岸段丘の上に位置する。北側は北上川に接し、南側は猫間が淵と呼ばれる沢によって限られ、細長い舌状台地を呈する。遺跡総面積は約一一万㎡あり、その中が堀で区切られ、堀に囲まれた堀内部地区約六万㎡、堀外部地区約五万㎡からなる。その堀内部地区が平泉館である［八重樫二〇一五］。

堀は何度か改修されたらしく、二重堀に見える部分もあるが、同時存在はしておらず、内側の堀が新しいとされる［岩手県教委二〇一二］。幅は五～一〇㍍、深さは三～五㍍を測る巨大な堀である。さらに堀の内部は、板塀によって区切られている。

平泉館の特徴として第一に挙げなければならないものは、四面庇建物跡であろう。新旧関係があるものが大半だが、一七棟検出されており、平泉遺跡群内で最も密度が高い。しかも堀内部地区はその中を塀で区切るが、その内部には、柱筋が

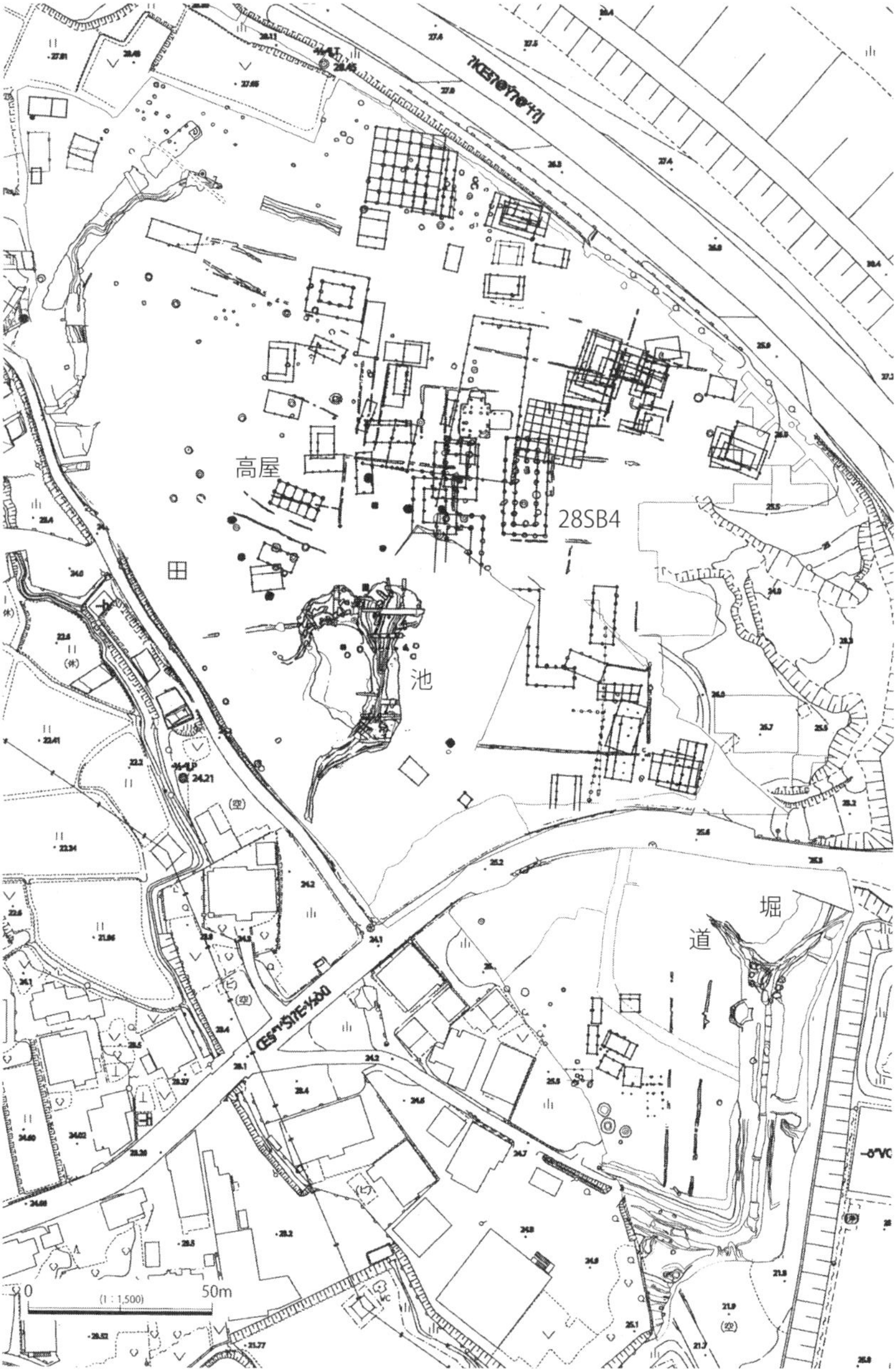

第５図　平泉館主要遺構配置図

通って柱間が三㍍を超す十二世紀前葉の四面庇建物跡も存在する。同位置には、後葉に位置づけられる28ＳＢ４という二間×七間の身舎に二つの間仕切りを持つという非常に特殊な四面庇建物もある。さらに『吾妻鏡』に高屋と記されている宝物庫も設けられていた。

第二の特徴としては、長期間使われたとは考えられない多数の井戸状遺構の存在がある。このような遺構は平泉内では他には認められない。またそこからの出土遺物にも特徴がある。完形かわらけの出土数にはばらつきがあるものの、一〇〇点を超すものが認められる。

かわらけの数よりも異常なのは、折敷、糸巻、建築部材の数の多さであり、他地区に比べても特異性が際立つ。しかもこれら木製品は、完形率がかなり高く、他では当然リサイクルするものである。再利用できる建築部材、糸巻、折敷などをあえて廃棄した理由は、完形かわらけを一括廃棄する行為と共通するものなのであろう。非常に特殊な儀礼空間といえる。

その他の重要遺物としては、数多く論じられている寝殿造りの板絵、人面墨書かわらけ、人々給絹日記と命名された墨書折敷、松鶴鏡が出土している。もう一つ全く注目されていないものに大篦がある。この大篦は、ここでの行為そのものを裏づける最重要な遺物と考えている。長さ七〇㌢、最大幅二三㌢ほどの大型の篦であることから、このような篦を使う調理には、大型の鉄鍋が必要であり、大量の食事を作っていたことを示唆する。

二〇点以上の完形かわらけ一括廃棄遺構の数は、堀内部地区では25、堀外部地区で2、志羅山遺跡で7遺構ある。また一〇〇点以上の完形かわらけ一括廃棄遺構は、堀内部地区5、堀外部地区0、志羅山遺跡1遺構となる。堀内部地区で最大のものは、三五〇点ほどの完形かわらけが出土している遺構もある。

3　考察

(1) それぞれの特徴

北のつわものたちが、大夫というナンバー2の地位から館を構えられるまでに成長していったということは、彼らは、国司の権力を欲していたということになる。大夫が国司になることは、基本的には不可能だが、国司並みに実効支配をすることはできた。前九年合戦時の安倍氏がそれである。

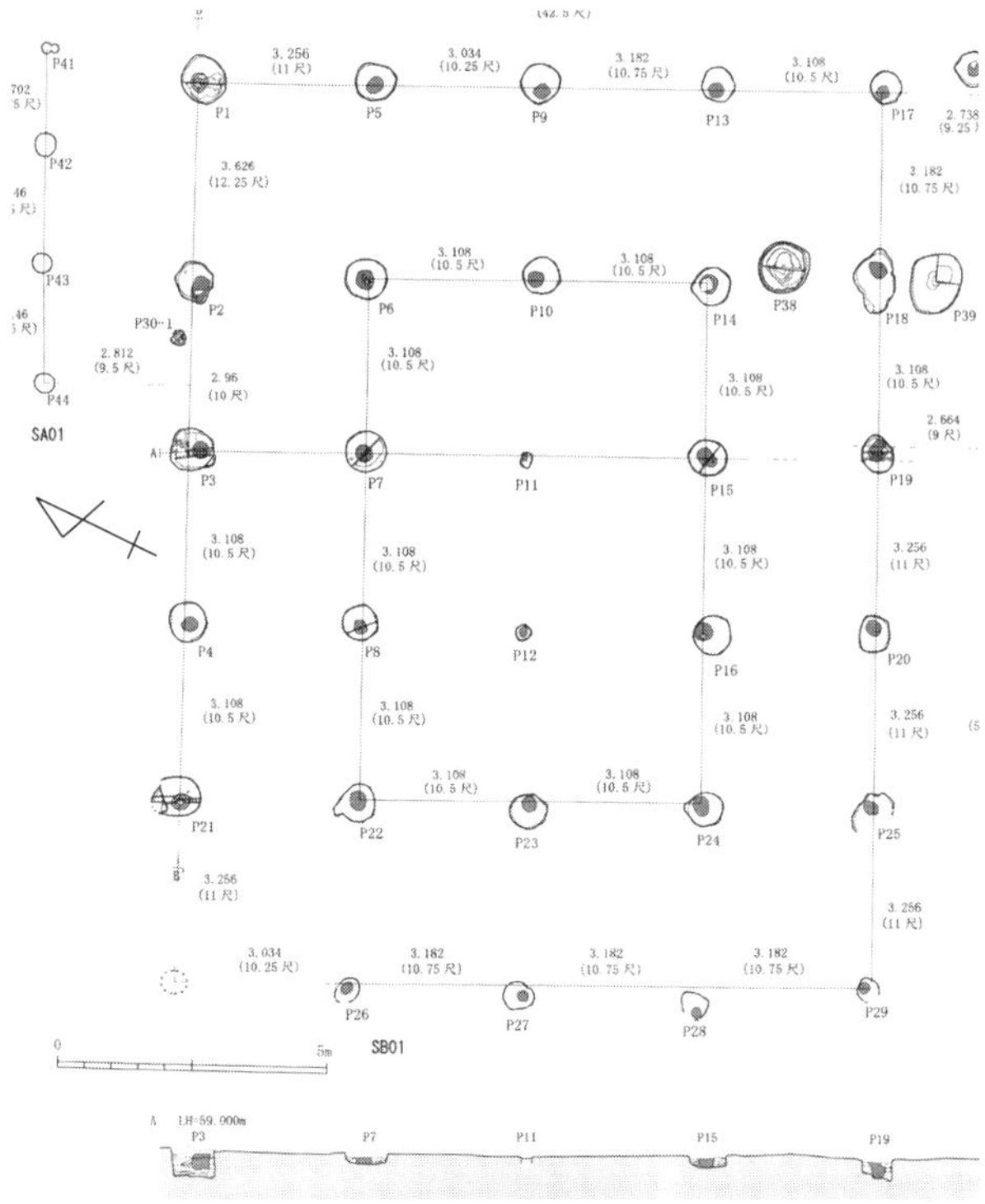

第6図　鳥海柵遺跡⑰ＳＢ１

鳥海柵遺跡の防御施設は、直線的に東西に走る深い自然の沢と直線もしくはL字の堀であり、近世の史料では最も防御性が高い南の郭から本丸、二の丸、三の丸と名付けられていた［浅利二〇一一］。しかしながら最大の四面庇建物跡が検出されたのは、防御性が低い三の丸からである。全面を調査しているわけではないので確実ではないものの、東北地方の四面庇建物跡を見る限

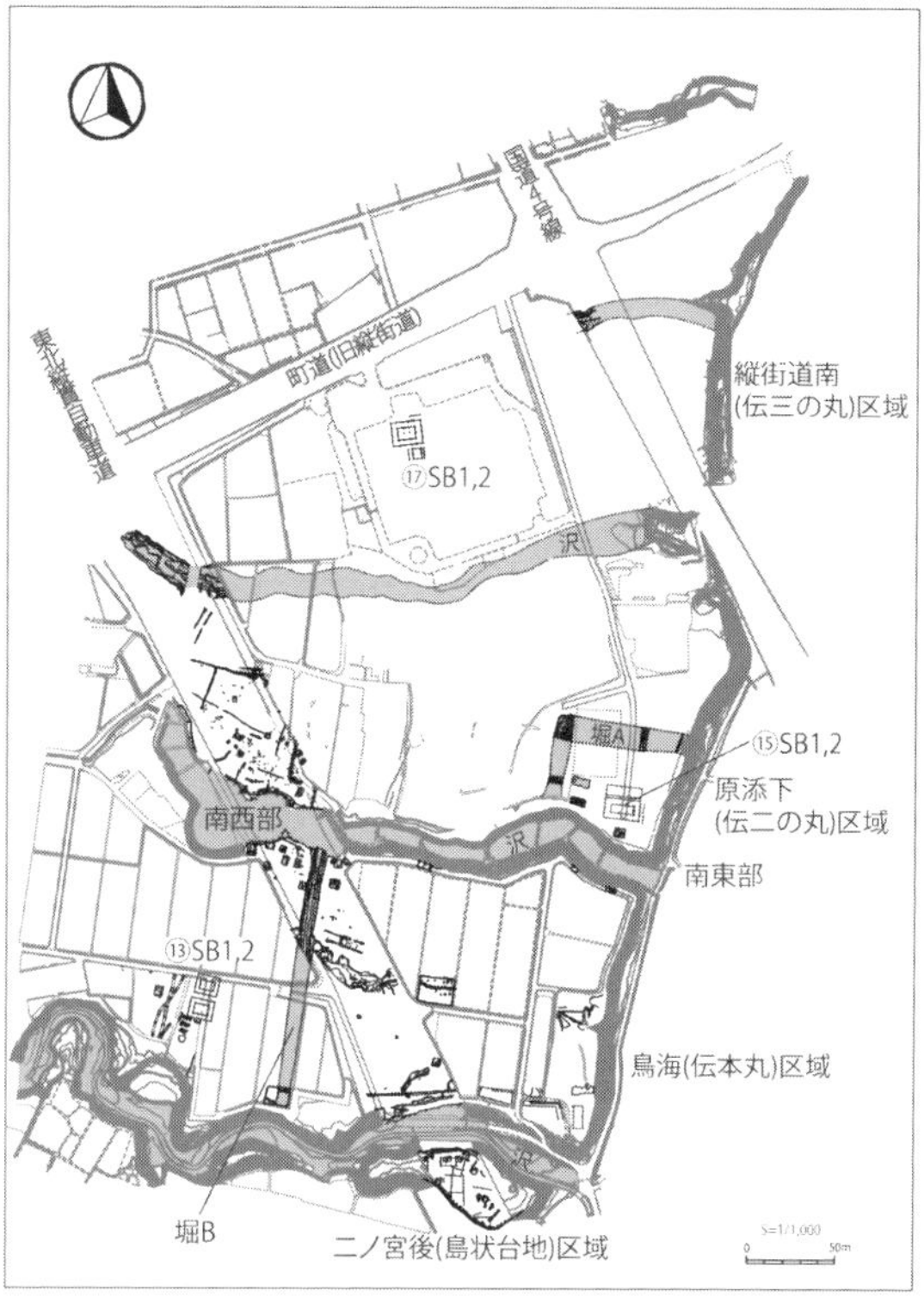

第７図　鳥海柵遺跡拡大図

り、鳥海柵遺跡の未調査区域から同規模もしくは凌駕するような建物跡が検出される可能性は低い［八重樫 二〇一一］。それほど稀有な建物なのである。つまりこの建物が検出されたという事実からは、鳥海柵遺跡の中心は三の丸ということになる。

なぜ北側に中心があるのか。その答えは一つしかない。北側には安倍氏の影響力が強い奥六郡の中心地域が広がり、川を挟んだ南には胆沢城、さらに南方には国府多賀城があるからである。安倍氏は、常に胆沢城を意識していたと考えられる。

その四面庇建物跡を調査したところ、興味深い結果が得られている。身舎部分の柱穴に比べ庇部分の柱穴が、小さいにもかかわらず一様に深いのである［金ヶ崎町教委 二〇一一］。構造上からは、庇の柱穴を深くする必要はなく、検出事例でも小さく浅いものが一般的といえる。この様相に対しては、身舎が先に建てられた後に庇部分が付けられたため、庇の柱穴が深くなったものと解釈している［八重樫 二〇一一］。つまり安倍氏は、四面庇建物を必要とするほど成長したのである。そして庇部分の柱穴の規模からは、西方向以外を意識していたことが分かる。

大鳥井山遺跡は、払田柵の終末期に小吉山の北側の郭から胎動を開始したことが分かっている［横手市教委 二〇〇九］。

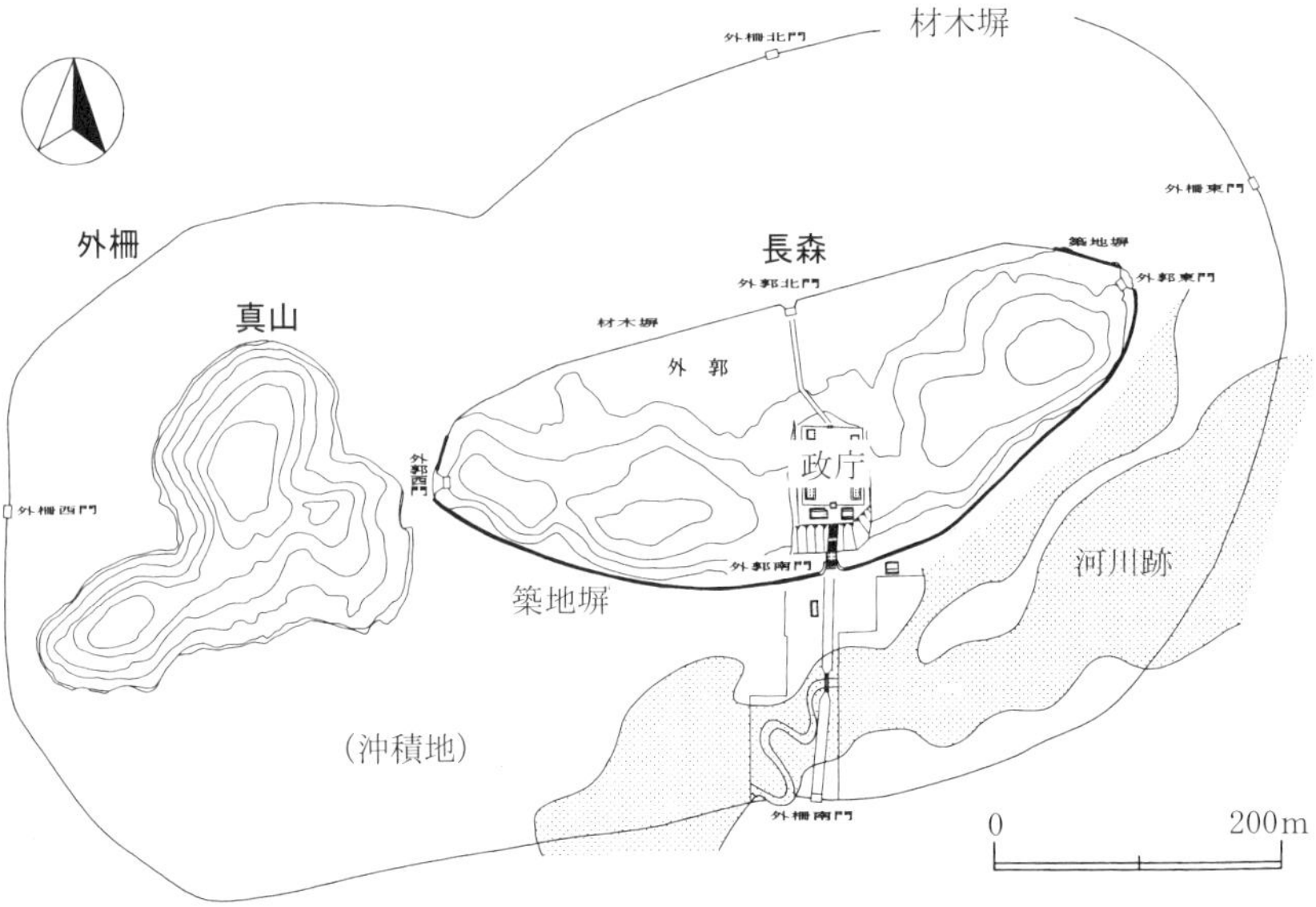

【創建期～９世紀中頃】　長森・真山ともに払田柵外柵内

第８図　払田柵

その後に小吉山全体と大鳥井山全体に遺跡が広がることから、大鳥井山遺跡は当初から館だったとは考えられない。形状は、払田柵に非常に類似しており、真山にあたる部分が大鳥井山、長森が小吉山であり、小吉山には柵状の塀が廻ることから、外見的には両者に差異はほとんどなかったものと考えられる。また払田柵は廃絶後、葬地などになっていくが、小吉山も同様であることから、両者は類似した意識で周辺から見られていたことが分かる。

平泉館は、四面庇建物の棟数、出土遺物ともに群を抜いている。これは支配領域が陸奥出羽全土に及んでいること、十二世紀になって物流が活発になったためである。しかしながら形状や構造は、鳥海柵遺跡と大鳥井山遺跡の延長線上にある。

(2) 館のモデル

鳥海柵遺跡の段階は、大夫であり館ではないものの、そのモデルは胆沢城としか考えられない。この時期に四面庇建物は、胆沢城にしかないからである。また直線的

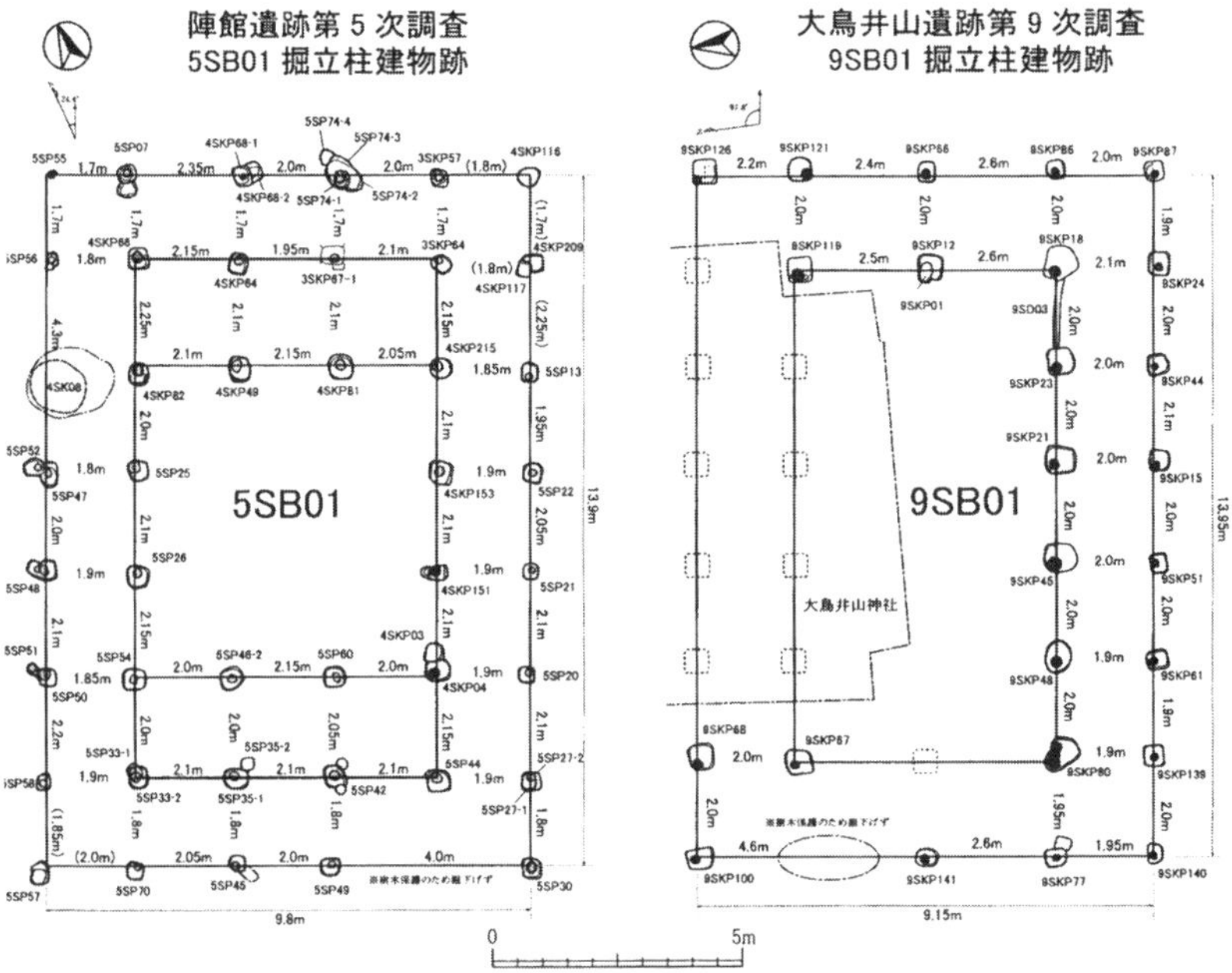

第９図　横手市の四面庇建物跡

な沢や堀も胆沢城の築地塀や堀を模倣したものと考えている。大鳥井山遺跡も払田柵を模倣したことは同様であるが、両者ともに築地塀や柵木列を堀に変えている点は、築地塀や柵木列に比べて堀は、単純に構築に費用と技術を必要としないからであろう。以上、以前にも指摘しているが、館のモデルは官衙である［八重樫 二〇一二］。

若干の問題は、出羽の秋田城や払田柵には、積雪の多い気候のためと考えられるが、四面庇建物が存在しないことである。つまり大鳥井山遺跡の四面庇建物は、陸奥の官衙の模倣ということになる。清原氏に陸奥の官衙を模倣できるような権力基盤ができるのは、前九年合戦後に安倍氏の支配領域を継承してからなので、まさしく「真ひらがたち」を構えた時期である。すなわち出羽で四面庇建物が出現するのは、前九年合戦後ということができる。

現在まで秋田県では、大鳥井山遺跡の他に同じく横手市陣館遺跡からも四面庇建物が検出されている［横手市教委 二〇一六］。秋田県内で二棟しかない両者は、内部構造が異なるものの、規模は同様であり、柱筋が通る精緻な建物という共通点もある。柱筋が通るということは、構造的に強固ということであり、豪雪に対応してのことだろう。陣館遺跡も清原氏関連の遺跡としか考えられない。

では、官衙がすでに存在しない時期に成立した平泉館のモデルは何か。平泉藤原氏の開祖である清衡（一〇五六〜一一二八）は、幼少期は出羽で過ごしたと推定され、その後に源氏軍の副将格として後三年合戦に参戦している。つまり彼が政治の拠点として認識していた施設は、清原氏の館しかない。平泉館のモデルは、清原氏の館である。

(3) 館の条件

大夫の鳥海柵遺跡と館である大鳥井山遺跡と平泉館の共通点は、一定量のかわらけが出土すること、四面庇建物を有すること、水路と結節していることである。特に陸路との関わりについてであるが、大鳥井山遺跡は近世の羽州街道に面しているものの、鳥海柵遺跡は四面庇建物からは重視していないと推定される未調査の西側にあると考えられるが判然とせず、平泉館に至っては重要な幹線を想定することができない。しかしながら水路とは見事に接している。

官衙も当然のこと水路を重要視していたと考えられるが、払田柵は大きな川には接しないし、多賀城も館ほどに近くに川はない。この立地から館は、陸路よりも水路を重要視して選地されていると考えられる。『新猿楽記』に見える「八郎真人」が行っているような水運を利用した商業活動の活発化に、対応したものということができるかもしれない。

鳥海柵遺跡と後者二遺跡の相違点は、堀の設けられ方にある。大鳥井山遺跡と平泉館は、卵型のような形に遺跡を囲郭するのに対し、鳥海柵遺跡の堀は一部に施されているに過ぎない。この様相からは、鳥海柵遺跡は堀が未発達ということもできる。

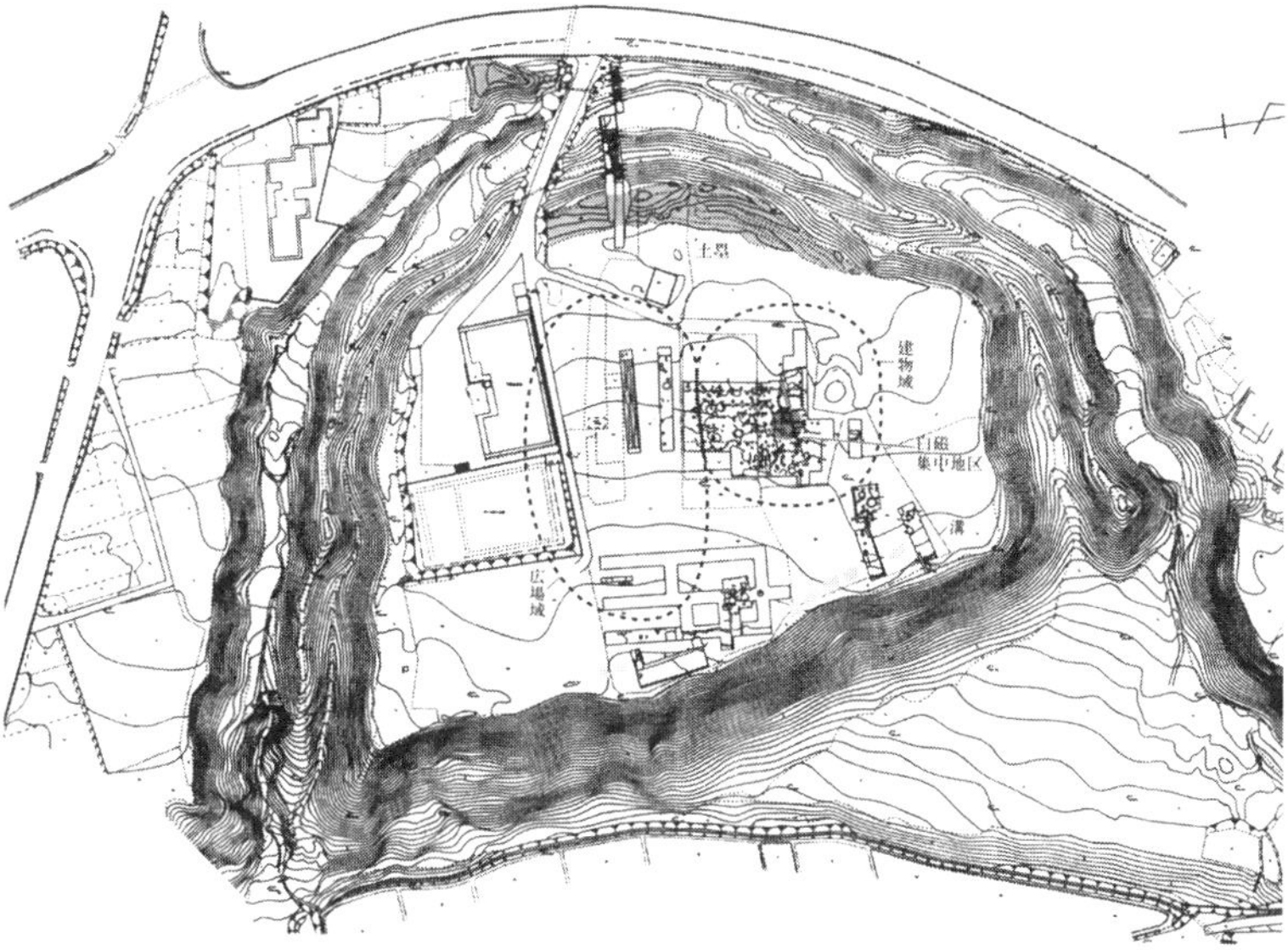

第10図　陣が峯城跡

4　まとめ

館のモデルは、官衙である。その内容は、出羽の払田柵から受け継いだ不整形の堀に囲郭された中に、陸奥の胆沢城を模倣した四面庇建物が備えられるというものであった。そして立地は、官衙と比較すると水路を重要視したものとなっている。そしてその内部では、かわらけを用いた宴会が行われていた。

ここまで整理すると鳥海柵遺跡は、堀を除く条件をすべて有することから、まさしく館前夜ということができる。『陸奥話記』に記されている酒の話は、このころすでに安倍氏が国司に準ずる権力を有したことを示す逸話なのであろう。

そして平泉館のモデルは、清原氏の館、形態からは、大鳥井山遺跡である。その理由は、大鳥井山遺跡が、真衡が陸奥に館を移す前の出羽の真衡館だったことによる可能性が高いと考えている。いずれ重要なのは、大鳥井山遺跡が官衙の模倣であるのに対して、平泉館はそのさらに模倣ということである。すでに平泉館の頃には、官衙は体をなしていない。すなわち北東北人にとって国家権力とは、北のつわものたちの権力そのものなのである。

平泉館内部では、十二世紀中葉からかわらけの大量一括廃棄が行われるようになり、宴会の頻度と規模が格段に増えていることがうかがえる。この様相は、多くのつわものたちが平泉館に集まり、宴会を通して関係を構築し、在所に戻っていったことを示す。北東北を一元的に支配していたとは考えられないものの、同盟など様々な方法で地域を統括していったと考えている。その中心施設が平泉館であった。

また北東北の館に類似したものとしては、福島県会津坂下町の陣が峯城跡を挙げることができる[会津坂下町教委 二〇〇五]。二重堀に囲郭された内部に四面庇建物を有し、かわらけも出土していることから館と考えられるが、川に結節していないなど相違点もある。この様相からも館の条件として挙げたものは、清原氏関連と平泉藤原氏関連に通用する条件であり、つわものが自らを正当化するために都合よく取捨選択して模倣する以上、設置者が異なると様々な変化が認められることは、予想できる。

実際、このような堀に囲郭される館は、他地域では確認できない。すなわちこれらの館は、東北特有のものといえ、関東以南には別の形態のものがあったとしか考えられないのである。

近年、平泉と北関東では、十二世紀の手づくねかわらけの受容が同時期であったことが明らかになっている[水口二〇一六]。しかしながら関東全域を見わたしても鎌倉幕府成立以前には、手づくねかわらけの完形一括廃棄はない。つまり使用形態に大きな違いがあったのである。この差異は、東北タイプともいうべき堀に囲郭された館が発見されないことと、深く関わっていると考えている。

おわりに

鳥海柵遺跡について、館であったという方もいる。しかしながら本稿で示したとおり、館とはあくまでも文献上の名称であり、その検討の結果、前九年合戦段階では認められずに後三年合戦時が初出ということが明らかな上、さらに考古学的な研究により差異が認められている以上、この指摘は感覚的なものというしかない。

引用文献

会津坂下町教育委員会　二〇〇五年『陣が峯城跡』
浅利英克　二〇一一年「安倍氏の館・鳥海柵遺跡」『前九年・後三年合戦』高志書院
飯村　均　二〇一一年「中世東国の土器と建物」『家具道具室内史』第3号　家具道具室内史学会
入間田宣夫　二〇一〇年「亘理権大夫経清から平泉御館清衡へ」『兵たちの登場』高志書院
岩手県教育委員会　二〇一一年『柳之御所遺跡』
金ヶ崎町教育委員会　二〇一一年『鳥海柵遺跡第一九次発掘調査について』
斉藤利男　一九九二年『平泉―よみがえる中世都市―』岩波新書
多賀城市埋蔵文化財調査センター　一九九一年『山王遺跡』
高橋與右衛門　二〇〇三年「中世の建物跡」『鎌倉時代の考古学』高志書院
羽柴直人　二〇一一年『東日本初期武家政権の考古学的研究』総合研究大学院大学
水口由紀子　二〇一六年「武蔵・下野の土器」『中世武士と土器』高志書院
八重樫忠郎　二〇一一年「東北地方の四面庇建物」『前九年・後三年合戦』高志書院
八重樫忠郎　二〇一二年「考古学からみた北の中世の黎明」『北から生まれた中世日本』高志書院
八重樫忠郎　二〇一五年「掘り出された平泉」『平泉の光芒』吉川弘文館
横手市教育委員会　二〇〇九年『大鳥井山遺跡―第九・十・十一次調査―』
横手市教育委員会　二〇一六年『陣館遺跡』

II 出土文字資料の見方

出土文字史料の見方

五味 文彦

はじめに

出土史料を読む際に気をつけねばならないのは、出土時の状態がたまたま残ったものなのか、意図的に廃棄・遺棄されたものなのかを見極めることである。使用された当初の目的が果たされ、必要なくなったものの場合、これは文書でいえば紙背文書に相当することになるので、同じ方法を用いることが可能になる。したがってそれが一括して廃棄されたものなのか、一点出土したものなのかも見ておこう。

前者であれば、群として扱うことが可能になり、全体を復元的に探ることになるが、後者では共伴する他の史料とあわせ総合的に扱う必要が生まれてくる。

目的をもって埋納されたと考えられる場合には、その目的を明らかにすること、誰がいつどのようにして埋納したのか、また、その手段や共伴する埋納物、さらには立地にも注目する必要がある。

1　時代との連関

歴史資料であるから、年代が大きく問題になる。同じ内容でも時代や地域が異なれば、性格や特徴も異なってくる。そこで古代・中世史を百年ごとの区切りから見たのが次の表である。

古代・中世の時代の流れ

	西暦	政治	時代区分	思潮
一	六六八	天智称制	律令前期	制度
二	七六八	道鏡政権	律令後期	習合
三	八六六	摂政藤原良房	前期摂関	開発
四	九六九	摂政藤原実忠	後期摂関	風景
五	一〇六八	後三条天皇即位	院政時代	家
六	一一六七	平清盛太政大臣	武家政権	武家と身体
七	一二六八	蒙古の国書到来	東アジア世界の流動	職能
八	一三六八	応安の半済令	公武一統	型
九	一四六七	応仁の乱の開始	戦国時代の到来	自立
十	一五六八	織田信長の上洛	全国統一政権	国家と威光
十一	一六六七	東・西回り海運の完成	近世社会の成熟	開明
十二	一七六七	田沼政治の展開	近代国家の胎動	遊学と立志
十三	一八六八	明治維新	国民国家	市民

西暦の六十七・八年を区切りとすれば、理解がたやすいことから作成したもので、そのうちの「思潮」という欄は、この百年における物の見方や考え方を示している。たとえば一の時期の制度は律令制の導入により、制度化が進行した時代であって、出土史料にもこの時代の制度に関わる木簡や石碑などが多く見える。該当する史料が表のうちの何時の時代のものかによって、その性格がわかってくることが多いので、注意してみてゆくことにしたい。

2 木簡の使用方法

出土史料の代表例としてまず木簡を見よう。木簡には多様な用途があり、その使用法によって性格も異なるが、ここでは文書木簡を中心に取り上げる。

①文書木簡

木簡のうちでも文書木簡については、文書の様式の変遷をわきまえて考える必要がある。掲げたのは神奈川県茅ヶ崎市居村B遺跡出土の2号木簡である。

「□□観十年料□　放生布施□□」

放生とあるので、仏教の放生会を行うにあたり、その布施物を書き上げたものとみられ、作製年代は共伴する次に掲げる4号木簡から貞観期のものと推定されている。4号木簡とこれらの出土位置を地図に示す。

表「貞観□年八月十二日　勾村□殿秋村□□給

合　市田殿酒一斗　□□殿

吉成殿酒一斗　新勾殿酒一斗　田□殿酒一

□□上□給酒一斗　□殿酒一斗　□□　」

裏「□□□□雑物□

□□員九斗二人　飯一石七斗

酒一石九斗　雑菜三十市根　」

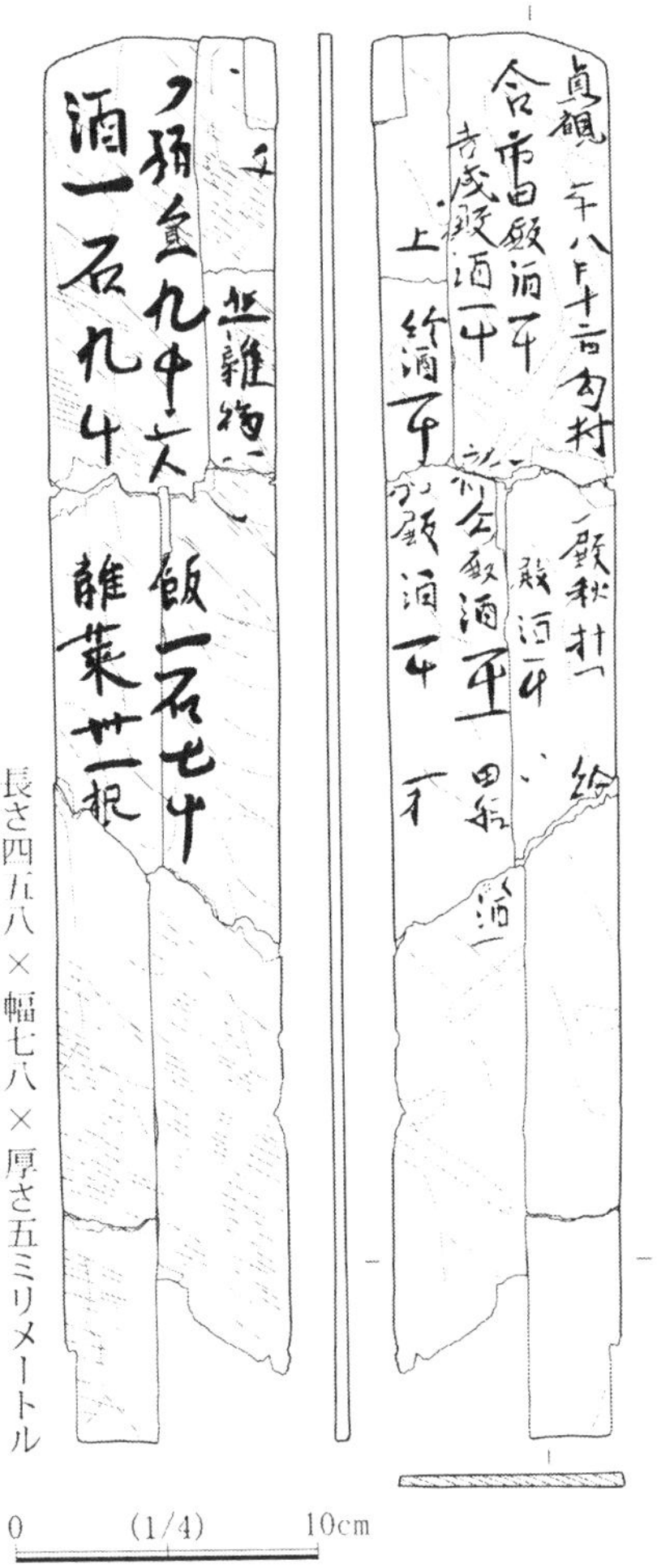

資料1　居村遺跡出土　4号木簡

4号木簡は最初に年月日が記され、「市田殿」などの殿原の名が複数記されていて、「勾村」など村の名も見える。これまでの研究では「勾村□殿秋村□□給」の記事を事書として扱うが、果たしてそうであろうか。事書は本文の概要を示すものであり、この記載からすると、その点はうかがえない。同様な書き出しの文書と比較してみよう。

□観三年十一月十七日　勘渡宇治院見物帳事

合

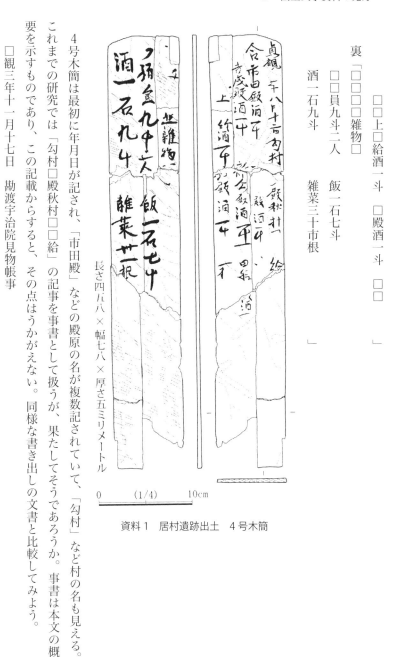

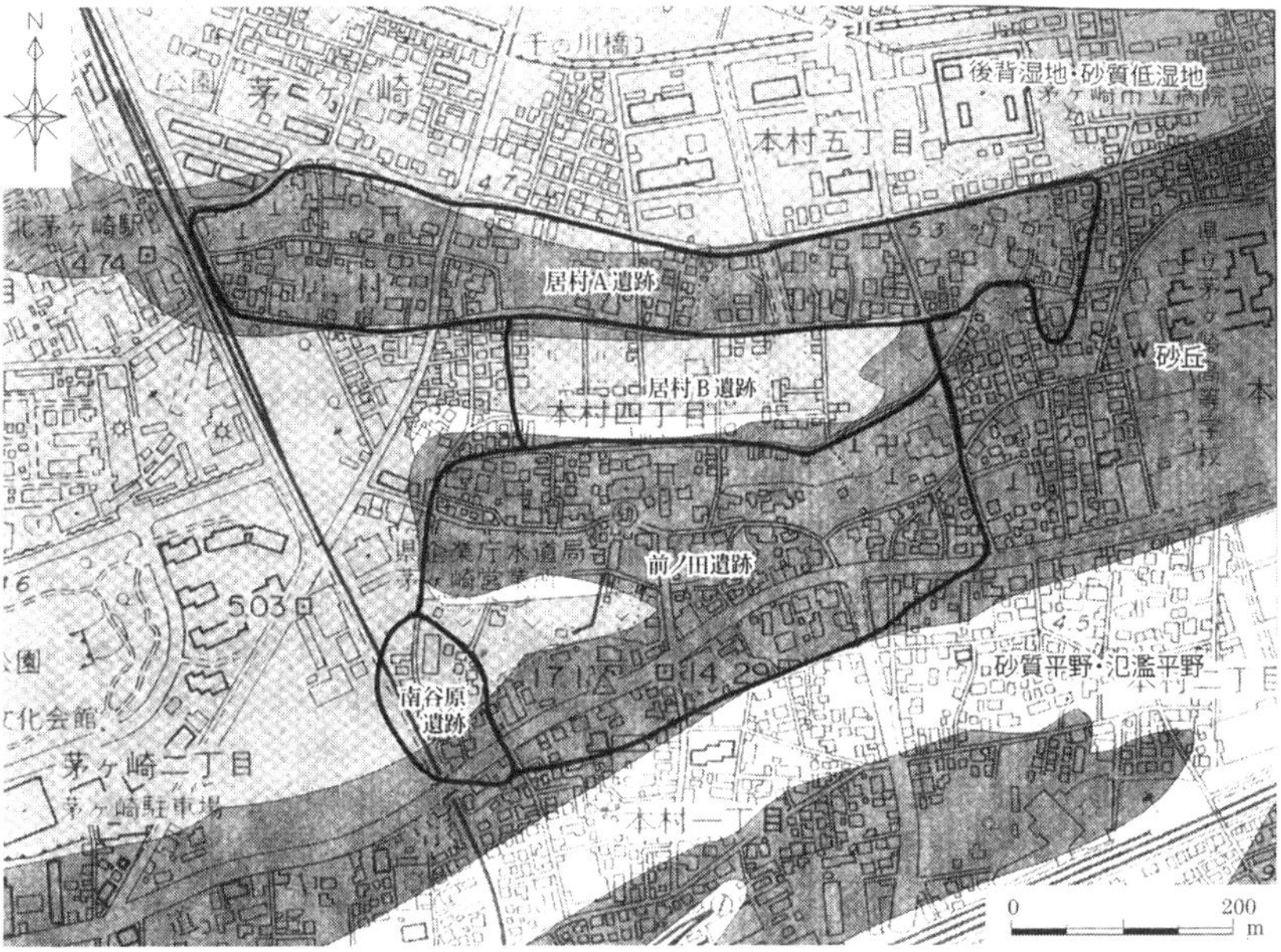

居村遺跡の範囲と立地(地形分類は上本・浅野 1997 のデータを使用)

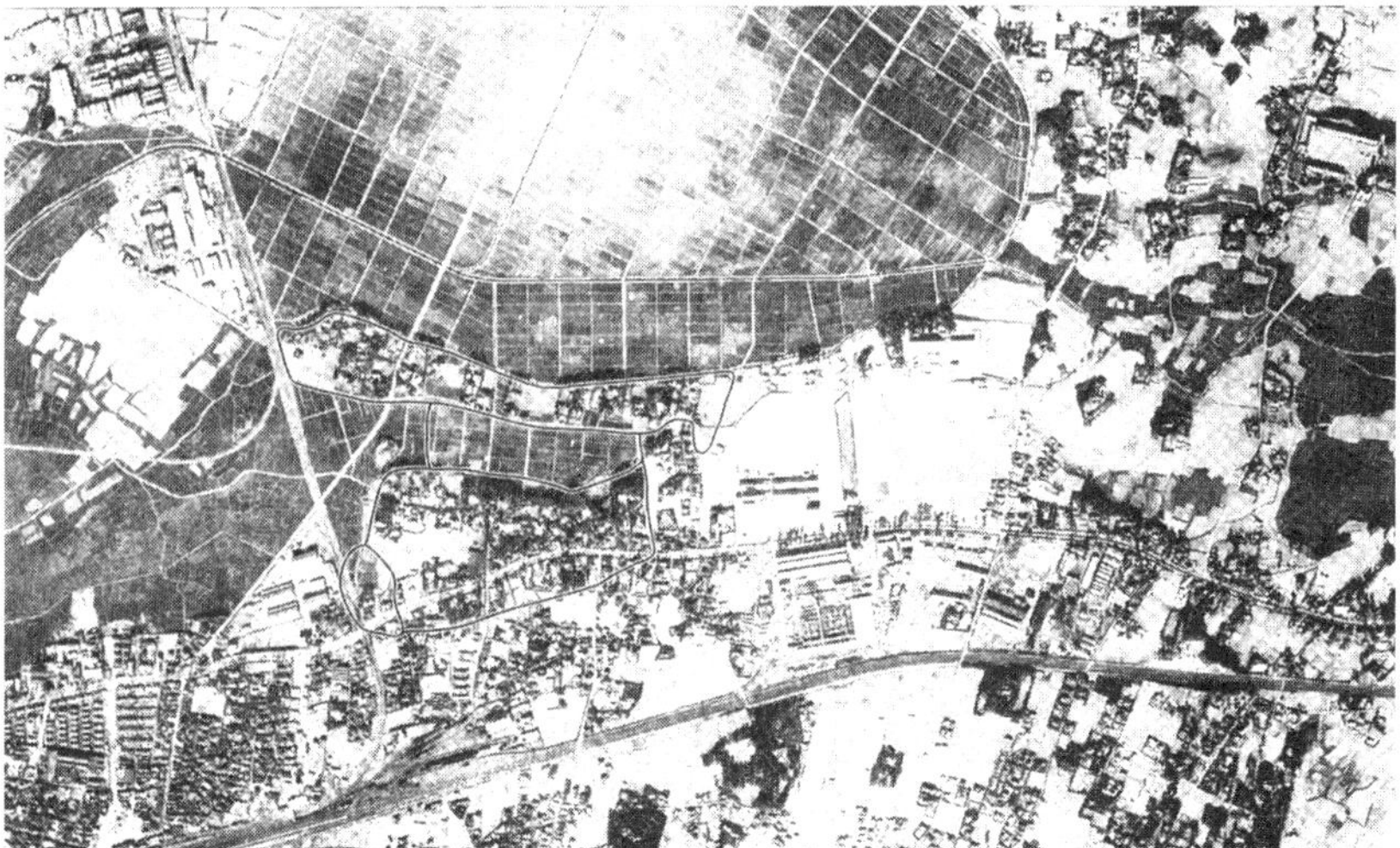

居村遺跡周辺の空中写真(国土地理院ホームページ空中写真閲覧サービスにある 1955 年米軍撮影データを改変、使用)

資料 2　居村遺跡位置図

五間桧皮葺堂壱宇〈在板庇南北、大破〉

貞観三年の宇治院資材帳の写（『平安遺文』一三三号）で、これならば明らかに日付の下が事書の体裁をとるが、４号木簡は本文の「市田殿酒一斗」などと同じような表現なので、本文を書いた後に追加して書き入れたものとも考えられる。その場合は、事書はなかったことになる。

では文書は何を目的に記されたのであろうか。「給」の字が二か所に見えるので、物資を支給する下行状とみてよいであろう。その対象は「殿」と見える殿原層であり、時代から考えて彼らは「富豪の輩」と考えられ、「村」とあるのはその殿原による開発に関わる村であろう。

すなわち富豪の輩による村開発の事情、彼らに対して酒や米が支給され、宴会が営まれていたことなどがこの木簡からうかがえる。

②日記木簡

時代は下るが、日記木簡の一例として岩手県平泉町柳之御所遺跡出土の「人々給絹日記」を見ることにしよう。

表「人々給絹日記　一ヒトエ
　大夫小大夫殿　紺大目綾
　石川三郎殿　赤相□カサネ（以下略）　」

裏「　六疋
　中上　十五疋　十五疋
　五尺十四疋　四尺八寸十六疋　四尺三寸六疋（以下略）」

書かれているのが折敷であることから、宴会に関わる文書と推定される。柳之御所遺跡は藤原秀衡の平泉館にあり、

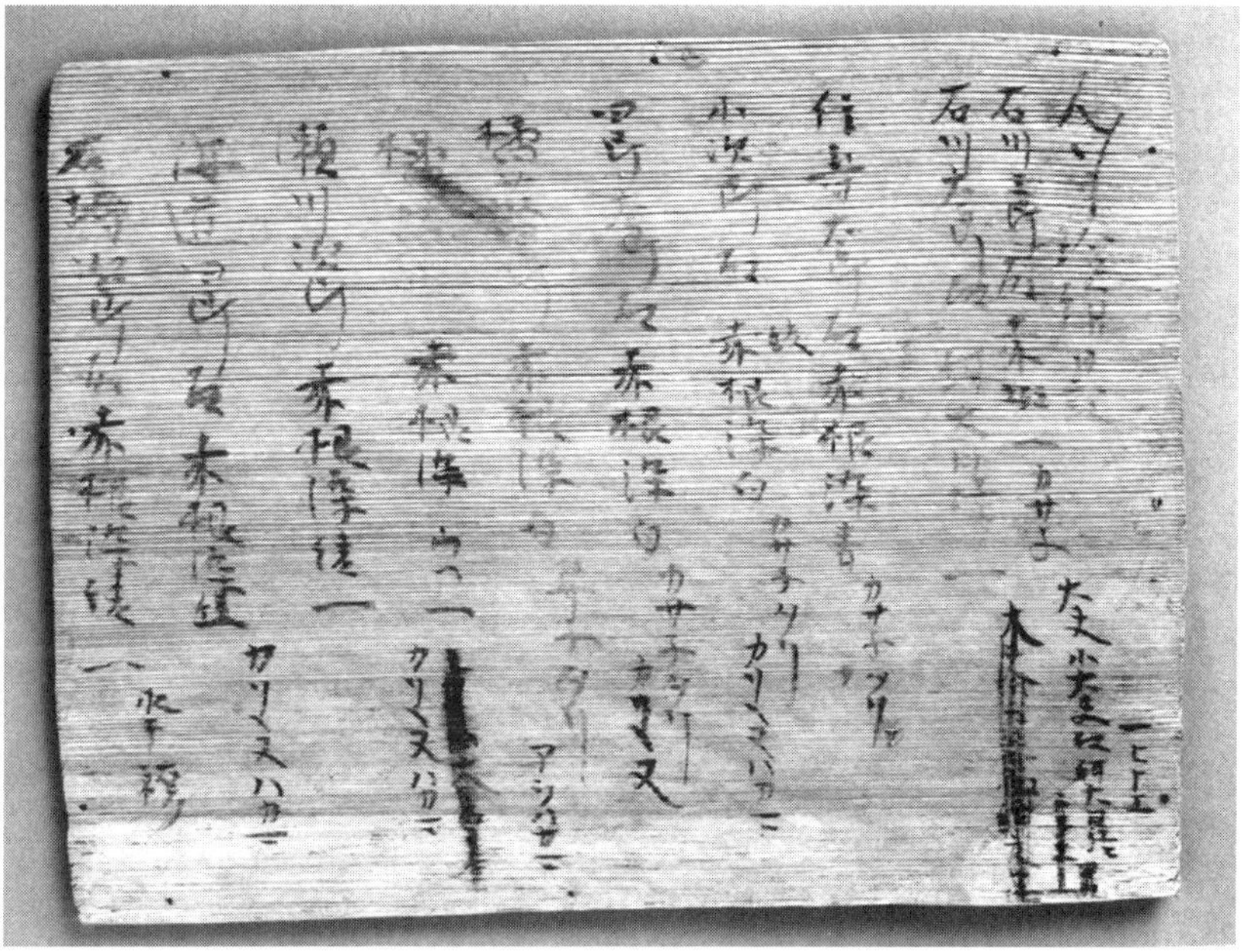

資料3　柳之御所遺跡出土の折敷墨書「人々給絹日記」

十二世紀後半、平泉藤原氏が殿原に下行する絹を書き上げた日記と見てよいであろう。

折敷に記されていることから宴会があって、その時に下行された物品を書き上げたのであろう。「大夫小大夫殿」は「大夫」とあるので五位の身分の武士と考えられ、平泉館で開かれた宴会に招かれた殿原に文給された絹を書き上げたものということになる。

鎌倉初期の文例を記した『雑筆要集』には、「今案、日記は必ずしも式法無く、ただ日注記するところ要事なり」とあって高野山参詣の日記を掲げるが（『続群書類従』雑部所収）、この「人々給絹日記」には「日記」とあっても日付が記されていない。他の箇所に日付が記されているか、ある日の出来事として日付を省略したのであろう。前者の可能性が高いが、いずれにしても平泉藤原氏の家に関わる木簡ということになろう。

③標識木簡（十三世紀）

武家政権が鎌倉に誕生すると、都市鎌倉（鎌倉中）の整備が行われ、御家人にその負担が課されていった。

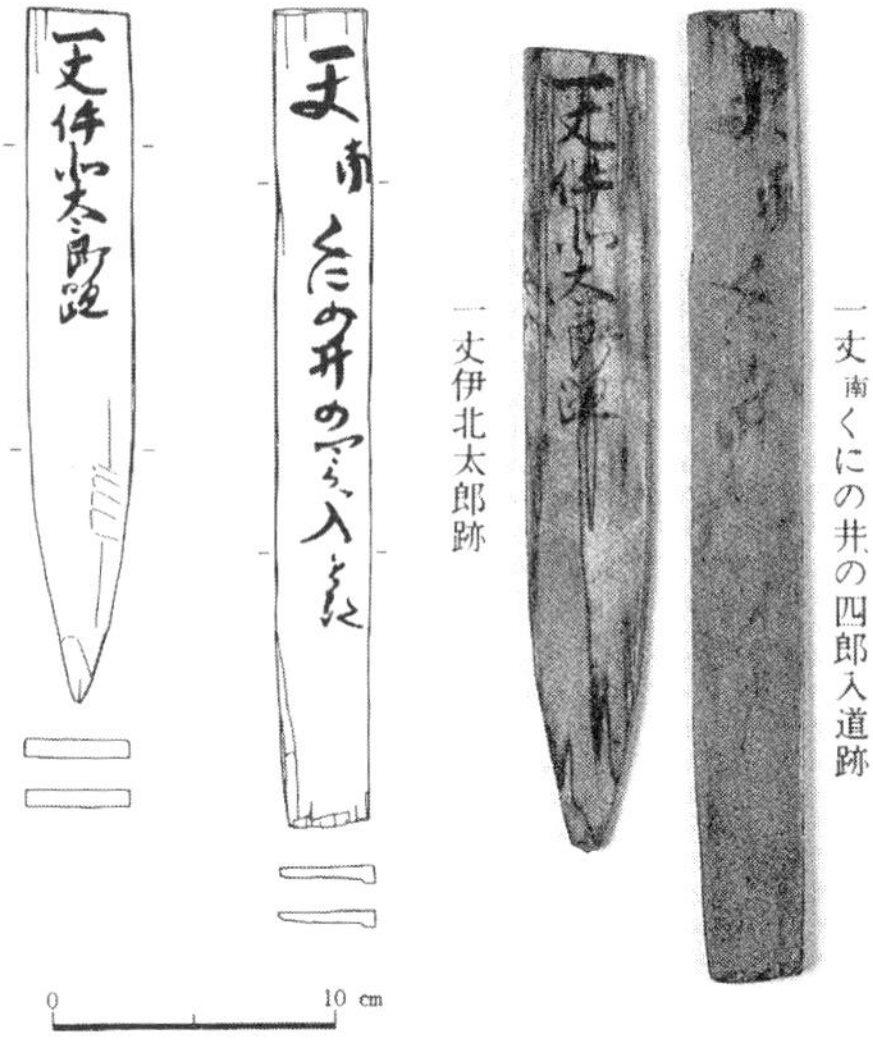

資料４　若宮大路側溝から出土した木簡

北条泰時は仁治二年（一二四一）四月に鎌倉中と東の六浦とを結ぶ朝比奈坂を御家人に命じて整備したが、鎌倉中の基幹道路である若宮大路もまた御家人に命じて整備した。このことを物語るのが次の木簡である。

鎌倉市北条時頼泰時邸跡遺跡（若宮大路側溝から出土）【資料４】

「一丈〈南〉くにの井の四郎入道跡」
「一丈　伊北太郎跡」

これらは若宮大路の側溝から出土したもので、幕府御家人の「くにの井の四郎入道跡」と「伊北太郎跡」が各一丈分を負担したことを示している。「跡」とあるのは、かつて同様な課役を負担したことのある御家人の所領を継承した御家人のことであり、たとえば「伊北太郎跡」とはかつて伊北太郎が勤めた分についてその所領の継承者である御家人が勤めることを意味している。鎌倉市北条時房・顕時邸跡からも「□二丈　あかき□入道跡」という木簡が出土しており、おそらく若宮大路が再整備された北条泰時の時期のものであろう。

幕府は鎌倉の道だけでなく京都の閑院御所の修理や造営、六条八幡宮の造営、鴨川の堤修理、博多の石築地の造成などにも同様な形態で御家人に負担させている。

④掲示木札（十三世紀）

同じ鎌倉でも鎌倉市今小路西遺跡からは次のような木札が出土している。【資料5・6】【資料7遺跡写真】

「　定
し□□□殿こや門はんきんしの事
合
一番　うしをたの三郎殿
あきまの二郎さゑもん殿
さゝきのさゑもん三郎殿
二番　しんさくの三郎殿
かすやの太郎殿
よへきやうふさゑもん入道殿
三番
ふ殿
大ふ殿
右、番のむねをまほりて、けたいなく一日一夜、御つとめあるべきのしやう、如件
文永二年五月　日」

文永二年（一二六五）五月の番文である。番文の用例は『雑筆要集』に「宿直番文」として次の文書を掲出している。

宿直番文

資料 5　墨書木札

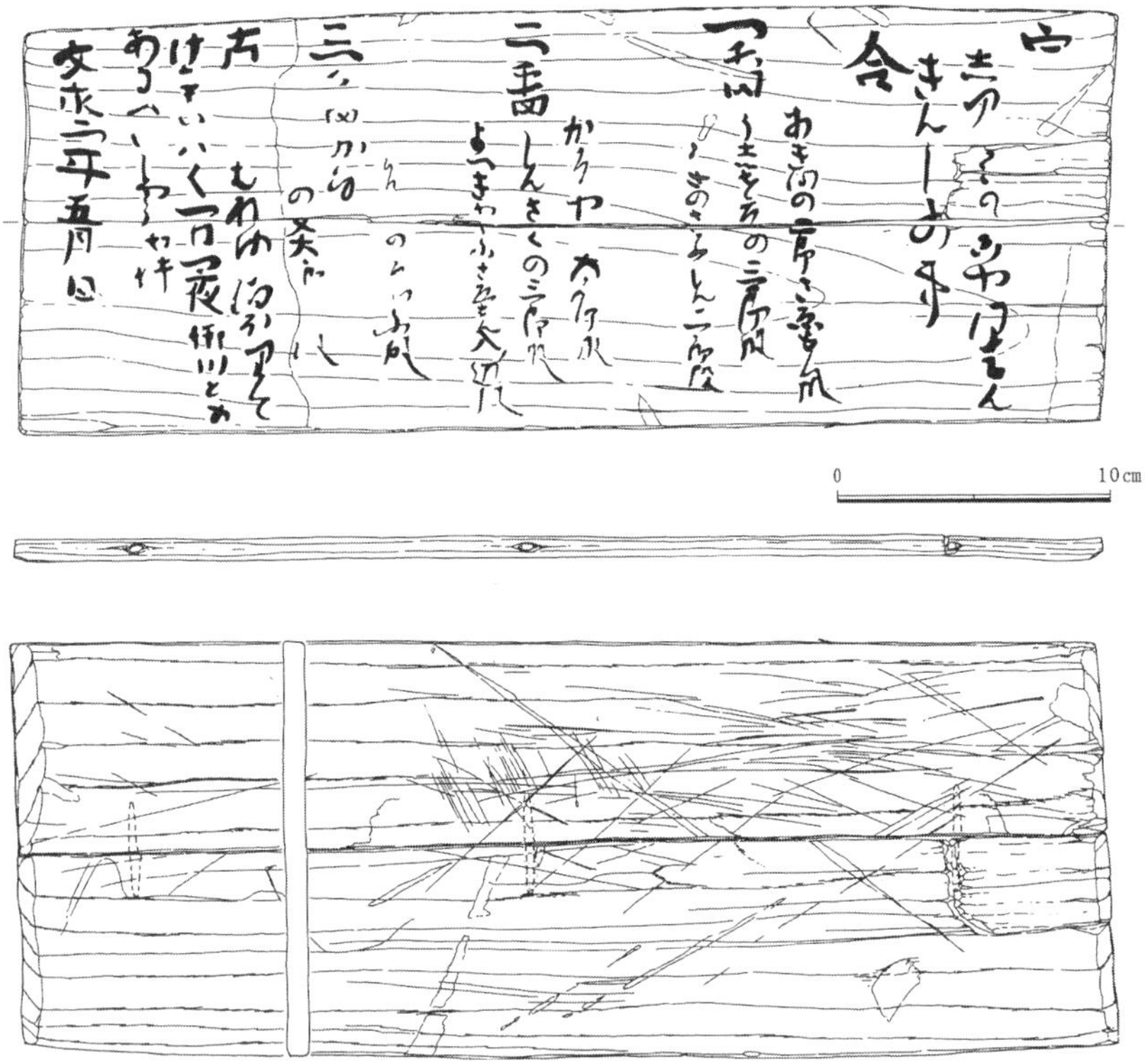

資料 6　墨書木札実測図

定　侍宿直結番事
一番　源某　藤原某　余番准之
右各守次第、無懈怠可令勤仕之状、如件
年月日　　始之

一日一夜の日宿直にあたる人物を、番を組んで勤めさせたものである。遺跡から出土した文永二年の木札の番文と関係する史料と考えられるのが、文永二年という年号と出土地との関係から、『吾妻鏡』文永二年六月三日条の次の記事である。

故秋田城介義景十三年之仏事也。於無量寿院、自朔日至今日、或十種供養、或一切経供養也。而今迎正日、供養多宝塔一基、導師若宮別当僧正隆弁。布施被物十重、太刀一、南廷五、砂金卅両、銭百貫文。伊勢入道行願・武藤少卿入道心蓮・信濃判官入道行一以下数輩、為結縁詣其場。説法最中、降雨如車軸。于時山上所構之聴聞仮屋顛倒。諸人希有而逃去。其中男女二人、自山嶺落于路之北、半死半生云々。

これによれば秋田城介安達義景の十三年の仏事が無

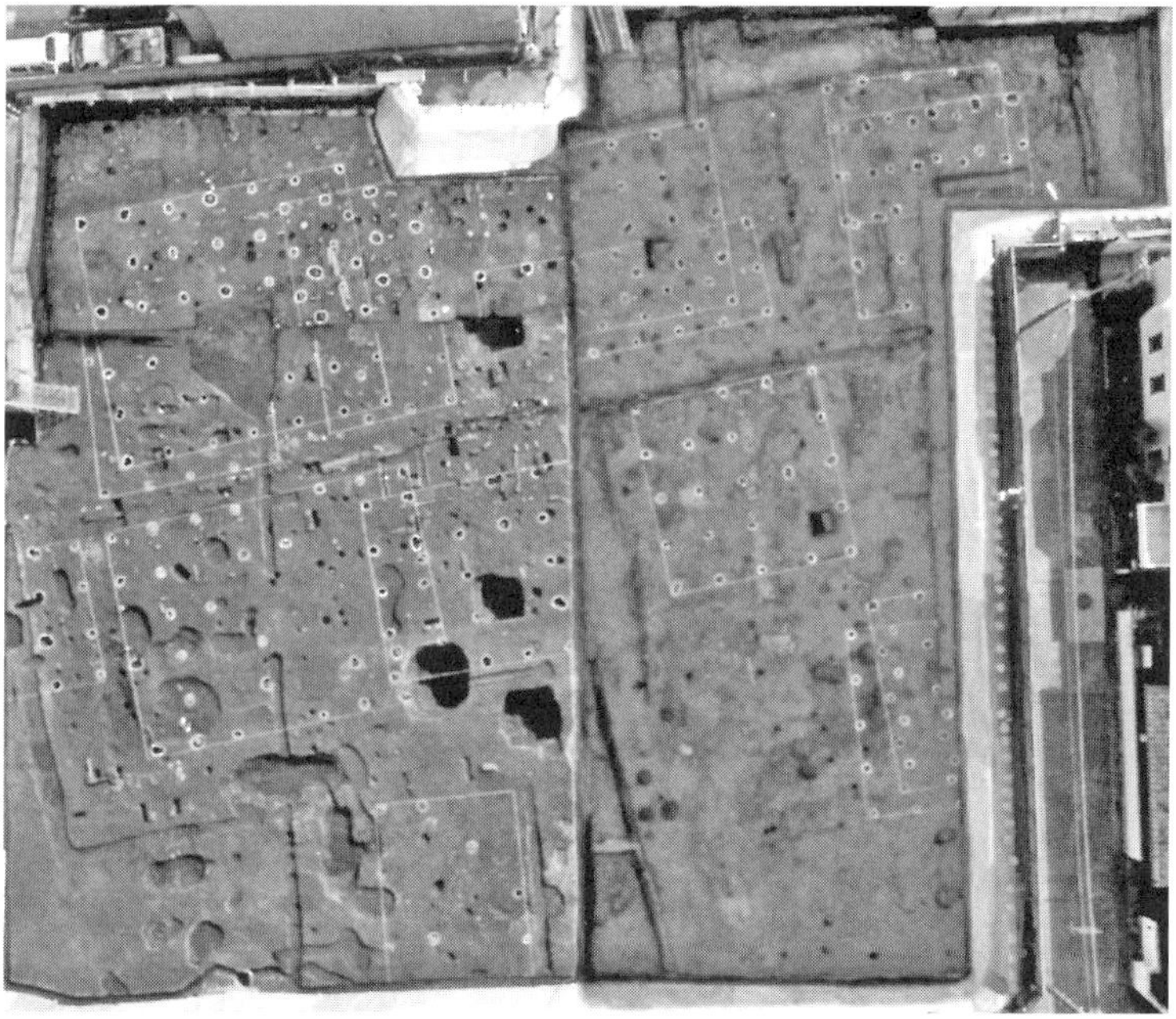

資料7　遺跡全景

量寿院で六月一日から三日まで行われたと見え、木札の出土したのが無量寿院のあった無量寿谷の近くなので、安達義景の十三年の仏事に備えて、門の警備の勤務を番を結んで行われたことを示すものであろう。木札に番文が記されものとしては、『吾妻鏡』寛元元年（一二四三）七月十七日条の記事に見える。

臨時御出供奉人事。（中略）聞御出之期者、不論昼夜、為令応御要、可結番之旨。被仰陸奥掃部助之間、以当時不祇候人数、令結番之。前大蔵少輔行方於小侍加清書、所押台所之上也。又就在国等、雖不加此人数、於時随令参上、可被召具之。雖為此衆、若有数輩同時故障者、可催加他番人之由、被仰出云云。

定　御共結番事（次第不同）

上旬　前右馬権頭　遠江馬助　（中略）

右、守結番次第、可参勤之状、依仰所定如件

寛元元年七月　日

この番文は「台所の上に押す所也」と見えるので、先の番文の札もどこかに押されたものと考えられる。武士が三番三人ずつ結番して勤めるように定められており、その武士にはすべて「殿」の敬称がある。このように交名に殿がつくのは特別な場合で、『吾妻鏡』建久元年（一一九〇）九月二十九日条には「先陣随兵記賜義盛。後陣随兵記被下景時。各依可令奉行也。彼記内、於家子并豊後守・泉八郎等、被加殿字云々」とあって、身分の高い人物か、勤める武士と命じる武士の間に主従関係がないかのいずれかであろう。

仮名交じり文で記されていることや、木札が二枚の板で張り付けられ、裏には包丁で切りつけたらしき傷の跡が見えるので、この邸宅に仕える人物が心覚えに書き記した可能性が高い。上からの命令をそのままに書いたとすれば、次のような番文となる。『吾妻鏡』正嘉元年十二月二十四日条に見える番文である。

定　廂御所一日一夜結番事

一番（子午）　一条少将　相模式部大夫　陸奥六郎　備前三郎　上総三郎　大隅修理亮
出羽次郎左衛門尉　筑前三郎左衛門尉　壱岐三郎右衛門尉　城五郎（中略）
六番（巳亥）刑部少輔　武蔵左近大夫将監　遠江七郎　秋田城介　上野太郎左衛門尉
伊勢次郎左衛門尉　肥後三郎左衛門尉　駿河蔵人次郎下野四郎　大曾禰左衛門太郎
右、守結番次第、一日一夜、無懈怠可令勤仕之状、依仰所定如件

⑤**取引木簡**（十五世紀）

十五世紀になると町や村が形成されて多くの木簡が出現するようになるが、大量の取引木簡が出土した広島県福山市草戸千軒町遺跡から掲出する。

「ミあかしのれう二あふら
　一かうを二百十文ニかう
　　　きのしやうのあふら
う十一月十八日より
はしめてあかす　　　　」

「ミあかしのれう」（灯明料）のために油一合を二百十文で買ったが、これは木之荘から購入したものであり、卯年の十一月十八日から点火したという内容である。当時油一合は二十文程度であったことを考えると、あまりに高額なので背景に何らかの取引があったのであろう。

また町や村の堂には廻国巡礼者による巡礼札の奉納が行われていて、京都市三条西殿遺跡からは「西国卅三所順礼同行二人」という札が納められていた。

3　経筒の銘文

木簡の多くは廃棄されて、たまたま残存しているのに対して、経筒は納経という意図的行為によるものである。この銘文については経塚の出土史料を集めた関秀夫編『経塚遺文』があって便利なことから、それによって年代の分布を調べてゆくと、年代によって偏りがうかがえる。初見は長徳四年(九九八)の藤原道長による吉野金峯山の経筒で、以下、先に掲げた年表に沿って時代ごとの史料数を示すと、次のようになる。

時代	銘文数	時代	銘文数	時代	銘文数
四	16	五	244	六	135
七	70	八	10	九	251
十	64	十一	34	十二	28

ピークは二つ、五と九の時代であるが、五の時代には多くは勧進僧が関わっていること、九の時代には六十六部廻国聖が関わっていたことがわかる。ここでは勧進僧が関わっていた五の時代を見ることにしよう。この時代は氏から家が形成されるようになることから、壇越の名が記されている例を検討して、その性格について考えてみる。

①山梨県柏尾山2号経塚経筒

蓋「康和五年〈歳次癸未〉四月廿二日〈庚午〉勧進

僧寂円奉埋納如法経壱部納銅

箱一口事

鋳造僧永尊」

胴「右寂円古本」（以下は【資料8】参照）

「当時、正朝、同時国司藤原朝臣、結縁中にも其日供具頭散位藤原基清朝臣

百種湯薬僧頼暹、奉造作勤井上房、古本奉仕佐伯景房、惣行事〈散位三枝宿祢守定、同守継〉

僧正久・同覚禅・権介守清、自余同前也、紀忠末

筆者正六位上文屋重行」

これによれば山城国乙訓郡の石上村に生まれた寂円が、六十三歳の時に菩提心を発して剃髪、甲斐国牧山村米沢寺

資料 8-1　柏尾山経塚　経筒と蓋

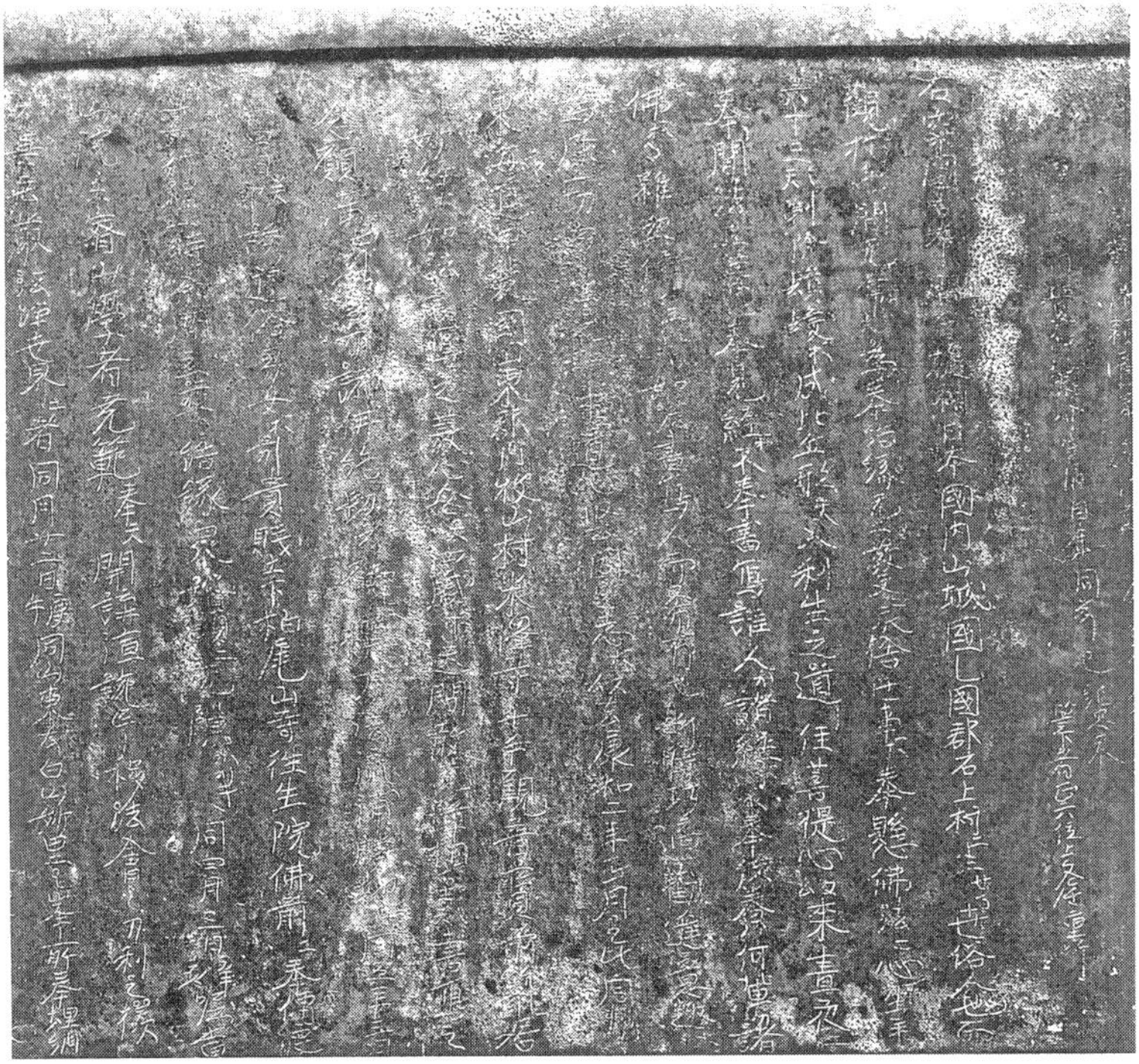

資料 8-2　柏尾山経塚　経筒銘文

資料 8-3　柏尾山経塚　経筒外筒

右寂円古本八閻浮提州日本国内山城国乙国郡石上村ニ生せる世俗人也而
観於世間无常し天為奉結縁无二教文ニ永捨世事於奉懸仏法ニ心於生年
六十三し天剃除鬢髪於成比丘形天入利生之道リ住菩提心以来昼夜ニ
奉聞法旦暮ニ奉見経於不奉書写誰人か諸経於不奉供養何輩か諸
仏於る雖然倩惟れは如法書写人而希有也斯時巧適勧進意趣於
為染一切衆生之肝中ニ道心堅固之志於以去康和二年正月之比同州
東海道甲斐国山東郡内牧山村米沢寺千手観音宝前籠居
し天妙経於如法書写之発心企天四歳於送間敢无障相事し天書写之

念願満せり仍尋諸仏結跏之砌於撰万法流浦勝地於同五年三月
廿四日癸卯誘道俗男女於引貴賎上下柏尾山寺往生院仏前ニ奉伝渡
其行程一時余間立並る結縁衆路頭ニ无隙かりき同四月三日辛亥暇当
山院主睿山学者堯範奉天開講演説畢移法会之刀利之様
不異荘厳法浄世界ニ者同月廿二日庚午同山東土山妙里之峯所奉埋納
也斯尤非他念ニ不奉聞如来在世往昔ニ法浅釈尊教化ニ生類併依
今日結縁共ニ諸仏浄土ニ生れ无苦浄刹ニ遊ハム若小縁大業し天今度残
留れる群類有ハ一も不残慈尊出現ノ世ニ値偶奉天尚終令叶成仏転依
之位ニ寂円か所懐只住天悲心施一人功徳如大海念ニ敢无し為己於一切障
心但結縁人数万し天不知員不記名於雖然尽辺際不限土跡見聞
伝聞類皆除疑或之網致来枝末葉ま天令叶若有聞法者无一不成
仏文ニ若一人も往生之儀ニ違し諸仏之引摂於不蒙ハ我先不取正覚
我ハ斯外面穢濁身し天内秘勧進之徳極大慈悲変化也仰願三世
諸仏伏乞十方聖衆无差平等中ニも致丁寧凝信心類十羅刹加知
見信力納受給物限一切无擯捨類皆蒙平等利益敬白
当時正朝同時国司藤原朝臣　結縁中ニも其日供具頭散位藤原基清朝□
百種湯薬僧頼暹奉造作勤井上房古本奉仕佐伯景房　惣行事散位三枝宿禰 守定同守継
僧正久同覚禅権介守清自余同前也　紀忠末
筆者正六位上文屋重行

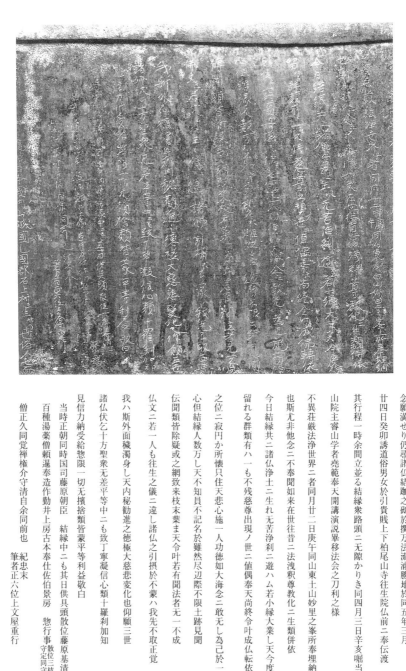

の千手観音像の前で如法書写を志し、それを果たして同五年三月に柏尾山寺往生院の仏前に渡し、院主堯範の講演供養が行われた後、四月二十二日に東の白山妙里の峰に埋納したという。

「国司藤原朝臣」とあるのは甲斐守藤原惟信で、惣行事の散位三枝宿祢守定、同守継は甲斐国の在庁官人の三枝氏、甲斐国があげて援助したものとわかるのだが、ここからは家の問題は認められない。

②茨城県東城寺経筒

「保安三年大歳〈壬寅〉八月十八日〈甲辰〉
如法経書写供養願主
聖人僧明覚・大壇越平朝臣致幹
為□法界衆生平等利益所
奉遂果如右、敬白」

「天治元年〈歳次甲辰〉十一月十二日〈乙酉〉
奉安置銅壺一口
行者延暦寺沙門経暹
大壇那蔭子平致幹
散位三国将時　」

東城寺薬師堂脇の経塚出土の銘文で、前者の勧進聖人は明覚、後者は経暹であり、大壇越はともに常陸大掾氏の平朝臣致幹とわかる。保安三年(一一二二)、天治元年(一一二四)と同じ壇越により連続して埋経されており、前者には納経の意趣が記されているのに、後者にはそれがないのは同じ目的で埋経されたのであろう。

壇越の致幹は、『常陸大掾伝記』によれば、平貞盛の子孫で、貞盛の子維幹が初めて常陸に住むようになり「水漏(水守)の大夫」と称されて、その維幹の孫の重幹から常陸国の六郡に分流してゆくなか、重幹の子で惣領の地位にあったのが致幹という。武士の家が関わって埋経されたものとわかる。

③静岡県三島市の三ツ矢新田経塚経筒・山梨県南部町の篠井山経塚経筒・神奈川県綾瀬市の宮久保遺跡経筒

「正五位下行兵部大輔兼三河守藤原朝臣顕長　藤原氏　比丘尼源氏　道守氏尊霊　従五位下惟宗朝臣遠清　藤原氏　惟宗氏　内蔵氏　惟宗尊霊　惟宗氏尊霊　藤原尊霊」

同様な経筒が愛知県渥美半島の大アラコ第3号窯から出土して、「三河守藤原顕長」銘の渥美焼壺として知られている。勧進聖人の名が記されていないことから、藤原顕長が積極的に納経したものであろう。

顕長は勧修寺流の家にあって、白河院に仕えた為房から頭角を現わし、父顕隆は白河院の信任あつく「夜の関白」と称されるほどに権勢をふるった。しかし顕長は三男で、天治二年(一一二五)に紀伊守、大治四年(一一二九)に越中守、保延二年(一一三六)十二月に三河守、久安元年(一一四五)十二月に遠江守、久安五年(一一四九)四月に再び三河守となるなど受領を歴任していても、実務官ではなく、鳥羽院の寵臣であった兄の顕頼と比較して目立った業績もなく、このままでは受領の家として院に経済的奉仕をするだけの存在として終わるところだった。

その顕長が三河守の任の時に造らせたのが先の渥美焼の壺である。出土地を見ると、篠井山経塚は富士山の西に位置し、富士山が一望でき、三ツ矢新田経塚は富士山の南、宮久保遺跡は富士山の東に位置することから、富士信仰とのかかわりが考えられる。

久安五年(一一四九)四月に富士山に数百箇度も登ったという「末代」と称する富士上人が上洛して、鳥羽院中に参って訴えてきた。「関東の民庶」に勧進し一切経論を書写してきたのだが、さらに如法大般若経の書写を勧進し、富士山に埋めたい、と。この訴えが院に受け入れられて広く書写がなされ、それらが藤原清隆の東山七条の堂で供養された後に、富士上人に下賜され、富士の山頂に埋められたという(『本朝世紀』久安五年四月十六日条)。

こうした富士信仰の影響を受けた顕長が、渥美焼の壺に経論を納めて埋納することを考えたのであろう。長い受領生活から経済的には恵まれていても、その家のあり方からは不遇の時期を過ごしていた。長兄の顕頼は鳥羽院の近臣中の近臣として長承三年(一一三四)には中納言となっていたのであるから、顕長の法華経埋納は新たな出世を祈ってのものと見られる。

銘文の顕長の次に見える「藤原氏　比丘尼源氏」は顕長の妻と母の右大臣源顕房の娘であり、続く「惟宗朝臣遠清」は顕長の後見人で三河の国の実務をとっていたのであろう。したがって壺は顕長が三河守の時期、久安五年四月から久寿二年(一一五五)の間に造られ、一家の祈りが捧げられたと考えられる。

その祈りが通じたのであろう。後白河天皇が久寿二年に即位するとともに顕長は突然に中宮亮に任じられ、急速に未来が開けていった。おそらく不遇な時代の後白河を経済的に支えていたものと考えられる。家が形成されてくる時代における家を興す努力がここからはうかがえる。

おわりに

百年ごとの時代区分を念頭において見てゆくと、出土史料の性格も自ずとわかってくることが理解していただけたであろうか。木簡の性格づけに年表は一つの物差しとなるであろう。

また経塚は氏から家への変化の時代にあって、勧進聖人の活動を媒介にし造られたのだが、次の時代になると経塚は急激に減ってしまう。これは勧進聖人が新たな動きを開始するようになり、家の祈りもまた変容していったからである。

参考文献

石井　進『石井進著作集第十巻　中世史と考古学・民俗学』（岩波書店、二〇〇五年）
五味文彦『日本史の新たな見方、捉え方』（敬文舎、二〇一二年）
五味文彦『中世社会のはじまり』（岩波新書、二〇一六年）
水藤　真『木簡・木札が語る中世』（東京堂出版、一九九五年）
関　秀夫『経塚遺文』（東京堂出版、一九八五年）
茅ヶ崎市教育委員会編『シンポジウム　居村木簡が語る古代の茅ヶ崎』（二〇一四年）
平川　南『古代地方木簡の研究』（吉川弘文館、二〇〇三年）

経塚出土文字資料と考古学的視点
――同一人物が関与した経塚から――

村木二郎

はじめに

出土文字資料は、偶然残った「文字」資料である。木簡や漆紙文書のように廃棄されたものであったり、墓誌や買地券のように永く地中に封印されるべく埋納されたものであったり。いずれにせよ、人の目に触れることが意識されずに残った文字である。それらは前後の文脈なく単発で発見されることがほとんどであるため、記された内容は非常に断片的である。しかし、政治的な意図や後世の改変などといったバイアスがかかっていないので、いわゆる文献資料に比べるとウソをつかない。さらに、文字の書かれたモノ自体の性格、出土地点や出土状況などといった考古学的情報がそれにともなう。こういった出土文字資料の特徴を最大限に活かすことで、大きな成果を挙げてきたのが古代史の分野である。

それに引き換え、中世史の世界では古代史に比較すれば文献資料が豊富にあるためか、出土文字資料に対する注目度は低い。しかし、出土文字資料には前述のように文献資料とは異なった特徴があり、その有用性を見逃す手はない。しかも中世史研究が、文献史学や考古学など多分野の協業によって組み替えられるようになった昨今、古代史同様にさまざまな調理法によって旨味を引き出すことのできる材料ともいえるのではなかろうか。

ここで取り上げるのは、経塚出土資料である。経塚研究は、初期は銘文研究が主流で、竹内理三編『平安遺文 金石文編』（一九六〇年）、関秀夫編『経塚遺文』（一九八五年）のような銘文集成も早くから刊行されている。大和・金峯山経塚出土寛弘四年（一〇〇七）藤原道長銘経筒や、甲斐・柏尾山（白山平）二号経塚出土康和五年（一一〇三）銘経筒など、長文の銘文を記した資料については文献史学の分野からも多くの研究蓄積があり、銘文解釈を不得手とする考古学研究者も多くの知見を得ることができる。しかし、文献史学と考古学、さらには美術史学といったそれぞれの専門のなかで論ずることがやはり多く、そのなかでは文字資料、モノ資料、美術資料としての個々の切り口に留まってしまい、出土文字資料のもつ特徴が活かし切れていないことが多い。

とはいえ、経塚研究には多くの蓄積があり、今さらいうまでもなく上述したようなレベルを易々と超えているものも存在する。本稿ではそういった先行研究を参考に、銘文や経筒、経塚遺構などを手掛かりにして、同一人物が関与したと思われる経塚について、出土文字資料の特徴を意識しながら論じてみたい。

1　同一勧進僧が関与した経塚

（1）同形態経筒論と勧進僧

豊前・ハリマ経塚出土経筒（ハリマ経筒と呼ぶ、以下同様。第1図1）は筒身の上・中・下段に突帯を巡らし、宝珠鈕を頂く笠蓋形式の蓋をもつ青銅鋳造製経筒である。大宰府を中心に九州北部に広く分布する四王寺型に似ているが、下段の突帯が少し上方に付くことから、福岡県北部に集中して分布する狭域型の鎮国寺型経筒である。鎮国寺型経筒は紀年銘資料では一一一三～三九年のものが確認されている。非常に規格性が高く、分布圏もほぼ限られており、福岡県北部地域で生産されたと思われる［村木 一九九八a］。肥前・市丸経筒のみ一点だけ離れた場所から見つかっている

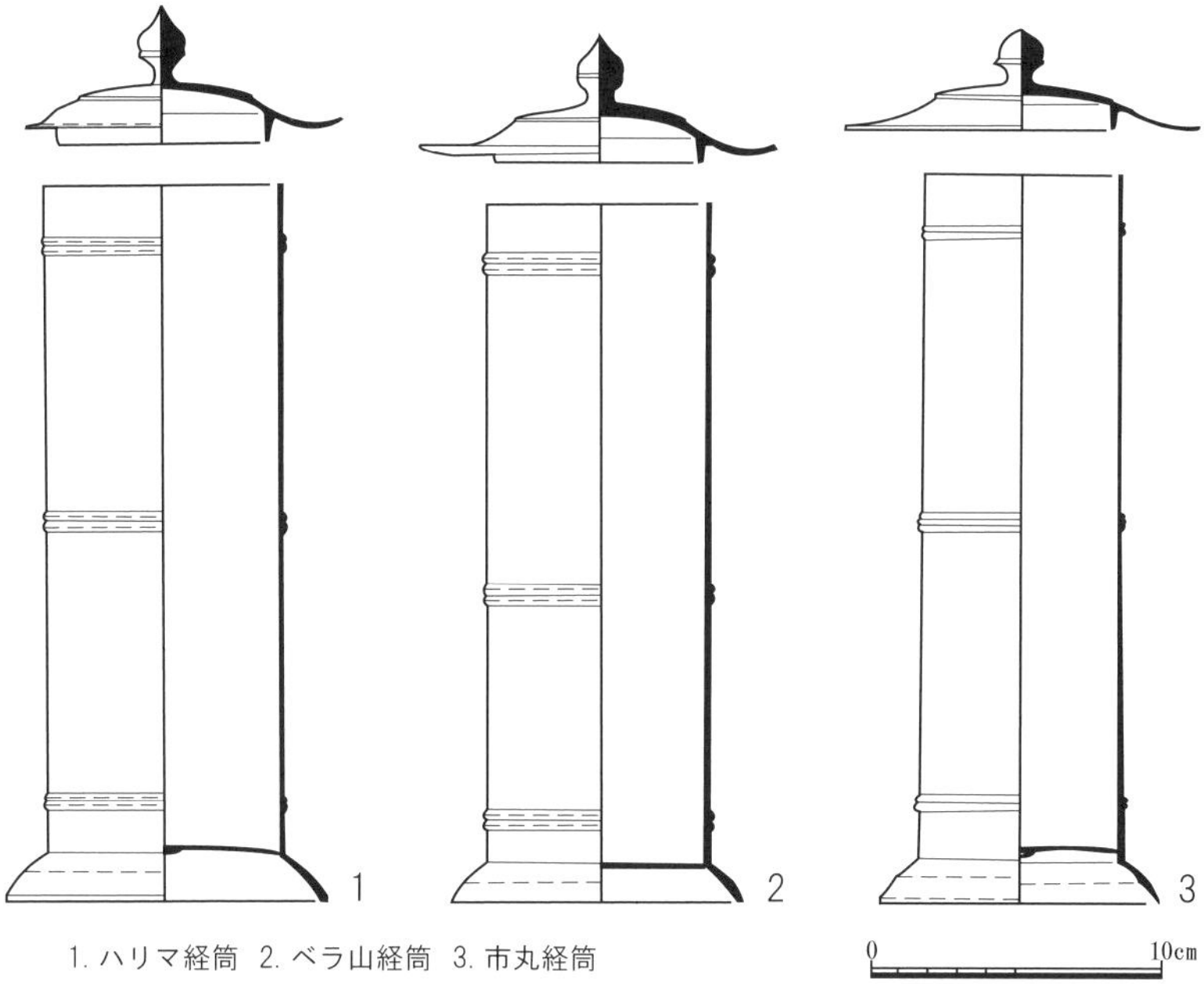

1. ハリマ経筒　2. ベラ山経筒　3. 市丸経筒

第１図　鎮国寺型経筒と分布域、および関連地図

が、これは後述するように、福岡県北部から持ち運ばれたと考えられる。
ハリマ経筒には中段の突帯を挟んで、次のような銘文が五行に渡って記されている。

豊前国規矩郡平等寺　住僧良禅奉恭敬供養
如法妙法蓮華経三部内
右書写供養之志者為　二十五有之有情非情
草木無差平等利益
　　永久六　年二月十八日勧進僧良禅

一方、ハリマ経塚から至近の豊前・ベラ山経塚からも青銅鋳造製経筒が見つかっている（第1図2）。中段の突帯の位置がやや低いが、ハリマ経筒とほぼ同形同大の鎮国寺型経筒である。ベラ山経筒にも中段の突帯を挟んで、似たような銘文が刻まれている。

豊前国規矩郡平等寺　住僧良禅奉恭敬供養
如法妙法蓮華経□部内　僧永□僧永□
右書写供養之志者為　念証得法界衆生助成合力
無差平等利益無上菩提　也矣
　永久六　年二月十八日勧進僧良□

すなわち、これらの経筒は豊前国規矩郡平等寺の住僧良禅が願主となって経塚造営を志し、自ら勧進僧となって事業を取り仕切り、永久六年(一一一八)二月十八日に経供養、あるいは埋経をおこなった。経巻は腐朽して残っていないものの、如法妙法蓮華経が三部書写されており、ベラ山経筒からその写経者には僧永□と僧永□がいたことがわかる。書写された三部の経巻は、ハリマ経筒とベラ山経筒、ならびに未発見の経筒に納めて三か所に埋納された。二点の経筒が同形態であることから、もう一点の未発見の経筒も同形態の鎮国寺型経筒であることが予想される。勧進僧良禅は経塚造営を取り仕切る際に、三点の経筒を同時に準備したわけで、それらの経筒はおそらく同一工人の手によって鋳造されたと考えられよう。

至極当然のことを述べたが、これを前提にすることで銘文には現われない工人の姿と勧進僧の役割を論じたのが杉山洋の「同形態経筒論」である[杉山一九八三a]。杉山は、ハリマ経筒、ベラ山経筒と酷似する資料として、肥前・市丸経筒を挙げる(第1図3)。この経筒には銘文は記されていないが、形態や法量のバランス、突帯や高台の形状、底部に周縁を削った鏡を押し込んでいる構造、蓋の身受けが筒身口縁内に入り込む入り蓋式という珍しいつくりといった細部に至る特徴まで共通性をもつことから、これら三点を同形態経筒とし、同一製作者もしくは同一工房の作とみなす。経塚造営には、願主、檀越、結縁者、工人(鋳物師)、勧進僧などさまざまな人が関与するが、経筒形態に最も大きな影響力をもつのは鋳物師と勧進僧である。とくに勧進僧は経筒の調達をはじめとする経塚造営に関する実際の活動を担っていたと考えられ、紀伊・那智経塚群や駿河・三明寺経塚から出土したそれぞれの同形態経筒に異なった願主や檀越名が記されていることから、願主や檀越の意向ではなく経塚造営を取り仕切った勧進僧にこそ経筒の選定主体があったとする。そして、ハリマ経筒、ベラ山経筒と同形態の市丸経筒も勧進僧良禅が関与したものと推定し、三部埋納のうち未発見の経筒は市丸経塚に埋納されたことを示唆しているのである。杉山はほかにも六組の同形態経筒例を挙げ、文献資料には現われにくい勧進僧の具体的な活動を示している。遺物の詳細な観察から導かれた同形態経筒論であるが、その背景には銘文からの情報が巧みに利用されており論の説得性を支えている。

豊前・求菩提山上宮第8区経塚は、東西に約一㍍の間隔で五基の経塚が並んでおり、それぞれに求菩提型経筒の同形態経筒が埋納されている〔豊前市教委 一九七六〕。そのうちの三点には同じ筆法で、

妙法蓮華経一部

保延六年十月廿二日

願主僧隆鑑

と刻まれている。この五基の経塚は一連の勧進によってつくられたもので（隆鑑自身が勧進僧の役割も担っていた可能性は十分ある）、五点の経筒は同じ勧進僧によって一時に発注されたことは明らかであろう。

経塚自体は発見されていないものの、寿永元年（一一八二）に慈円によって如法経六部埋納供養がおこなわれたことが知られている（『玉葉』寿永元年九月十四日条）〔三宅 一九五八〕。太神宮、八幡、賀茂、春日、日吉、天王寺の六か所に埋納するための経巻を準備して供養し、用意した「如法経六部筒」に木筆、石墨でもって銘を書いた旨が記されている。永久六年に良禅がおこなった三か所への埋経と同様のプロジェクトであり、ここに登場する如法経六部筒すなわち六点の経筒は、同時に発注された同形態経筒である可能性が極めて高い。良禅は、豊前国規矩郡平等寺住僧であり、経供養も平等寺もしくは近辺でおこなったと考えられるが、経筒も規矩郡周辺で製作された鎮国寺型経筒が利用された。すなわち道具は地元で誂え、それを埋納地にもっていったのである。慈円の場合は京都西郊の「西山草庵」にて如法経供養をおこなっており、京都近辺で経筒を調達したと思われる。この経筒が、八幡、賀茂、日吉といった京都近郊だけでなく、太神宮（伊勢）、春日、天王寺といった遠方にももたらされたのであろう。那智や新宮といった熊野

三山の霊地から京都タイプの経筒が大量に見つかっているが、それらは熊野の地で製作されたのではなく京都近辺で作られたものであろう。京都周辺で経供養をおこなう際にその辺りで調達され、それが遠隔地に埋納されたのである［村木 一九九八b］。

紀伊・那智経塚群からは数百点にのぼる経筒が出土している［東京国立博物館編 一九八五］。なかでも比較的古い年号を記すものに、保元元年（一一五六）九月八日銘と同年九月廿二日銘の二例（第2図1・2）がある。

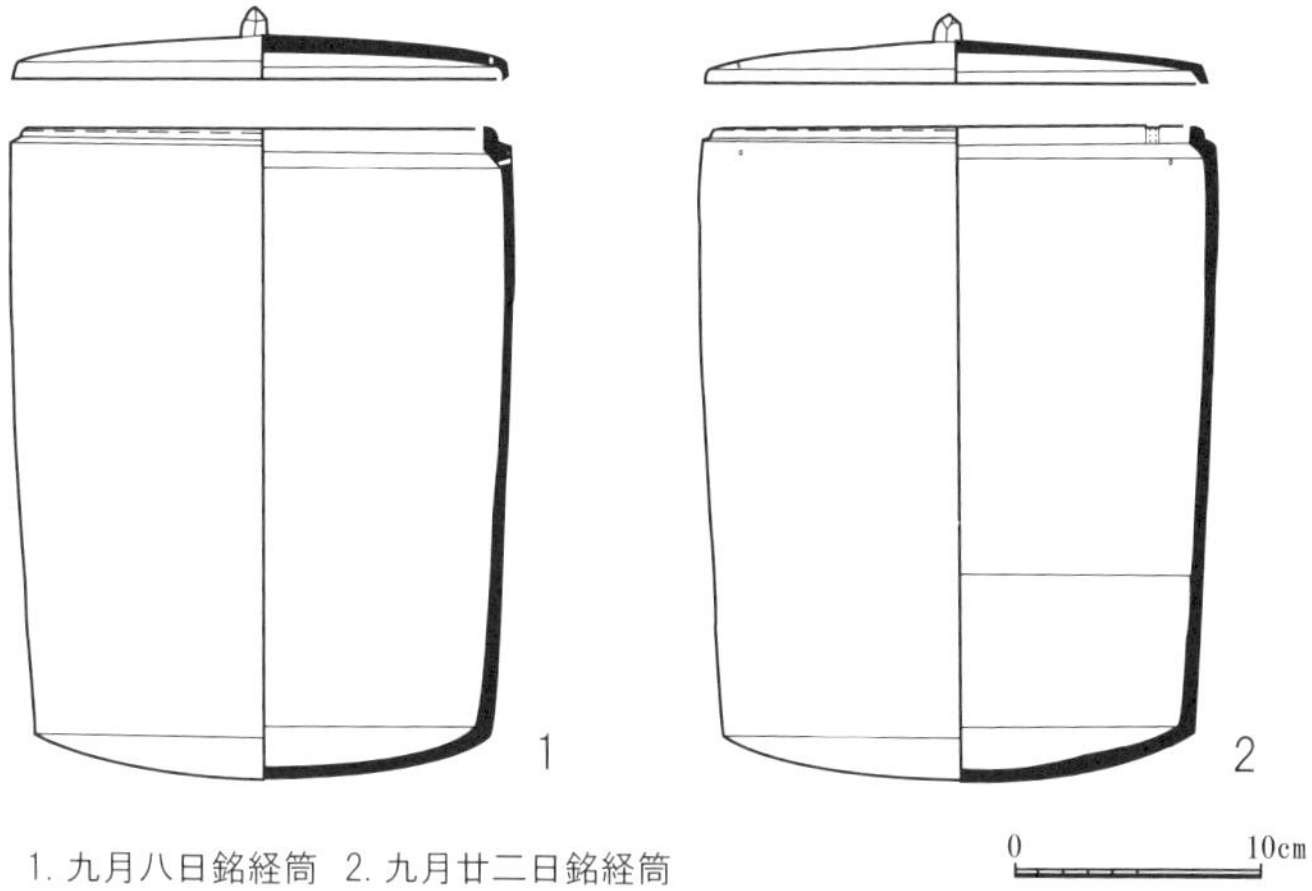

1. 九月八日銘経筒　2. 九月廿二日銘経筒

第２図　那智経塚群出土一鋳式経筒

信濃国伊那郡伊賀覧御庄
中村郷光明寺
如法経八部奉書写
　　保元元年九月八日
　　　　願主僧願西

美濃国土岐郡延勝寺御庄
洲田郷法明寺
八部如法経楼一口有縁無縁
出離生死頓証菩提為也
　保元元年九月廿二日

取筆僧道西
荘厳結縁衆
物部守貞秦氏

経筒はいずれも東日本に広く分布する一鋳式の同形態経筒である。九月八日銘経筒には願主の願西、九月廿二日銘経筒には写経者の道西と結縁者（檀越）の物部守貞・秦氏（夫婦か）の名が記されるのみで、同一人物は登場しない。しかし銘文記載の類似性、如法経八部の供養、そしてなにより同形態経筒である点から、この経筒埋納は同じ勧進僧が取り仕切ったであろうことは推測に難くない。信濃国尊勝寺領伊賀覧庄光明寺で九月八日に、美濃国延勝寺庄法明寺で九月廿二日に如法経八部供養をおこない、それを納めた経筒を携えて全国に名だたる霊地・那智に埋納したのである［杉山 一九八三b］。銘文に記された年月日は、藤原道長経筒の例などから、埋経日と考えるのが通例である。しかしこの例に関しては、埋経日とするには無理があり経供養日と考えるべきであろう。那智へ向かうルートに沿って、かなり近い日取りで供養をしていることから、勧進僧は前もって計画的に段取りをつけていたことが想像できる。

（2）勧進僧厳与の事例

これまでみてきた例は、同一勧進僧によるひとつのプロジェクトとしての埋経事業である。次に、同一勧進僧による時期の異なる埋経事例をみてみよう。

筑前・豊前・豊後の三国にまたがる英彦山は北部九州の代表的な霊山であり、経塚も多数つくられている。その南岳から出土したやや小ぶりの青銅鋳造製経筒（第3図1）には、次のような銘文が刻まれている［小田 一九七九］。

彦御山住僧厳与筑前国
鞍手郡日光寺山住
奉書写供養
大仏頂一巻如法経
　永久元年十一月廿七日
勧進僧厳与

英彦山の僧厳与が筑前国鞍手郡日光寺山で如法経を書写供養し、英彦山南岳に埋納した。経巻は通常の法華経ではなく、大仏頂陀羅尼が如法に書写されている。厳与は勧進僧であり、写経者でもある。そしてまた、願主でもあっただろう(1)。

経筒は相輪を頂いた笠蓋に、三本の突帯を巡らした筒身をもつ永満寺型の範疇で捉えられる。この型式は十二世紀第1四半期に福岡県北東部地域に分布する狭域型経筒である［村木 一九九八a］。すなわち、英彦山周辺というよりは鞍手郡辺りでみられるタイプである。勧進僧厳与は、鞍手郡の日光寺山で写経をおこなうにあたって近辺で経筒を入手し、その地で経供養をしたうえで、霊山であり自身の拠点でもある英彦山に経塚をつくったのである。

1. 英彦山南岳経筒
2. 観音寺1号経筒

第3図　勧進僧厳与銘経筒

この三年後の永久四年(一一一六)にも「勧進僧厳与」銘の経筒が見つかっている(第3図2)。両者が同一人物と断定することはできないが、比較的近辺でもありその可能性は高い。ここでは同一人物と仮定して論を進める。この経筒は筑後・観音寺一号経塚から見つかった。観音寺からは九基の経塚が発見されており、埋経地として知られた霊地であったことがわかる(2)[宮小路 一九九四]。八号経塚から見つかった経筒に納められていた経巻には天永三年(一一一二)、勧進僧浄因、執筆僧智昭と記されている。厳与の経塚より以前から埋経がおこなわれており、さまざまな勧進僧が出入りしていたようだ。観音寺一号経筒の銘文は次の通りである。

永久四年〈歳次丙申〉二月五　日勧進僧厳与

勧進僧厳与が、永久四年二月五日に供養あるいは埋経した、と記されているだけである。経筒は宝珠鈕を頂いた笠蓋に、上中下三段の突帯を巡らした筒身、下段の突帯は下端の台座に接する、典型的な四王寺型経筒である。四王寺型経筒は十一世紀末から十二世紀第1四半期頃に、大宰府を中心とした北部九州に広く分布する広域型経筒である。生産地は大宰府と考えられる[杉山 一九八五、村木 一九九八a]。広域型経筒については分布範囲が広いことから、狭域型経筒とは違った考え方も可能であろう。すなわち、大宰府近辺で経供養をする際に入手しそれを埋納するケースと、九州の中心地であった大宰府であらかじめ経筒を入手しておき、それを大宰府から離れた地で経供養をするにあたって利用するケースである。いずれにせよ観音寺は大宰府からそれほど遠方というわけでもないので(第1図)、この辺りで入手する経筒としては大宰府産が一般的であったようだ。観音寺から出土した経筒は、ほかにも八号・地点不明経筒は四王寺型、二号・四号経筒は四段積上式経筒であり、大宰府産の広域型経筒が半数を占めている。

さて、厳与が勧進僧として関与した二回の埋経をみると、永久元年時は鞍手郡の日光寺山で写経し、その近辺で入手できる永満寺型経筒に納めて、英彦山南岳に埋納した。永久四年時は、大宰府で生産されている四王寺型経筒に納めて、観音寺に埋めている。一時期に複数埋納をしたプロジェクトでは、複数の経筒をはじめに用意するため同形態経筒のような状況が生じるが、時期を隔てた数度にわたる別のプロジェクトの場合は、その都度道具を用意するので経筒に共通性はない。むしろ、勧進なり供養なりをおこなう場所で道具を入手するため、その地で手に入る経筒が利用されたということになろう。

なお、勧進僧は埋納儀礼一切を取り仕切ったと考えられるため、埋納方法には一定の共通性があったと思われる。観音寺一号経塚は、石室の床面に江戸時代の平瓦が敷かれているため後世に再埋納されたものである。その再埋納に際して、東播系の甕を経筒に被せて外容器としていた。この甕自体は十二世紀代のものであり、当初の埋納時のものと認められるので、おそらくは厳与が埋納した時にも外容器として用いられたものであろう。とすると、英彦山南岳経塚をつくるに際しても、厳与は外容器を用いたと推察される。しかし、残念ながら永久元年銘経筒の出土状況はまったく不明であり、推測を裏付けることはできない。

2　同一檀越が関与した経塚

東日本ではかなり早い段階に形成された経塚群である常陸・東城寺経塚群は、計一二基の経塚からなる。明治二十三年に掘り上げられたため、どの経塚からどの遺物が出土したかは正確にはわからない。ただ、その一二年後に和田千吉が再調査し、ある程度の聞き取りを手掛かりにして、天治元年(一一二四)銘経筒は大塚と呼ばれる一号経塚から、保安三年(一一二二)銘経筒は三号経塚から出土したとされている。またその際に、遺構の状態に注目して記録を残したため、わずかに当初の埋納状況を推測することが可能となっている[和田 一九〇四]。

東城寺経塚群は、東城寺境内裏手の斜面に密集して営まれている。中心にある大塚と呼ばれる一号経塚（第4図）は、一辺一四尺（約四・二メートル）の石垣で囲んだ方形の塚に土を盛ったもので、内部には方形の石室を設けて経筒を据え、木炭を充塡して蓋石で覆う。斜面を利用した石垣の積み方に特徴があり、前面に高く後面に低く、側面は斜面に沿って積むことで水平状に整えている。三号経塚はかなり破壊されているが、前面の石垣、石室と蓋石、そのなかの木炭は同様に確認できたようである。比較的よく遺存していた一〇号経塚は、前面の石垣が低いために後面には石垣を積まない略式構造とされ、これそのものが石室で、蓋石の下には木炭で経筒を埋めていたという。いずれにせよ、一二基の経塚はいずれも斜面に塚を築くため、似通った石垣構築法をとっている。個々の埋納状況については不明であり、外容器を利用したかどうかもわからない。経筒も六点出土したとされるが、現在伝わっているのは紀年銘をもつ二点のみであり、ほかにも多くの出土遺物が散逸してしまった。しかし、現存する七面の和鏡などからも、経塚群の形成は紀年銘資料が示す十二世紀前半代に収まると考えてよかろう。

残された紀年銘経筒についてみていきたい。まず古い方の三号経筒（第4図1）である。口縁やや下に太い突帯が鋳出されるが、鋳造が拙劣なためか一巡はしない。底面は湯回りが悪く穴が開いてしまったため、大きな鋳掛を施している。仕上げに整形をしていないので平滑でなく据わりが悪い。この底面は筒身と一体の一鋳式で、東日本でよく見られるタイプである［村木 二〇〇三］。筒身の半面に、大ぶりな文字で五行に渡って次のような銘文が鏨彫りされている。

保安三年大歳壬寅八月十八日甲辰
如法経書写供養願生
聖人僧明覚大壇越平朝臣致翰
為□法界衆生平等利益所

奉　遂果如右敬白

聖人僧明覚が願主、平朝臣致翰（幹）が大檀越となり、保安三年八月十八日に如法経を書写供養して、東城寺裏の経塚に埋納したことがわかる。

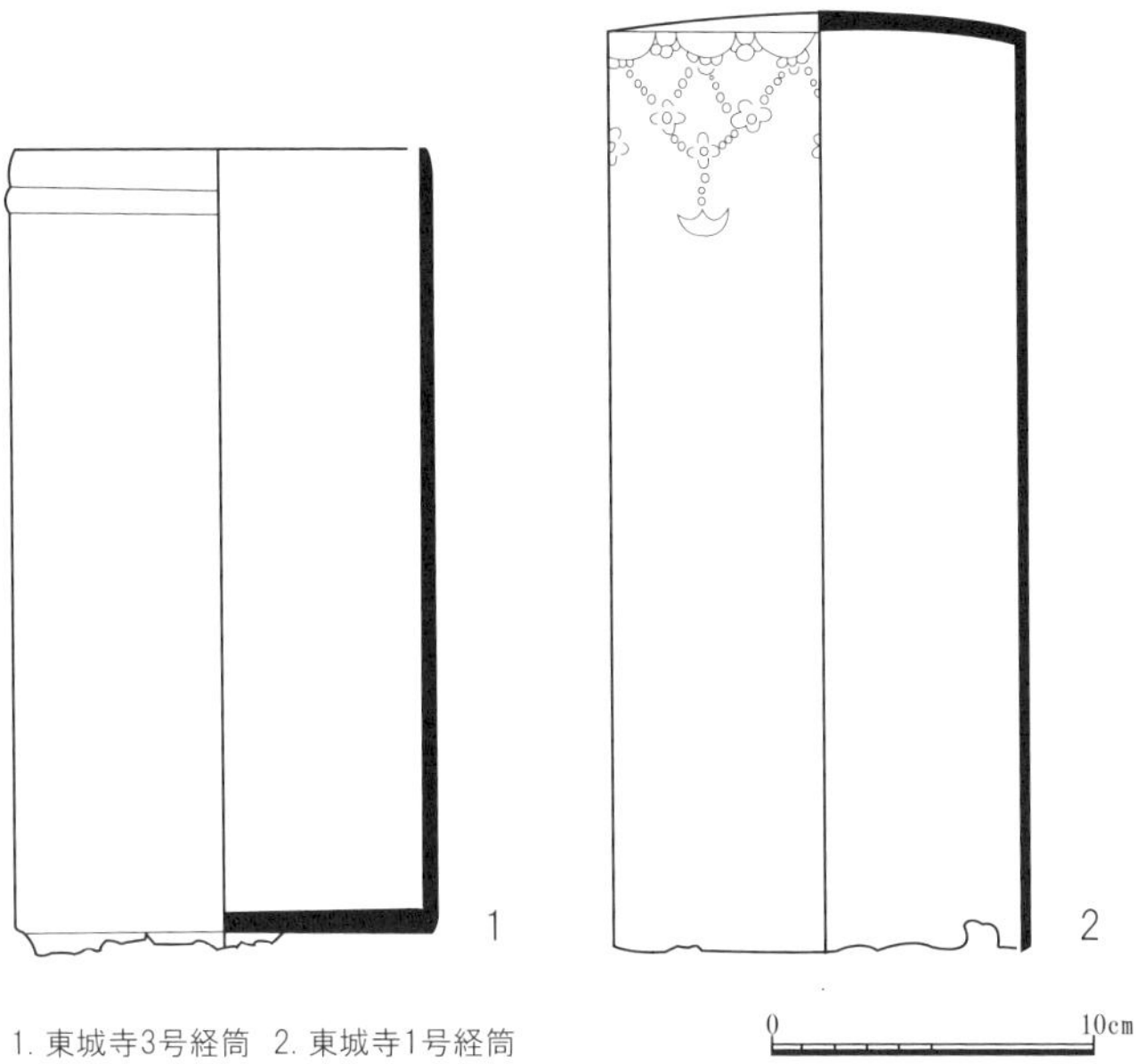

1. 東城寺3号経筒　2. 東城寺1号経筒

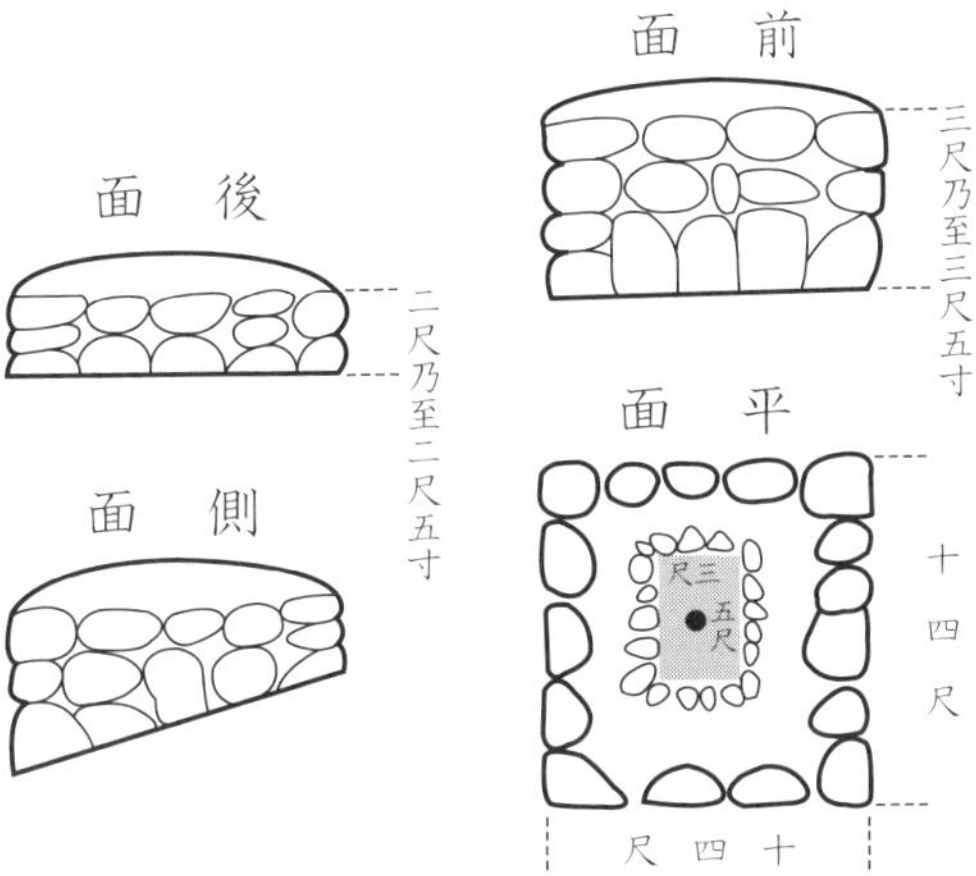

大塚（1号経塚）

第４図　東城寺経塚群出土経筒と１号経塚

もう一点の一号経筒は、筒身から天井部にかけて一体で鋳造された極めて特異な形態の経筒である（第4図2）。底板は失われてしまっている。左記のような銘文が記されているが、線刻ではなく鋳出銘であり非常に読みにくい。特に最後の行は「銀作三国将時」と読んで工人名かと考えられていたこともあったが、「作」よりは「位」と読む方が妥当性が高く、よって「散位」と読まれるようになった［東京国立博物館編 一九八八］。筒身上端には瓔珞が細かく線刻され、経筒を荘厳している。銘文と瓔珞から経筒の天地は明らかであるが、逆さまにすれば一鋳式経筒そのものである。製作技法からみれば、三号経筒同様に東日本でよくみられる地元産の経筒といえる。

天治元年歳次甲□　十一月十二日乙酉
奉安置銅壺一口
行者延暦寺沙門径暹
大壇那陰子平致翰
　散位三国将時

行者延暦寺沙門径（経）暹が願主、平致翰（幹）と散位三国将時が檀越となって、天治元年十一月十二日に銅筒（経筒）を東城寺裏の経塚に安置し埋納した。

両者の経筒に共通するのは、大檀越（大檀那）の平致幹である。彼は常陸平氏の本宗である多気権守致幹に比定されており［和田 一九〇四］、そうだとすれば当該地域における最有力者といえる。東城寺経塚群は特徴のある埋納構造に共通性があり、埋納儀礼を取り仕切った勧進僧が同一人物あるいは同一集団であった可能性が考えられる。東国では珍しく十二世紀前半代に造営された経塚群であり、短期間に形成されたあと継続しなかった原因もその辺にあるのではなかろうか。異なった願主名の経筒が、同一檀越の支援によって、同一経塚群に埋納されていった背景には、地元の有力者と太いパイプをもっていた勧進僧の役割が大きかったと推測される。

3　同一願主が関与した経塚

同一人物が複数の経塚をつくることは、多数作善の功徳を期しておこなわれた。先にみたように、一回のプロジェクトで複数埋経する事例のほか、たびたび発願して何度も経塚をつくることもある。考古資料からは証明できていないが、『玉葉』の記載から九条兼実がしばしば経塚をつくっていたことは著名な例である［三宅 一九五八］。

出土資料からこのことを示すことができるのが、清原信俊の二度の埋経である。これについては三宅敏之の詳細な研究がある［三宅 一九六三］。清原信俊は平安時代後期の儒者で、長らく大外記として活躍した。また、彼の没後六年目に編まれた『本朝新修往生伝』に記されているように、大原山寺で衆僧を供養し、如法経三十余部、法華経一千五百部を書写して所々の名山、霊寺に送るなど、仏教を篤く信仰したことでも知られる。そうした彼の信仰を裏付ける考古学的資料が、保安元年（一一二〇）銘の山城・鞍馬寺経筒と、天治二年（一一二五）銘の紀伊・粉河産土神社一号経筒である。

鞍馬寺は京都近郊の名だたる埋経地であり、銅製・鉄製・石製宝塔をはじめ多数の経塚資料が残っており、国宝に指定されている［鞍馬寺 一九六六］。保安元年銘経筒の出土状況は明らかでなく、共伴遺物などもわからない。大型の青銅鋳造製経筒は、二段の甲盛りをもつ二段笠蓋式で、やや小ぶりの宝珠鈕を頂く。筒身半面にはっきりと銘文を線刻しており、次のように読まれている。

　　　　　　　　　　　　無量義経　観普賢経
妙法蓮華経一部八巻　弥勒上生経　弥勒下生経
　　　　　　　　　　弥勒成仏経等各一巻
保安元年九月十一日主税助兼助教清原
真人信俊　誂請四口大法師重怡　賢宴　賢俊　禅意
十箇日内如法如説奉書写畢過去二親
共生仏前常聞此経乃至法界衆生
平等利益敬白

主税助兼助教の清原真人信俊が願主となり、四人の大法師の協力を得て、法華三部経並びに弥勒三部経を如法に書写し、鞍馬寺に埋納した。願意は亡父母の追善供養である。信俊は日常的に京都北山の大原で多数の僧侶と接しており、ここに現われる四人の大法師とも密接な関係があったと推測される。ちなみに、重怡も『本朝新修往生伝』に登場しており、比叡山から鞍馬寺へ移住したことが知られる。

粉河産土神社経塚群は三基の経塚からなる。そのうち一号経塚は土坑に外容器に納めた経筒を埋納し、自然石で蓋をしてあった〔和歌山県史編さん委員会編　一九八三〕。外容器は三段に沈線を巡らした陶製円筒容器で、愛知県猿投窯産と考えられている。青銅鋳造製の経筒は、鍔を大きく開いた二段笠蓋式で、蓋の頂部には大ぶりの台付宝珠鈕が据わる、大型の堂々たる形状をなす（第5図）。経筒のなかには法華経八巻が残存しており、それらの筆跡から七〜八人の写経者が想定されている。経筒には筒身の半面にわたって、次のような銘文がしっかりと線刻されている。

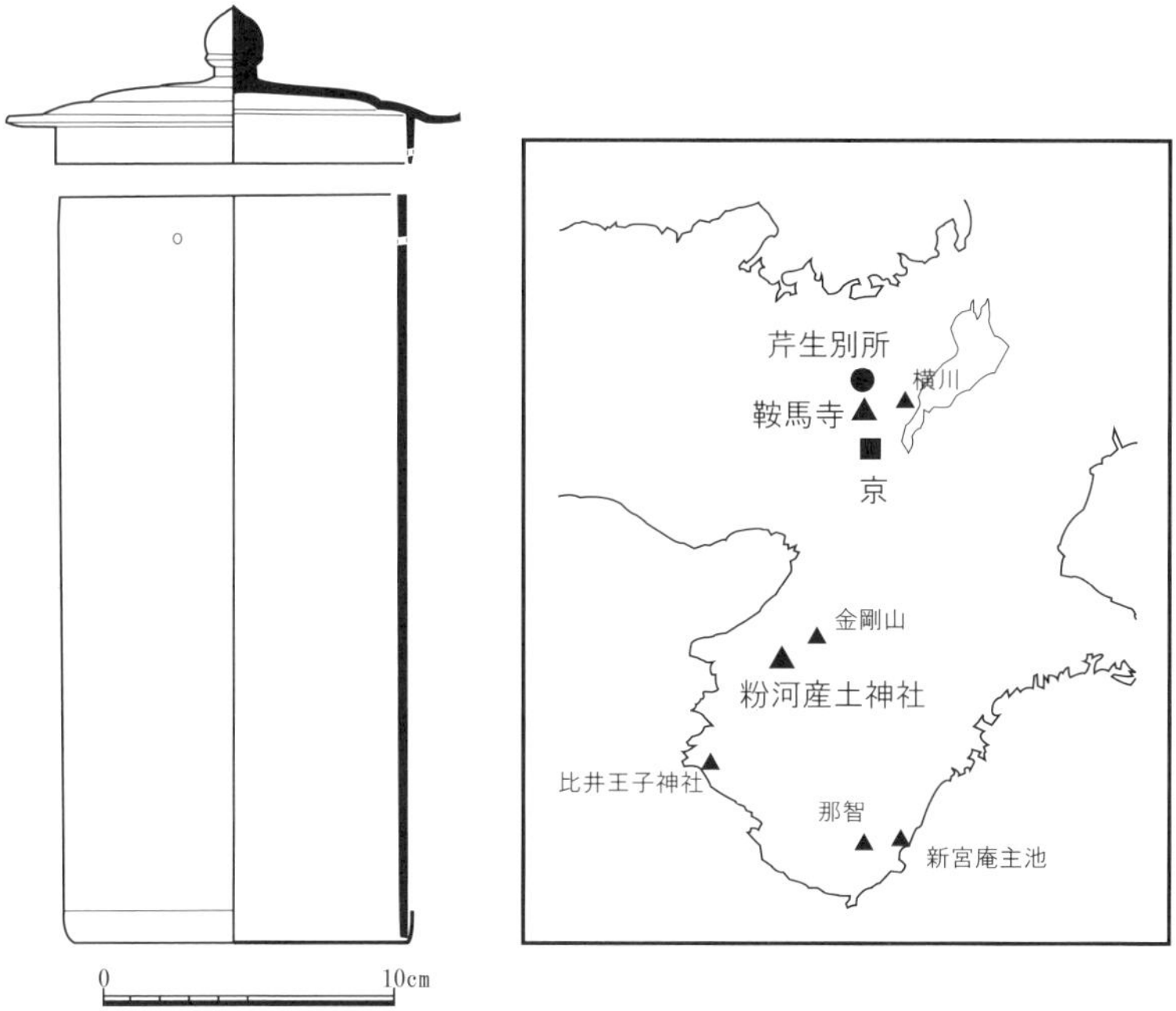

第５図　粉河産土神社１号経筒と二段笠蓋式経筒の分布域

奉納妙法蓮華経一部八巻
天治二年九月五日癸酉助教清原
信俊勧進六口大法師願尊 良忍 勝聞 賢俊
昭寛 忍聞四七日間於芹生別所如法
如説奉書写畢是依為霊験
所奉埋粉川宝前也願以此
善根生兜率内院結縁衆相
共値遇慈氏尊法界衆生
平等利益敬白

助教清原信俊が願主となって、京都北山の芹生別所で六人の大法師に書写をさせ、如法経一部をなした。霊地として名高い紀伊の粉河宝前にこれを埋納し、この善根によって来世は弥勒のいます兜率内院に生まれ変わることを願ったのである。

経筒に納められていた経巻のうち、巻二の巻末には「仏子蓮覚」と書かれている。その他の一、三～七巻には執筆者名はないが、これら七巻はそれぞれ同一筆跡で書き通しているため、六人の大法師と蓮覚の手になると考えられている。問題は八巻であるが、これは複数の筆者によって書き継がれており、先の七人の手、あるいはそれに清原信俊の手が加わっているとの説がある(3)。蓮覚だけは経筒に名を記されなかったために経巻末に署名をしたとすれば、写経以前に銘文が記されたことが判明し興味深い。書き手と六口大法師が対応するかどうか、また清原信俊自身も写経に加わったかどうかは、現今の資料からは厳密には明らかにすることはできない。しかし、稀な事例であるが、経巻が全巻遺存していたおかげで、複数人によって写経された事実は証明できる。経塚は大勢の人びとが参加して結縁することのできる開放的な作善業と考えられるが、この経巻はその一つの具体的な姿を示してくれたといえよう。

清原信俊が願主となって営んだ経塚には、いずれも二段笠蓋式経筒が使われていた。五年の時期を隔てた企てであり、それぞれの時期に経筒を調達したと考えられる。ところで、二段笠蓋式経筒は、鞍馬寺と比叡山横川でみつかっている以外は、京都から遠隔地の霊地・霊山から出土している(第5図)。そのため、その産地を特定することは難しいかもしれない。しかし粉河産土神社一号経筒は、京都北郊の芹生別所での如法経書写の際には用意されていたものであり、これは京都から紀伊まで運ばれたことは明白である。藤原道長の金峯山経塚や、慈円の六所埋経を挙げるまでもなく、京都周辺の人びとは遠隔の霊地へたびたび埋経している。那智や新宮庵主池二号経塚などでみつかっている二段笠蓋式経筒も、銘文からは経緯がわからないものの、粉河産土神社一号経筒と同様に、京都近辺でつくられた経筒が遠方へもたらされたものと考えてよいであろう。

おわりに

経塚は、五六億七千万年後の世界まで経典を地中に埋納して伝え、弥勒の出世に備える、というモチーフのもと造営された。そのため、経塚資料に記された文字は、人に読まれることを前提にしていない心情の吐露であり、他人に対する作為や政治的な意図などを想定する必要のない文字資料である。しかし、廃棄された木簡や漆紙文書のように、ゴミが偶然残ったものではない。ここに資料的性格の違いがあることは、認識しておく必要がある。しかし、考古学的資料としての側面を有することは間違いなく、その高い資料性は改めて述べるまでもなかろう。

本稿では、先学の力を借りながら、経塚資料の出土文字資料的性格を強調してみた。勧進僧のあり方や、モノの移動という議論の前提には、経筒に記された銘文があるわけで、単に考古学的資料操作のみで立論されてきたわけではない。しかし、銘文資料は経塚資料全体からすれば、ごく限られたものであることも確かである。そのため、文字が記されていない大半の資料こそが通常相手にする対象であり、そこでの考古学的思考法は研究を進めるうえでの絶対的な必要条件である。

中世史研究における考古学と文献史学との協業は、さすがにこの数十年でかなり浸透してきた。さらに多分野との学際的成果が積み上げられ、とくに分析化学からの指摘は時に驚くべき展開をもたらしてくれる。その一方で、考古学の発言力が弱まってきたともいわれている。しかしそういった状況であるからこそ、考古学は何ができるのか、何を特徴としているのかを念頭に置いて、資料に対峙せねばなるまい。中世史という学際的歴史学の実験場には、まだまだ考古学でなければできない重要な仕事がたくさん残されているのである。

註

(1) 経塚造営にあたり、勧進僧が重要な役割を担っていることは重ねて述べている通りであるが、あくまでも中心人物は発願者である願主である。願主名を記さずにその他の人物を記すとは考え難く、この経筒に唯一記されている「勧進僧厳与」は願主でもあろう。

(2) 寺伝等によると、経塚の発見は複数度にわたっており、九基以上の経塚がつくられていたと思われる。

（3）三宅敏之は、銘文に現われる六人と蓮覚が書写し、蓮覚のみ経筒に名が記されていないために経巻末に名を記したと考えている［三宅 一九六三］。一方、第八巻の筆跡には先の七人とは異なるものがみられるうえにもっとも格調が高いとして、清原信俊の自筆を示唆する考えもある［奈良国立博物館編 一九七七］。

図版出典

第1図［杉山 一九八三a］より、トレース。
第2図［杉山 一九八三b］より、トレース。
第3図1［小田 一九七九］、2［宮小路 一九九四］より、トレース。
第4図1・2［蔵田 一九六三］、大塚（1号経塚）［和田 一九〇四］より、トレース。

参考文献

小田富士雄　一九七九年「英彦山の経塚」『北九州市立歴史博物館研究紀要』一
鞍馬寺　一九六六年『国宝鞍馬寺経塚遺物修理報告書』
蔵田　蔵　一九六三年「経塚論 三─東京国立博物館保管、関東地方出土の経塚遺物（上）」『MUSEUM』一五二
杉山　洋　一九八三年a「同形態経筒について─佐賀県市丸経塚を中心として─」『古代文化』三五─三
杉山　洋　一九八三年b「熊野三山の経塚」『奈良国立文化財研究所創立三〇周年記念論文集 文化財論叢』
杉山　洋　一九八五年「四王寺型経筒」『MUSEUM』四一三
関　秀夫編　一九八五年『経塚遺文』東京堂出版
竹内理三編　一九六〇年『平安遺文 金石文編』東京堂
東京国立博物館編　一九八五年『那智経塚遺宝』東京美術
東京国立博物館編　一九八八年『経塚─関東とその周辺』
奈良国立博物館編　一九七七年『経塚遺宝』東京美術
豊前市教育委員会　一九七六年『求菩提山経塚』豊前市文化財調査報告書一
三宅敏之　一九五八年「経塚の営造について─藤原兼実の埋経を中心として」『史学雑誌』六七─一二
三宅敏之　一九六三年「平安時代埋経供養の一形態─清原信俊の埋経を中心として」『日本歴史』一八一
宮小路賀宏　一九九四年「観音寺経塚の調査」『九州歴史資料館研究論集』一九

村木二郎　一九九八年ａ「九州の経塚造営体制」『古文化談叢』四〇
村木二郎　一九九八年ｂ「近畿の経塚」『史林』八一―二
村木二郎　二〇〇三年「東日本の経塚の地域性」『国立歴史民俗博物館研究報告』一〇八
和歌山県史編さん委員会編　一九八三年『和歌山県史 考古資料』
和田千吉　一九〇四年「常陸国新治郡東城寺村経塚の研究」『考古界』四―五・六

鴨田遺跡出土の巡礼札が語るもの

高橋 慎一朗

1 何を読み取るか

出土文字資料は、わかりやすく豊富な情報を提供してくれる大変ありがたい史料であるが、その情報から、何を読み取るべきであろうか。ある遺跡の存在した「空間」の意味を確定するためには、遺物・遺構・遺跡のそれぞれを相対化して地域のなかに位置づけることが必要である［山口 二〇〇五］。出土文字資料が、そうした空間の意味の確定に役立つことは言うまでもない。出土文字資料そのものは遺物であるが、そこから読み取れる情報は、遺構・遺跡を分析するための素材ともなるのである。そこで、本稿では、滋賀県の鴨田遺跡出土の巡礼札を例にとり、遺物・遺構・遺跡の三つのレベルに即して、出土文字資料の読み解きを行ってみたい。

まず、鴨田遺跡の概要を述べておこう。鴨田遺跡は、滋賀県長浜市大辰巳町および大戌亥町にまたがる。弥生時代から古墳時代にかけての集落跡であるとともに、十二世紀から十六世紀の中世集落の跡でもある。中世には、遺跡の周辺に、青蓮院領坂田荘(楞厳院荘とも称す)と金剛勝院領下坂荘九条郷(のち三千院領)にまたがって、高野部《たかのべ》という集落があった。高野部に関しては、地元に「古くは高鍋と称した集落があったが、天正年間に南東方向に移住し、辰巳と名を変え、さらに大辰巳と改めた」との伝承があるが、現在の大辰巳町は、遺跡の東方に位置している［北村 一九九

三、重田 一九九四、重田・北村 一九九八、長浜市史編さん委 一九九八〕。
また、近世の北国街道は、遺跡の四〇〇㍍ほど西を通っているが、古代・中世にも北国街道に相当する道は存在していたと想定される〔長浜市史編さん委 二〇〇三〕。したがって、鴨田遺跡は、中世の幹線道路にも近い場所に位置していたと考えられる。

2　これは何か〜遺物のレベル

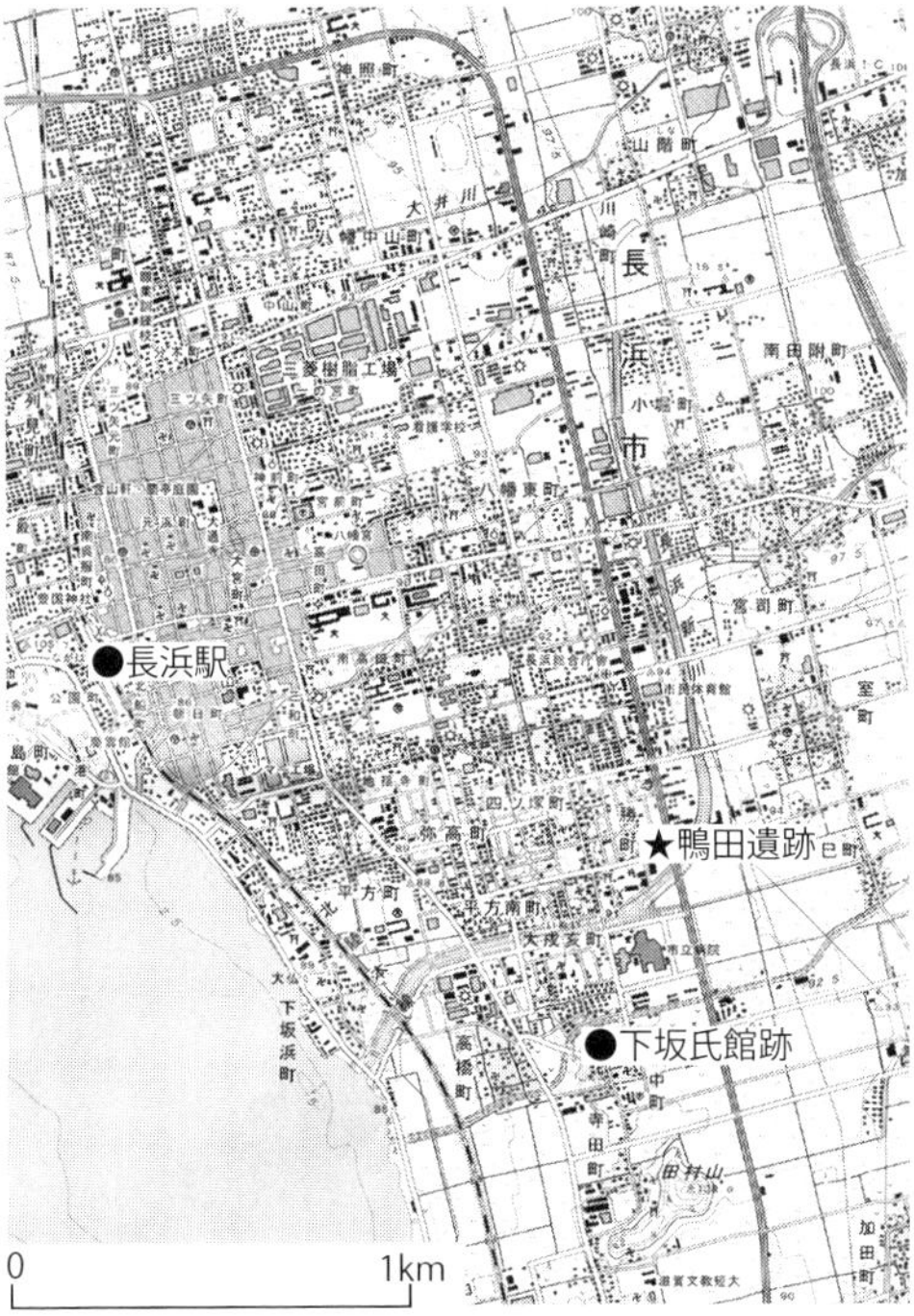

第１図　鴨田遺跡位置図

鴨田遺跡の一九九二年の発掘調査において、土坑状遺構より木製巡礼札が一点出土した。縦二一・二㌢、横四・四㌢、「長州住／（梵字サ）三十三所巡礼聖三人／宝徳四年」と墨書がある。故意に三つに折られており、廃棄されたと考えられる。

続いて、一九九三年の調査にて、東西方向の区画溝（集落内の区画溝で、条里遺構に重なる。最大幅三・五㍍、深さ六五㌢。坂田荘と下坂荘の境界でもあった）から、総数三〇点以上の木製巡礼札が出土した。これらも、一括して投棄されたものと考えられ、焼却の痕跡はないという。溝出土の巡礼札のうち、墨書が明瞭なものは一九点である［北村 一九九三、重田 一九九四・一九九五、滋賀県教委他 一九九七、安土城考古博 二〇一二］。なお、これらの巡礼札は滋賀県指定文化財に指定され、現在は滋賀県立安土城考古博物館の所蔵となっている。

そもそも、巡礼札とは何であろうか。順礼札とも書かれるが、巡礼者が参詣の記念とするため、または功徳を得るために、寺社に奉納した紙や木の札が、巡礼札である。札所寺院の天井や床下・長押などに奉納したり、壁や柱・天井に打ち付け、もしくは貼り付けたりした。札所寺院以外の場所にも残され、巡礼の途中に立ち寄った寺社に奉納したり、巡礼の出発や結願を記念して地元の寺社や地域の有名寺社に奉納したりしたものなどがある［稲城 一九九〇、安土城考古博 二〇一二］。

鴨田遺跡の巡礼札は、墨書から、西国三十三所巡礼の札であることがわかる。文献上で西国三十三所寺院への巡礼札奉納が明確に記されるのは十五世紀以降（『桂川地蔵記』による）で、現存最古の遺例は、兵庫の広峰神社（札所寺院ではない）の文安五年（一四四八）であるという［稲城 一九九〇］。鴨田遺跡の巡礼札は、宝徳四年（一四五二）の年紀が記されているので、かなり早い時期の例ということになる。

類似の事例としては、京都の六角堂頂法寺の北西、至近の場所にあたる、三条西殿跡遺跡から出土した巡礼札があげられる。この事例では、三条大路北側の素掘りの側溝から、三点の西国三十三所巡礼札が出土しており、いずれも穴があけられている。同じ溝から出土した他の遺物は、土師器・瓦器・陶器（備前・常滑風・美濃）・細蓮弁文青磁椀・雷文青磁椀・白磁・柿経・下駄・漆器椀・櫛・柄杓・曲物片・曲物底・木球・銀製かんざし頭部などである。遺物から推定される溝の年代は十五世紀末から十六世紀中葉頃という［定森 一九八一、平安博物館 一九八三］。

出土の状況から、三条西殿跡遺跡の巡礼札は投棄されたものと考えられる。遺跡に隣接する六角堂頂法寺は、西国三十三所札所の一つで、六角堂に打ち付けられた巡礼札が廃棄されたものである可能性が高いと考えられている［時枝二〇一四]。

それでは、巡礼札を溝などに廃棄するという行為は、広く行われていたのであろうか。近世の例であるが、天保三年(一八三二)刊の『諸国図会年中行事大成』によると、三井寺では毎年六月十七日の「札上」という行事で巡礼札を焼却していた。古い札は、定期的に処分されるのが一般的であったようである[稲城一九九〇]。

鴨田遺跡の巡礼札も、地元出身者の墨書は見られない上、一括して廃棄されたものとみられることから、いったんは他所から訪れた巡礼者によって寺社などに奉納されたのち、意図的に廃棄されたと思われる。ただし、筆者が現物を観察させていただいた結果によれば、いずれの札にも釘穴の痕跡は認められず、釘で打ち付けたものではないと思われる。

ちなみに、本稿では詳しくは触れないが、巡礼札の墨書からは、巡礼者の身分についても考察が可能である。すなわち、墨書に署名している人物は、聖や僧が多く、俗人は少ないことがわかっている[滋賀県教委他一九九七]。同様に、墨書に見える巡礼者の出身地からも、さまざま分析が可能であるが、ここでは言及しない。

3　どのような施設の跡か～遺構のレベル

次に、鴨田遺跡のなかで、巡礼札が出土した地点は、どのような施設があったかを考えてみることにする。一九九二年の調査で巡礼札が一点のみ出土した土坑は、大量の巡礼札出土があった溝の約三㍍北側に位置するが、他の出土遺物はなかった。いっぽう、翌年三〇点以上の巡礼札が出土した区画溝からは、下駄・曲物のほか、銅銭(宣徳通宝。一四三三年初鋳)・土師皿(燈明皿か)・美濃皿・山茶碗・無釉の焼き締めの鉢(色調は須恵器に近い青灰色。十三世紀前半ごろの常滑焼の可能性あり)・信楽甕・信楽鉢・木製地蔵像などの出土が報告されている[重田一九九六、滋賀県教委他一

九九七、重田・北村 一九九八〕。同じ溝の東寄りの場所(巡礼札の出土場所からは二〇㍍ほど離れる)からは、多数の石製五輪塔や石仏が出土したという〔重田・北村 一九九八〕。

溝の出土遺物は、日常的な生活用品も多く、様々な品物が広く投棄されるような溝であったと考えられるが、至近の距離に宗教的施設があったことを示唆する遺物も見られる。ちなみに、巡礼札が投棄されていたことから、この溝に流すこと自体に供養の意味があったとみることもできるが、先に触れたように、別の土坑においても巡礼札一点が廃棄されていることを考え合わせれば、区画溝そのものに特別な性格はなかったものと言える。

また、区画溝の四㍍ほど北側に位置する、素掘りの井戸跡と推定される土坑からは、十数片の土器・一枚の木札・銅製花瓶・銅製燭台が出土している。さらに、付近の小字名として、「東堂前」・「北寺田」・「南寺田」があり、堂前神社跡を伝える石碑も残されている〔滋賀県教委他 一九九七、重田・北村 一九九八〕。

滋賀県坂田郡教育会編『改訂近江国坂田郡志』(一九四一年)の「第二十編　廃寺」の叙述によれば、文明十二年(一四八〇)九月五日の伊吹山観音寺仏田目録(観音寺蔵)に「高野部ノ勝楽寺」が見えるという(残念ながら、筆者は現在まで、典拠史料そのものを確認できていない)。高野部の「勝楽寺」については、他の史料が全くないため、実態は不明であるが、高野部に寺院・仏堂が存在したことは確かである。

以上のことから、巡礼札が出土した地点の付近(とりわけ区画溝の北側)には、十五世紀から十六世紀にかけて、仏堂のような宗教的施設が存在したと考えられる。つまり、区画溝周辺の遺構は高野部村の仏堂跡かと考えられるのであるが、瓦や寺の建物跡自体は確認できないという〔重田 一九九六〕。この見解に従えば、未調査地区に仏堂があったということになろう。ただし、数棟の掘立柱建物の跡は確認されているので〔重田 一九九五、滋賀県教委他 一九九七〕、ごく簡素な堂があった可能性は否定できない。

4　ここはどのような場所か〜遺跡のレベル

続いて、鴨田遺跡が存在した場所の意味を考えたい。実は、西国三十三所巡礼札が出土しているのにもかかわらず、鴨田遺跡の近辺には札所寺院は存在しない。西国三十三所巡礼の近世の正規のルートは、十三番石山寺(大津市)〜十四番三井寺(大津市)〜十五番今熊野観音寺(京都市東山区)と回った後、京都・大阪・播磨・丹後の札所を巡り、二十九番松尾寺(京都府舞鶴市)を経て、今津から琵琶湖を渡り、三十番竹生島宝厳寺(琵琶湖経由)〜三十一番長命寺(近江八幡市)〜三十二番観音正寺(近江八幡市)〜三十三番華厳寺(岐阜県揖斐川町)と回って終了する(第2図)。

鴨田遺跡は、この正規ルート上には位置していない。ただし、戦国期の下坂には湊があり、長浜から北国街道・中山道経由で観音正寺・長命寺へ向かう陸路も想定可能である。その場合、遺跡は竹生島宝厳寺から観音正寺・長命寺へ向かうルートの周辺に位置することになる。また、遺跡の北には近世の「たにぐみ道」が存在し[長浜市史編さん委二〇〇三]、谷汲山華厳寺へ通じる道が中世にも遺跡周辺を通っていた可能性もある。

近世後期の事例ではあるが、十三番石山寺〜三十二番観音正寺〜三十一番長命寺〜十四番三井寺と回り、その後京都周辺の札所を経て、二十九番松尾寺〜三十番竹生島宝厳寺とまわり、竹生島から船で長浜に渡り、華厳寺へ向かう、正規ルートとは別のルートも存在していた。このルートをとる場合は、竹生島〜長命寺間の十里の航路が、竹生島〜長浜の二里に短縮されることになり、危険な琵琶湖航路を短縮する目的で派生した経路かと推測されている[田中二〇〇四]。

以上のようなことから、鴨田遺跡は、いくつか存在した巡礼ルートのうちの一つに沿った集落であったと考えられる。

第２図　巡礼関係図

それでは、鴨田遺跡に存在したと思われる仏堂は、札所寺院ではなく、いわゆる「在地霊場」であったのであろうか。「霊場とは、宗教家によって由緒や霊験が説かれた神仏が祀られ、多くの信者が自由に参詣できる聖地」であり、霊場遺跡では、寺院・経塚・墓地などの遺跡が、相互に関連をもちつつ遺跡群として存在するものと規定される[時枝 二〇一四]。しかしながら、鴨田遺跡周辺において、由緒や霊験の語られるような仏堂の存在は、文献上は確認できない。したがって、際立った特徴を持つような、聖地・霊場とまでは言えないであろう。

そうであるならば、中世集落のはずれや境界の地に立つ村堂のような存在であろうか。北越後の会津との境に位置する仏堂に残る戦国末の落書きからは、諸国廻国の六十六部聖や物見遊山の旅人、伊達氏に滅ぼされて逃亡中の蘆名氏の家中などが宿泊したことが知られる。宿泊した旅人の出身地が思いのほか広く、村はずれの神社や仏堂は広く世間に開かれていたことが指摘されている［藤木 一九九八］。

それに対して、鴨田遺跡の巡礼札出土地点は荘園の境にはあたるが、高野部の集落のはずれとは言えない［重田・北村 一九九八］。むしろ、鴨田遺跡の仏堂は、集落内の仏堂であり、宿の辻堂に類するものではなかろうか。中世において、街道筋における宿の辻堂と、人離れした山中などにおける辻堂が、旅人の宿泊所として機能していたことが知られる［保立 一九八六］。巡礼や旅人の宿泊・休憩施設として、熊野古道などでは、接待所・旦過などと呼ばれる施設が設けられており、その一部は仏堂を兼ねていたのである［相田 一九八三、榎原 二〇一二］。

したがって、鴨田遺跡の仏堂も、宿泊所を兼ねた仏堂と見るのが妥当ではなかろうか［重田 一九九六］。巡礼ルート上の宿泊施設を兼ねた仏堂は、在地の有力者による創建・支援によるものが多かったが、鴨田遺跡の場合は、たとえば、十五世紀の史料に見える「高野部ノ大蔵殿」（史料纂集『近江大原観音寺文書　第一』一四四号）［重田・北村 一九九八］などがそうした有力者の候補にあげられる。また、在地領主下坂氏も、候補にあげることができる。下坂氏は、南北朝期から活動が確認される氏族であり、遺跡の六〇〇㍍ほど南方に下坂氏館跡（下坂中町）が残されている。下坂氏は、屋敷隣接地に菩提寺の不断光院を創建しており、室町期には猿楽の下坂座も存在するなど、宗教や文化活動に積極的に関わっていたと想像される［長浜市史編さん委 二〇〇三］。ただし、そうなると、現在までに確認されている掘立柱建物では、有力氏族の建立した仏堂としてはいささか簡素に過ぎるとも思われ、即断は留保したい。

5　年紀の集中は何を意味するか

鴨田遺跡の巡礼札について、もう一つ着目すべきことは、年紀の確認できるものがすべて宝徳四年(一四五二)三月から五月に集中(一五点)している[重田一九九四・一九九五、安土城考古博二〇一一]、ということである。その理由は、いったい何であろうか。

まず宝徳四年という年を概観してみると、京都周辺では疱瘡が流行し、四・五月には日照りが続いた。七月には、疱瘡流行と三合(陰陽道で厄年とされる)を理由として、享徳と改元されている[藤木二〇〇七など]。一般的な状況として、疱瘡の流行が遺跡の周辺まで及んでいた可能性はあろう。

発掘担当者は、「本来の巡礼道で交通障害がおこり、当該地に迂回道がひらかれたことなどが考えられる」とし、「巡礼札は宝徳4年以降も奉納された状態で伝世し、集落の放棄にあたって処分された」との見解を示している。なお、集落の放棄は、天正年間(一五七三〜九二)に移動という伝承と、遺物が十五〜十六世紀のものということから、十六世紀代と想定されている[重田・北村一九九八]。

右の想定よれば、宝徳四年という年のみ、一時的に巡礼者が仏堂に宿泊した、ということになるが、先に見た遺跡の場所の意味をふまえると、恒常的な巡礼宿泊所兼仏堂であったと考えたほうが良いのではなかろうか。しかし、そう考えると、宝徳四年以外の巡礼札はどうなったのかが問題となる。

一つの可能性は、年ごとに違う場所に投棄していた、ということである。たまたま宝徳四年分は区画溝等に一括廃棄され、発掘により出土したが、他の年の分は別の場所にいまだ眠っている、ということである。しかし、周辺から他の巡礼札が一切出土していないことからみて、その可能性は低いであろう。

もう一つの可能性は、他の年は、年末などの特定の期日に焼却処分していたが、宝徳四年の分だけは何らかの理由で焼却処分できずにそのまま廃棄した、ということである。中世の札の処分方法はよくわかっていないが、一括廃棄された札の出土例がほとんどないことから、逆に焼却処分することが一般的だったと考えられる。鴨田遺跡の場合も、通常の年は焼却処分されていたのだとしたら、他の年の巡礼札が出土しないことは当然のことである。では、何らかの理由とは何か。

『経覚私要抄』文安四年(一四四七)二月十一日条に、物狂いの女が興福寺南円堂前の木に打ち付けられていた巡礼札を取り集めて南円堂の壇上で焼き、騒ぎになったという記事が見られるが、付近の住人が付け木などの用途のために勝手に巡礼札を持ち出すようなこともあったのではなかろうか。鴨田遺跡の場合は、焼却処分される前に持ち出されたものの、未使用のまま放棄されたということになる。それにしては、三〇点ほどの一括廃棄とは、やや数が多いように感じられる。

より可能性が高いと思われるのは、宝徳四年五月ごろに、仏堂の廃棄・移転などの劇的な変化があった、ということである。銅製花瓶・燭台が巡礼札出土地点近くの井戸跡に廃棄されていたことも、そのことを裏付けている。焼却という正規の手続きを踏む余裕がないまま、手ごろな場所に廃棄されたのではなかろうか。あるいは、この年に起こった疱瘡の流行も、仏堂の変化に関わっていたかもしれない。

出土文字資料のもたらす豊富な情報に甘えて、あれこれと可能性ばかりを述べ立てて来たが、依然として不確かな点が多々残ってしまった。しかし、文字資料そのものの情報にとどまらず、共伴遺物などの考古学の総合的情報と、文献史料、画像資料そのほか様々な資料を総動員することによって、より豊かな中世像を描き出すことができることは確かである。

参考文献

相田二郎　一九八三年「中世の接待所」『中世の関所』吉川弘文館
安土城考古博物館編　二〇一一年『近江の観音像と西国三十三所巡礼』安土城考古博物館
稲城信子　一九九〇年「順礼札からみた西国三十三所信仰」浅野清編『西国三十三所霊場寺院の総合的研究』中央公論美術出版

榎原雅治　二〇一二年「都市という場の宗教性」高埜・安田編『新体系日本史15　宗教社会史』山川出版社
北村圭弘　一九九三年「滋賀・鴨田遺跡」『木簡研究』一五号
定森秀夫　一九八一年「三条西殿跡出土の巡礼札」『古代文化』三三巻一二号
滋賀県教育委員会文化財保護課・滋賀県文化財保護協会編　一九九七年『大戌亥遺跡Ⅱ・鴨田遺跡Ⅳ』滋賀県教育委員会文化財保護課・滋賀県文化財保護協会
重田　勉　一九九四年「滋賀・鴨田遺跡」『木簡研究』一六号
重田　勉　一九九五年「西国三十三所巡礼の貴重資料出土　長浜市大辰巳町　鴨田遺跡」『滋賀文化財だより』二一〇
重田　勉　一九九六年「巡礼者の宿―鴨田遺跡出土の巡礼札より―」『滋賀県文化財保護協会　紀要』九号
重田勉・北村圭弘　一九九八年「高野部村の発見―長浜市鴨田遺跡の中世集落跡―」『滋賀文化財だより』二四八
田中智彦　二〇〇四年『聖地を巡る人と道』岩田書院
時枝　務　二〇一四年『霊場の考古学』高志書院
長浜市史編さん委員会編　一九九八年『長浜市史　第2巻　秀吉の誕生』長浜市役所
長浜市史編さん委員会編　二〇〇三年『長浜市史　第7巻　地域文化財』長浜市役所
藤木久志　一九九八年「村堂の落書き―『忘れられた霊場』によせて―」『戦国の作法　村の紛争解決』平凡社
藤木久志編　二〇〇七年『日本中世気象災害史年表稿』高志書院
保立道久　一九八六年「宿と市町の景観」『季刊　自然と文化』一三号
平安博物館考古学第三研究室編　一九八三年『平安京跡研究調査報告　第7輯　三條西殿跡』古代学協会
山口博之　二〇〇五年「空間の考古資料論―遊佐荘大楯遺跡の空間―」小野・五味・萩原編『モノとココロの資料学　中世史料論の新段階』高志書院

III

場を解く

城と聖地――近年の「城とは何か」論にふれて――

中澤 克昭

はじめに

人々の行動や反応の仕方を規定する環境・条件として「場」をとらえる。そうした視座から、中世の人々が生きた「場」の特質を考えようとする研究は、網野善彦氏の『無縁・公界・楽』(平凡社、一九七八年)や石井進氏の「都市鎌倉における「地獄」の風景」(御家人制研究会編『御家人制の研究』吉川弘文館、一九八一年)などを嚆矢として活発になった。一九八〇年代から九〇年代にかけて、中世考古学と文献史学の協同により、様々な「場」の特質をめぐる議論が進展したことは衆目の一致するところであろう。その成果は、例えば一九八六年創刊の『週刊朝日百科 日本の歴史』中世Ⅰ~Ⅲ各巻や一九八八年から刊行された『よみがえる中世』(平凡社)各巻に見てとることができるし、一九九〇年に始まったシンポジウム「考古学と中世史研究―中世考古学及び隣接諸学から―」でも、「都市」や「墳墓」などの「場」とそこに生きた人々との関係が議論された。これらは、のちに「社会史ブーム」と称されることになる研究動向のなかでも、枢要な位置を占めていたと言えよう。

二〇〇三年からの「考古学と中世史」シンポジウムでも、「場」というキイワードはくりかえし用いられた。しかしそれは（結果的にだが）、濫用による陳腐化を促進する役割をはたしていたのかもしれない。近年、「場」の特質を問題とする論考にであうことは少なく、例えば、「町場」について論じられることはあっても、「都市的な場」などという論じ方はされない。しかし筆者は、考古学と文献史学、さらに建築史学や地理学・民俗学・文学など様々な分野の協同によって「場」を読み解くことの重要性は、いささかも失われていないと考えている。かつて議論された「場」について再考することで見えてくることもあるにちがいない。

中世の城館をある種の空間＝「場」ととらえ、その特質を考える。そうした視座をいち早く提示したのは市村高男氏だった。市村氏は一九八七年に、中世前期の「城郭」は「寺院・神社の境内などを意識的に占拠する形で構えられる場合が多く、占拠する空間＝「場」を一種の「聖域」としようという意図を読み取ることができる」と指摘している[1]。短い文章で発表されたため具体的な検証はほとんどなかったが、網野氏が描き出した「都市的な場」と城館とを「聖域」という特質で結び付けようとした、研究史上画期的な提言であった。

網野氏と石井氏が、北海道上ノ国の勝山館をめぐる鼎談で、「日本の城を根底から考え直す必要」を迫ったのは一九九二年のことだった。網野氏は沖縄のグスクが聖地でもあり墓でもあること、アイヌのチャシも同じような機能を持っていることに言及して「日本の社会の館もそういう性質を持っていると考えた方がよい」と発言。石井氏も、「後方にあの秀麗な夷王山があり、中腹には墳墓群、その下に勝山館。本丸には館神八幡宮が祀られ、入口には上国寺が建つ。そうして夷王山自体には開祖の武田信広を葬った」と勝山館の聖地性を強調し、日本の城について軍事的な構築物としてとらえるだけでなく、その本質を考え直す必要があると説いた[2]。

こうした問題提起をうけて、一九九九年の拙著『中世の武力と城郭』（吉川弘文館、以下「拙著」とする）では、中世の城郭を空間として把握し、その特質を探り、山岳修験を中心に城と聖地の関係について考えた。さらに、古代・中世の城郭観をたどり、言説と実態の関係について近世成立期まで論じたつもりである。しかし、近世成立期における城そのものの変化については独自の考察ができなかったため、二〇一二～一四年、近世の城と城下町について再考する研究会に参加し、あらためてこの問題に取り組み、二本の論考で私見をまとめた[3]。拙著執筆時の認識、とりわけ近世の政治と宗教の関係についての理解が誤っていたことを反省し、近世城郭は新たに創出された一種の聖地であったことを論じている。こうした近世への見通しが得られた以上、中世の城館の特質、とりわけ聖地との関係についても再考しなければならないだろう。

研究の到達点や問題の所在を確認しなければならないが、本稿では主に齋藤慎一氏の近業をとりあげたい[4]。周知のとおり同氏には、『中世東国の領域と城館』（吉川弘文館、二〇〇二）と『中世東国の道と城館』（東京大学出版会、二〇一〇）の両大著がある。しかしここで注目したいのは、「城とは何か」を問う『中世武士の城』（吉川弘文館、二〇〇六年、以下「『武士』」と略称する）と、その問題意識が貫かれている、つぎの諸論考である。

「中世城館の規範性」橋口定志編『中世社会への視角』（高志書院、二〇一三年）→以下、「「規範性」」と略す。

「「大江戸と洛中～アジアのなかの都市景観～」展の視角」東京都江戸東京博物館編『大江戸と洛中～アジアのなかの都市景観～』（同館、二〇一四年）→以下、「「大江戸」」と略す。

「15世紀の城館」萩原三雄・中井均編『中世城館の考古学』（高志書院、二〇一四年）→以下、「「15世紀」」と略す。

「南北朝内乱と城館―一三三〇年代の様相―」齋藤氏編『城館と中世史料―機能論の探求―』（高志書院、二〇一五年）→以下、「「南北朝」」と略す。

これら齋藤氏の近業は、『歴史評論』の特集「歴史学の焦点」に掲載された竹井英文氏の「城郭研究の現在」でもとりあげられた。いわゆる「杉山城問題」を中心に、「ここ一〇年ほどの城郭研究の状況を紹介しつつ、今後の展望を示すこと」をめざした竹井氏は、「城郭研究の新たな課題」のひとつとして、つぎのように「城とは何か」という

問題をとりあげている。(5)

近年「城とは何か」という哲学的な問いが議論され始めるようになっている。これまでの城郭研究が研究対象としてきた「城」とは、土塁・堀で囲まれた防御・軍事施設としてのそれであるが、果たしてそのイメージのみで「中世の城」をすべて語ることができるのかという、根本的な疑問が提示され始めている。この部分の注に、齋藤氏の『武士』・「規範性」・「15世紀」とあわせて拙著があげられている。「ここ一〇年」あるいは「近年」に含めるのは不適切な拙著が掲出されること自体、「城とは何か」という議論が必ずしも活況を呈しているわけではないということを示していると言えよう。そうしたなか、ひとり齋藤氏がこの問題に真摯に向き合い、論考を発表し続けているのが現状なのだろう。議論の活性化を期し、あえて批判的に検討したい。

1　齋藤慎一氏の近業

齋藤氏の近業のうち、「城とは何か」論に直接関係する著作とその概要を確認しておこう。

先述のとおり、齋藤氏が「城とは何か」という問いを言挙げしたのは『武士』であった。中世の城＝戦争の場ととらえられてきたことを相対化すべく、政治の場、日常的な生活の場でもあったことを強調し、「極楽往生」「現世利益」をキイワードにして武士の本拠を再考しようとするところに新味がある。文献史料はもとより、地名や地形、考古学の知見をも駆使して御家人の本拠の景観が復元されているのは齋藤氏ならではの成果と言えようが、すでにこの『武士』に、中世から近世にかけての築城や都市設計の基底には都城制の論理があったのではないかとする、この後、一連の論考で展開されることになる説がみえることを確認しておきたい。

「規範性」は、橋口定志氏が「阿保境タイプ」と分類した「十三世紀後半に現れる「二重方形区画」」に着目し、下野国小山を中心に東国の中世城館の展開を考察したものだが、文献史料から「内城」・「外城」という語彙を抽出し、それを「二重方形区画」や下古館遺跡と結び付けようとする。その上で、「内城」・「外城」の語彙は都城制に関係するとして、『高麗史』や『李朝実録』にも見えることを指摘し、十四世紀後半～十五世紀前半の城郭の構造は、東アジアの都市設計の影響をうけていたのではないかと推理する。

齋藤氏の持論は、博物館の展示に活かされた。「大江戸」は、その図録に掲載された解説文である。『太平御覧』、渡来僧あるいは舶来絵画などにより、中国の都市設計の論理が日本列島にもたらされており、その影響をうけた日本中世の地方都市の空間構成には、つぎのような三段階の変遷過程があったとする。第一段階は十三世紀後半から十四世紀前半で、「城」と「郭」の二重方形区画が成り立ったという。方形に堀や土塁を廻らし、戦時はこの周囲に乱杭や逆茂木による柵が想定される。内側の方形区画が「城」、外側の区画が「郭」で、「郭」は臨時性が強く、視覚的に存在しない場合もあったという。第二段階は十四世紀前半から十五世紀前半で、「郭」が恒常的に設置され、「外城」と呼ばれるようになり、内側の「城」は「内城」と呼ばれることもあったという。十五世紀後半に始まる第三段階は、「外城」が二重ないし三重の屈曲をともなった複雑な構成になり、「実城」「中城」といった中核部分がより軍事性を帯び、場合によっては「外城」とともに要害化し、独特な構造をもつに至る。これが戦国時代に「城」として意識されるようになり、新しい「城」概念に生まれ変わり、江戸時代へと連なると説く。

「15世紀」は、同世紀の文献史料を博捜し、「城」・「館」・「城郭」・「要害」といった語彙を抽出した労作で、巻末にはA4で一〇頁もの語彙一覧表が付されている。抽出された語彙が、先の「大江戸」で示された三段階の変遷に沿って解釈されており、変遷第二段階の考証編あるいは史料編になっていると言ってよいだろう。

「南北朝」は、齋藤氏編の論集に掲載されたもので、問題意識や方法は「15世紀」を継承し、考察対象を一三三〇年代として史料を博捜している。巻末の「1330年代の城館一覧表」は圧巻で、出典一覧まで含めれば二五頁に達する。当該期の城館の臨時性と軍事的な性格が確認されているほか、地域性についての考察も興味深い。最後に、この年代の史料に「外城」の語が見出せないことから、「恒常的な施設である「外城」を持つ二重方形区画の構造を持つ城館は一三四〇年代以降に登場する」と、持論の三段階説を精緻化しようとしている。

以上が、「城とは何か」論に関する齋藤氏の近業で、その特徴は、①「城とは何か」という根源的な問いかけ、②文献史料の博捜、とりわけ古文書にみえる語彙の渉猟、③東アジアの都市空間設計という観点、この三つに集約できよう。まず①と②、つぎに③について検討したい。その上で、城と聖地の関係に言及する。

2　「城とは何か」論とその史料をめぐって

(1)　研究史の認識

村田・橋口論争

『武士』、「15世紀」、そして最近の編著『城館と中世史料』の「序」でもとりあげられているとおり、齋藤氏の近業を貫く問題意識の起点の一つは、いわゆる「村田・橋口論争」である。[6]城を軍事のみで見てきたことを反省し、橋口氏の「城は軍事に限定されるものではない」という見方を踏襲しようとする齋藤氏の論調は、『武士』から「15世紀」まで一貫していると言えよう。齋藤氏のみならず竹井氏も、「城とは何か」論の意義について、「「城郭の本質は軍事施設である」として軍事的な観点を中心に研究を進めていくべきなのか、それともそれ以外の側面も含めて全体として検討していくべきなのかという、古くて新しい問題とも関わる」と述べ、村田・橋口論争の論点が今も重要な問題だという認識を示している。

村田・橋口論争が、城郭研究史上、画期的なものであったことはまちがいない。[7]しかし、その論点は、そのまま今も私たちの眼前にあるだろうか。拙著では、村田・橋口論争のような議論を止揚することをめざして、城郭観について考察した。確認しておきたいのは、古代の城柵以来、中世の史料上も「城」・「城郭」は武力の発動にともなって出現するということである。古代にはいわば国策として朝廷が城柵を構築したが、九世紀末以降、中世的王土思想が形成されるとともに、国内に戦争状態を認めようとはしなくなったため、「城」・「城郭」は公的には構築されなくなり、「城」・「城郭」は私的な武力の発動としてあらわれるようになる。それ故、朝廷や幕府はそれらを「退治」・「破却」すべき対象とした。中世後期には、恒常的に維持され、日常生活の場あるいは政治の場となった「御城」もあらわれるが、「城」・「城郭」を構えることは武力の発動であり、軍事と関係していると考える伝統的な城郭観も併存していたことはあきらかである。(8)

問題の語彙が、各時代にどのような意味・文脈で用いられていたのかを確認することは、史料を読む上で必須の作業だが、中世の城館について、これを徹底しようとする研究は少なかった。「城」・「城郭」が構えられた「場」を考えるためには軍事以外の観点も必要だが、村田氏の研究は、その「場」について考察しようとする姿勢が乏しい。一方、構えられた「城」・「城郭」の考察には、軍事的な観点が必要不可欠である。「軍事的な観点を中心に研究を進めていくべきなのか、それともそれ以外の側面も含めて全体として検討していくべきなのか」という、かみ合わない二項対立に拘泥する研究段階はすでに終わっていると言わざるをえない。史料に即してみればあきらかなことで、齋藤氏も最近の「南北朝」においては、「城」は戦闘状態にあったことと関係していたと認めている。

中世前期の城館　齋藤氏は「南北朝」で、村田修三氏の「中世前期は「館」と「防塁・阻塞類」の時代」(9)という見解を考察の前提とし、「これを具体的に検証し、再構築する作業は、まだ手付かずの状況にある」と述べている。しかし、この研究史認識にも疑問を禁じえない。

拙著でも批判したとおり、村田氏の「中世前期は「館」と「防塁・阻塞類」の時代」という理解は、戦国期の城郭へ到る発達の過程を説明する中で示されたものに過ぎず、具体的な検証は乏しく、何より中世前期の城郭を中世前期の社会に固有の存在として認識しようとしていない。村田氏は、山城は南北朝期以降に「発達」するが、山地の要害性を活用して設けられた中世前期の山城は、「曲輪を主体とする中世城郭の歴史の中では未熟である」と述べている。[10]この「未熟」という表現に、村田氏の立脚点がよくあらわれていると言えよう。

寺院の城郭もほとんど意識されていない。寺社勢力の城郭は史料上、武士の城郭に先行しており、以後、戦国期まで見られ、武士の城に与えた影響も小さくなかったと考えられる。「仏院」・「坊」・「大湯屋」などに城郭が構えられた。それらは、「館」だろうか、あるいは「防塁・阻塞」だろうか。いうまでもなく、そのどちらも実態の理解には不適切である。村田氏のような見方では、こうした寺院の城郭について考えることができない。[11]

合戦・紛争などの非日常的事態に際し立て籠もるために創出された特異な空間＝「場」、という市村高男氏の指摘によって、この時代の城郭を単に構築物としてだけでなく、ある種の空間として認識する視座が得られ、村田氏のような見方は相対化された。ところが、その後も市村氏の指摘を活かそうとする研究は少ない。拙著はあえて中世前期の実態について考察し、「城」・「城郭」は武力発動の一形態で、構築される場所は、山岳、道路・坂、寺社、集落など多様だったことをあきらかにした。市村氏が指摘したとおり、日常的には「城」と称されなかった「場」が、戦時に「城」・「城郭」と化したのである。「館」・「防塁・阻塞類」という構築物としての評価のみを中世城郭の出発点とする認識は、すでに批判され、相対化されているのであって、今も村田説が到達点だと言うのであれば、市村氏の提言や拙論を否定する必要があるだろう。[12]

(2)「城」と「郭」をめぐって

言葉と実態

「規範性」・「15世紀」・「南北朝」は、文献史料とりわけ古文書にみえる語彙を渉猟しているところに方法的な特徴がある。それによって例えば、十四世紀まで頻繁に用いられた「城郭」という表記が、十五世紀になると激減する、あるいは、「要害」の語彙は十五世紀後半に頻出するといった興味深い傾向があきらかにされた[13]。しかし、中世の「城」・「城郭」を都城制に結び付けて解釈しようとする過程と結論は理解できない。古代都城に関する研究[14]を参照し、「城」と「郭」にわけて論じているが、それは日本中世の城館にもあてはまるのだろうか。例えば「15世紀」では、「「城」と「郭」の二重構造は「内城」「外城」の二重構造との関係も明らかである」と述べられているが、それは証明されているだろうか。

自明のことだが確認しておきたいのは、一つの文字が一つの意味で用いられていたとは限らないということである。「城」という語には、少なくとももつぎのような字義があった[15]。都市を囲む壁（城ａ）。城壁をめぐらした都（城ｂ）。（城壁の有無に関係なく）都、宮都（城ｃ）。この三つはヤマトに伝わった後、近代にいたるまで用いられたのであり、その用例は枚挙にいとまがない。これらに加えて、日本で派生した字義があった。古代、西日本各地に構築された朝鮮式山城や九世紀初めまで続けられた対「蝦夷」戦争のために構築された「城」は、城ａ～ｃとは異なっていた。朝鮮式山城も東北の城柵も、対外戦争のために構築されたことはあきらかで、ここに日本独自の「城」の字義が発生する（城ｄ）。それらの多くは、石塁・土塁・築地などをめぐらした施設であったが、重要なことは、その施設が軍事的な機能をもった時に「城」と呼称されたということである。古代の陸奥・出羽両国の政庁は、蝦夷に対峙するものとして「城」とされ、三関は非常に備える軍事的機能をもって「城」と呼称された。寺院の場合も、その寺を軍事的な拠点として用いた時に「城」と称したが、そのことにより寺院の本来的な役割や性格が変化するわけではない[16]。

さらに、古代東北の立郡記事は城柵の造営記事に先行しないこと、城柵の造営記事の前段階は「男勝村」・「胆沢之地」・「志波村」などと表現されていること、文献上において城には施設名のみを指す場合とその施設を含めた一定の拡がりを意味する場合とがあることなどから、「臨時的な軍政区」とでも言うべき用法があったこともあきらかである[17]（城ｅ）。この場合も、軍事的な機能を負ったときに「城」と称されていたことに注意したい。中世に同様の行政措置が行われたわけではないが、ｄやｅに通底する城郭観（「城」＝軍事的な機能を持つ空間）は、六国史の時代から中世にいたるまで王朝の貴族たちのなかに生き続けた。

中世後期以降の「城」については、「在地領主の居所」や「領域支配の拠点」、あるいは「地域住民の避難場所」といった字義を加えなければならないだろうし、近世城郭は「将軍および大名の宮殿であり政庁」とでもしなければならないだろう。このほか、「相城」（＝相模国）や「傾城」、「奥津城」（＝墓）のような用例も視野に入れれば、「城」の字義はさらに増える。いうまでもなく、同じ「城」の字を用いているからといって、必ずしも同じ構造や性質をもつわけではない。

他の言葉におきかえて考えてみよう。例えば、「府」である。[18]「府」の字は、「家」を表す「广」と、「あつまる」あるいは「たのみゆだねる」という意味の「付」からなり、「物のあつまる家」、「文書・財物をたのみゆだねる家」すなわち「くら」を意味した（府ａ）。王朝の文書・財物などを納めておく所ということから、役人が事務をとる所、役所（府ｂ）という意味が派生し、人や事物の多く集まる、物事の中心（府ｃ、「学問の府」など）という意味も派生したと考えられる。さらに、唐以降清まで設けられた地方行政区画の一つに「府」があり、州・県を統轄した（府ｄ）。「府」はａ～ｃの字義とともにヤマトに伝わり、いずれの字義でも用いられた。特にｂは、「近衛府」・「国府」・「大宰府」など、ひろく用いられ、その役職にある人物の称にも用いられた（内大臣＝「内府」など）。起源はｂかｃであろうが、「府中」・「甲府」といった一国の中心地を「府」と称することも行われた（府ｅ）。近世、江戸を「府」（「在府」・「出府」など）と称した（府ｆ）のも、この延長線上に位置付けられよう。近代以降、「総理府」・「内閣府」など、国の行政機関の称として用いた（府ｇ）のは府ｂ、さらに都・道・県とならぶ地方公共団体の一つとして「府」を設定した（府ｈ、京都府・大阪府など）のは府ｄの影響であろう。

いうまでもなく、同じ「府」の字を用いていても、ａ～ｈは同じ構造や性質をもつわけではない。「平安城」「京城」「洛城」など「城」を付した京都の異称に着目し、その「城」と紛争に際して構えられた「城」とを同一視しようとする齋藤氏は、これまでの「中世城館研究の理解では」、「「平安城」「京城」「洛城」の語彙を説明することは困難」とするが（「15世紀」四五四頁など）、当然であろう。それらは近代にいたるまで散見される城bあるいはcの用例であって、城d・eと同一視して両者に共通の構造を見出そうとすることに無理がある。

「鎌倉城」の解釈　中世における城d（およびe）が認識されていないために、いまだに「鎌倉城」の解釈が錯綜している。竹井英文氏は「「城とは何か」という哲学的な問い」を説明する際、「たとえば、源頼朝の時代の鎌倉は「鎌倉城」と呼ばれることがあるが、この「城」は防御・軍事施設ではなく、都市鎌倉という空間を指す言葉として使用されているのである」と述べている。竹井氏は齋藤氏の『武士』・「規範性」・「15世紀」だけでなく拙著も典拠としてあげているが、竹井氏の「鎌倉城」の説明は齋藤氏が『武士』で述べたことの要約であって、拙論を無視したものと言わざるをえない。齋藤氏も竹井氏も、城a〜cと城d・eとを混同している。

鎌倉時代に鎌倉を「鎌倉城」と記した史料は、管見の限り、九条兼実の日記『玉葉』のみである。治承・寿永の内乱期、兼実のもとには頼朝が義仲追討のために上洛するらしいこと、その頼朝を奥州の藤原秀衡が襲おうとしていることなど内乱状態であることは伝わっているものの、不正確な「伝聞」が多く、兼実が鎌倉の空間構造を認識して「鎌倉城」と記したとは考えられない。兼実が「鎌倉城」と記したのは、頼朝が軍を動かしており、その本拠地である鎌倉が軍事的な機能を帯びていると認識していたからで、城dにほかならない。それ故、蝦夷との軍事的緊張が解消されたと判断されると「城」と称されなくなった東北の城柵（多賀城→「多賀国府」など）と同じように、内乱が終息して、軍事的色彩が希薄になると、鎌倉も「城」と称されなくなったのである。[19]

この「鎌倉城」を都城のイメージで理解することはできない。まず、当時の鎌倉は都城のプランとは全く異なった空間構造であったことがあきらかにされている。[20] さらに、当時の王朝貴族にとって都城（王城）といえば平安京しかありえず、規範としての平安京観が形成されていたことが指摘されており、兼実が都城のイメージを鎌倉に投影することなど考えられない[21]。これらの先行研究を否定しなければ、「鎌倉城」を都城に引き付けて解釈することはできないはずである。齋藤氏も竹井氏もこの問題を「哲学的」というが、これは史料解釈の問題である。それを「哲学的」とするのは、史料そのものを離れ、平安京は必ずしも軍事性を帯びていないが「平安城」と称される。ならば「鎌倉城」も軍事施設ではなく都市空間だったはずだ、という証明困難な説に引き付けようとして、抽象的な説明に終始しているからだろう。

「15世紀」で注目されている「結城之城（結城城）」も、『建内記』や『看聞日記』などの貴族の日記にみえることがポイントである。彼らには伝統的な城郭観が根強く残存していて、地方で戦乱が起きれば、軍（特に「賊」「敵」）の拠点は「城」と称することが一般的だった。この用法は兼実の時代と大差ない。十五世紀にも「城」は戦時に出現する傾向があったことは、ほかならぬ齋藤氏が渉猟した史料群によって確かめられる。齋藤氏はそれらの「城」を「政治史の舞台となった場所」とするが、いずれも戦乱のおきている場所にほかならない[22]。

「城」「郭」は二重方形区画か？

「規範性」では、十四紀後半から十五世紀前半の史料に見える「内城」・「外城」に着目し、「「二重方形区画」との接点」として「阿保境タイプ」に結び付け、さらに二重方形区画が検出された下古館遺跡に言及し、「小山義政の乱の鷲城・新城と同時期に二重方形区画が確認でき」、「下古館遺跡には内城・外城の設計が反映されていると考えたい」と述べられている。しかし、当時の鷲城の構造と「内城」・「外城」との対応関係は確認できず、下古館遺跡（とその二重方形区画）は何と称されていたのかわからない。つまり、「内城」・「外城」がどのような構造・形状だったのかは不明であり、二重構造だったとしても、「内城」「外城」ともに方形であったことを物語る史料は見当たらないのである。にもかかわらず、齋藤氏は「基本的に方形の二重区画であったと考えたい」として、都城制の系譜を引く都市設計の影響へと論を進めてしまう。

証明されていないにもかかわらず、続く「15世紀」では、「小山義政の乱における城館の分析を通して」、「具体的構造には二重方形区画があることを指摘できた」として、「「城郭」を語源から考えると本来は「城」と「郭」に分離され、「城」に附属して「郭」が存在したということになる。この構造は二重方形区画と関連していたと見ることはさほど無理はなかろう」と、またしても二重方形区画の存在が自明のことであるかのように論が進められ、それにあわせて史料が解釈されていく。例えば、嘉暦二年(一三二九)の東大寺衆徒等申状土代(東大寺文書、鎌倉遺文二九七五五)にみえる伊賀国黒田庄の悪党が構えた「城郭」をとりあげ、「住宅を中心に少なくとも二重の構造物で取り巻くことにより、城郭が出現した」(四五八頁)と述べられている。しかし、同史料からなぜ「二重の構造物で取り巻く」と言えるのか理解できない(23)。

中世の「城郭」を「城」と「郭」に分けて考えることも、それが「二重方形区画と関連していたと見ること」も、妥当性は証明されていない。「外城」は史料に見えるが、「郭」については、齋藤氏が「城郭」を「城」と「郭」に分けて議論しようとしているに過ぎない。「15世紀の「城」の姿」は「おそらくは単郭の「方形館」ではなかろうか」、「二重方形区画の構造であったと予想したい」というように推測に推測が重ねられ、「周囲に郭が想定されており、広域の本拠空間を形成していた」、「「城」と「郭」の二重構造は「内城」「外城」の二重構造との関係も明らかである」などと結論付けられているが、それらを証明する史料は見当たらない。中心となる空間の外側に「外城」があったとしても、それが都城の「郭」と同義の「郭」であったとすることも、それが都城制の影響をうけて方形だったということも、全く証明されていないのである。

3　東アジアの都市空間設計という観点をめぐって

(1)「東アジア」のなかの日本

齋藤氏の近業で力説されているのは、中世から近世にかけての城づくりや都市づくりの基底には、中国の都城制の論理があったという見解である。竹井氏も、「世界史的な視野、特に東アジア世界との関係から日本の「城」を捉え直そうとする動き」として、齋藤氏の「規範性」と「15世紀」に注目し、東アジアにおける「空間設計という観点から比較検討する」ことを高く評価している。たしかに、これまでの城館史研究は、現在の日本国内の城跡を対象とする、いわば一国城郭史学だったと言えよう。チャシやグスク、倭城を参照することはあっても、基本的にはいわゆる本土(本州・四国・九州)の城館を対象とし、比較はヨーロッパの城とされる程度だった。こうした国民国家の歴史(ナショナル・ヒストリー)に拘束された見方は、城館史研究だけでなく、日本史全体についてもかねてから問題視されていることで[24]、齋藤氏の「広くアジアに視野を広げ、そのなかでの共通性を認識し、列島の特性を考える」という姿勢には大いに賛同する[25]。

しかし、各論になると疑問が少なくない。前節で検討したとおり、「内城」と「外城」を二重方形区画の「城」と「郭」とみることはできないが、それを作業仮説として認めるとしても、その出現を想定する時期、ひいてはその時代における東アジアの中での日本の位置付けが問題である。齋藤氏は、十三世紀後半から十四世紀前半に日本の地方都市の空間構成は、中国の都城の影響をうけ、「城」と「郭」の二重方形区画を基本構造にしたと言う。なぜ「十三世紀後半から」なのだろうか。氏は『太平御覧』を重視するが、都城は古代のヤマトで採用されていたのであり、内裏と大内裏をはじめ二重方形区画は古代からこの列島に存在していた。十二世紀以前にも存在したものを、なぜ十三世紀以降の交流で受容したとしなければならないのだろうか。[26]

十四世紀前半から十五世紀前半も二重方形区画を基本構造とし、恒常化した「郭」が「外城」と呼ばれるようになったという。しかし、唐物の研究に学べば、その時期は、宋・元からもたらされた文物を日本的に解釈し、日本の文物に併置するようになる時代であり、例えば唐物と和物を一堂に配置する会所・主殿の室礼が発達し、文芸では和漢連句が盛行するようになる。[27]中国の文物を相対化し、喫茶・立花・俳諧連歌など後世「日本の伝統文化」とされることになる文化を準備した時代、いわば「第二の国風文化」の時代に、築城や都市設計が中国の都城制の論理に基づいて行われていたということがあるだろうか。

さらに、比較史とりわけ政治制度や政治思想を比較した研究の成果によれば、中世の日本と当時の中国とでは、社会も政治の構造も大きく異なっていた。中央集権の統治組織、徳治・文治の政治理念を国家に不可欠の構成要素とみなす中国の伝統的な思考の枠組からすれば、中世日本における天皇と将軍の並立も、分権的な武人政権のあり方も、「野蛮そのもの」であった。[28]その状態は七〇〇年以上も続いたのだが、朱子学の成立と受容、すなわち中国は宋以降（十世紀〜）、朝鮮は李朝以降（十四世紀〜）、日本は江戸期以降（十七世紀〜）を「近世」とする時代区分[29]を参照した入間田宣夫氏は、「野蛮」だった日本の武人政権は、宋の官僚制システムそして朱子学の政治理念を受容することにより、ようやく主従制に頼る不安定の状態を克服することができたとする。[30]宋学の理念を現実の政治に活かそうとした後醍醐政権の倒れ方は、十四世紀の日本の社会が中国とはかなり異質で、中国で必要不可欠とされていた政治理念を受容できなかったことを象徴していると言えよう。

また、藤井讓治氏は、日本と中国・朝鮮とは官僚制や軍隊のあり方がかなり異なっていたことを指摘している。日本では領主によって土地・人民が分割領有され、将軍は大名の土地・人民から直接収奪することはなく、それぞれの領主は独自の軍隊と支配・統治の機構をもっていた。明は、理念的には君主が全ての土地・人民を支配・統治し、そのための官僚機構と軍隊とを一元的に作り上げている。李氏朝鮮も理念的には明と同様で、国王が土地と人民を支配し、そのための統治機構と軍隊とを持とうとしていたが、支配身分として両班層が存在しており、中国の君主専制とは同列におくことができない。日本の官僚は武士に独占されるようになるが、個々の武士は領主に従属し、家格による枠がはめられている。中国の官僚はほぼ全ての男子に開かれていた科挙によって生みだされたが、朝鮮では事実上の両班層によって独占された科挙によって官僚が選ばれた(31)。このように三国の官僚制や軍隊のあり方には大きな差異がある。

齋藤氏が「アジアの視野で見つめ」、「共通項を意識する」と言うとき、こうした差異は意識されているだろうか。いうまでもなく、都市の構造は、それを形成した社会や政権の構造を反映するものであり、異質な社会から都市設計の論理のみを受容し、それを実践することは考えにくい。政治理念、官僚制や軍隊の構造に大きな差異があれば、支配者の住居や政治の場、軍事施設の構造にも大きな差異があって当然であろう。

(2)「辺境型国家」の都市

日本がアジアの一員であることは、いくら強調しても、し過ぎだということはない。しかし、社会の構造に大きな差異がある隣国に似たものを探すだけでなく、アジアをもう少し広く見わたしてみることも重要ではないだろうか。齋藤氏の「アジア」に、東南アジアは入っているだろうか。筆者は、城館や都市について考える際にも、桜井英治氏が提案している「辺境型国家」相互の比較が有意義だと考えている。

桜井氏は中国周辺諸国を、貨幣の動向から中国隣国型国家と辺境型国家に分類した。前者の高麗と李氏朝鮮、十世紀半ば以降のヴェトナム、十五世紀後半の琉球は、いずれも中国の近隣にあってその影響を強くうけており、その多くが古代の日本と同様、中国型の専制国家体制を採用していた。そのような国ほど銭を自鋳する傾向にある。一方、後者の代表例は、中国から遠く離れたジャワのマジャパイト(マジャパヒト、Majapahit)王国だという。そこでは中国銭とそれを模倣した私鋳銭が使用され、中世日本とよく似ている。国家体制としては、王権が脆弱で、各港(港市)が強い自律性をもっていた分権的な王国であるが、この点も中世日本に近い(32)。

日本は古代から中世にかけて中国隣国型から辺境型へと国家のデザインを大きくシフトさせたことになるが、そこに作用していたのは対外的緊張の緩和だったと考えられている。中国隣国型国家が採用した専制体制は、古代日本の律令制を含め、対外戦争の脅威を契機として採用された戦時体制であった(33)。これは拙著であきらかにした城郭観の展開とも合致する。すなわち、古代には国策として城柵を構築したが、それは九世紀までで、それ以降は対外戦争をしようとはせず、自弁の武士たちが公戦(警察業務)か私戦(犯罪行為)かを気にしながら合戦を行い、国内の「城郭」は私的な武力の発動と見なすようになった(34)。

桜井氏は、親族組織も日本と東南アジアは双方社会(双系社会)で、中国の父系社会とは異なること、朝鮮にも門中(ムンジュン)、沖縄にも門中(ムンチュウ)という父系出自集団があるものの、父系血縁原理の徹底度は中国、朝鮮、沖縄と弱くなることにも注目している。王宮・都市の形態も同様ではないか。中国の都城制の影響をうけた朝鮮にも都城、沖縄にもグスクがある。しかし、都城制の徹底度は、朝鮮よりも沖縄の方が弱い。そして、親族組織が独自の展開をみせたのと同様、日本中世の城や都市も、中国の都城の直接的な影響をあまりうけず、独自に変化したと考えられよう。都市のプランも、日本は中国や朝鮮より東南アジアに近いのかもしれない。そこで、桜井氏が辺境型国家の代表例とするマジャパヒト王国の都を参照してみよう。

マジャパヒト王国は、十三世紀末からジャワ東部を中心として栄えた、インドネシア史上屈指の大国で、ジャワ最後のヒンドゥー王朝としても知られる。十四世紀半ばが最盛期であったが、十六世紀初頭、イスラム勢力の勃興により滅亡した。マジャパヒト王国の都は、東部ジャワのモジョケルト市トロウランにあった。発掘調査があまり進んで

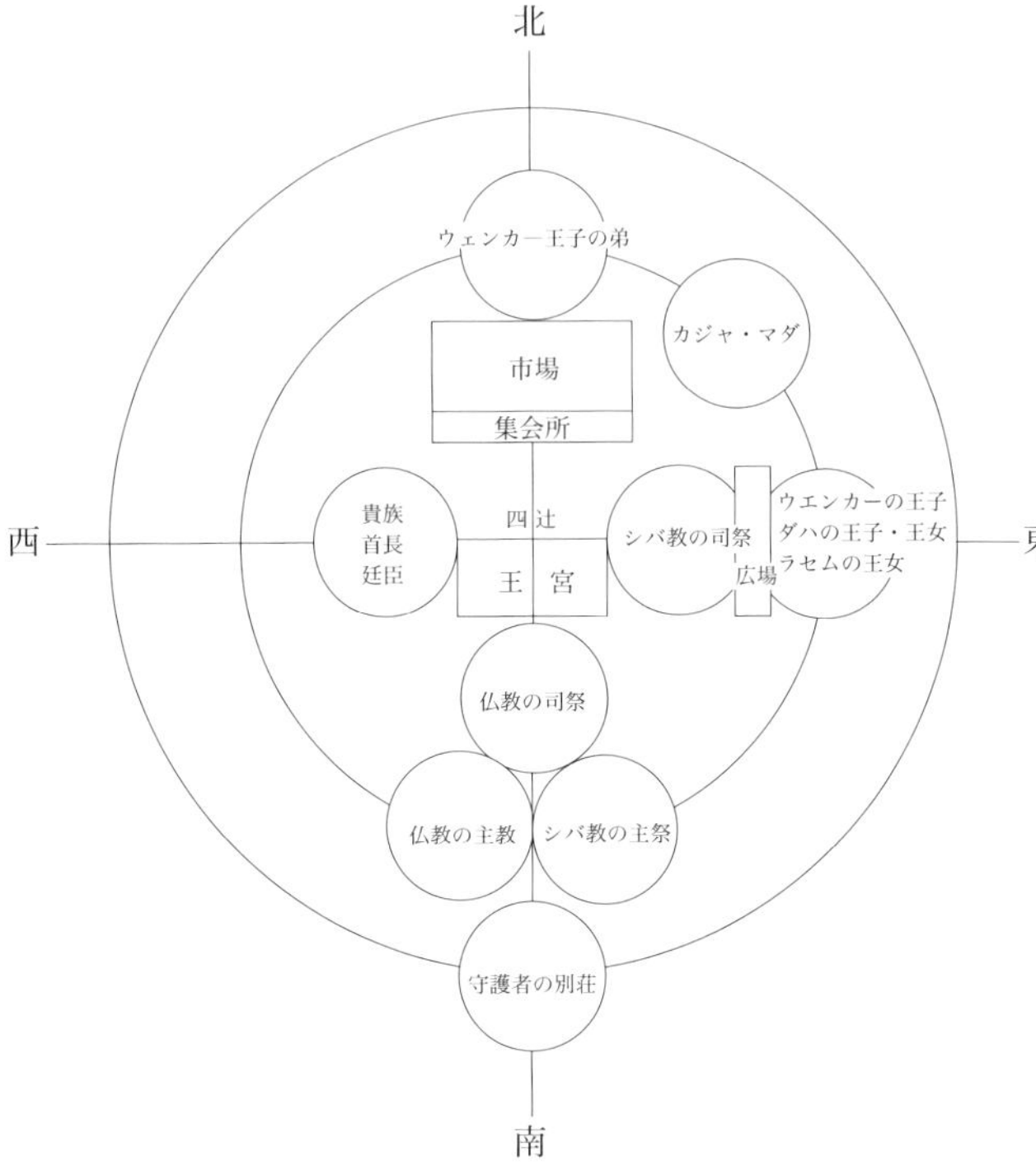

第１図　『ナーガラ・クルターガマ』にみる王都の構造
（牧紀男 1993、布野修司 2006 に加筆）

いないため当時の都の様子は不明な点が多いものの、宮廷詩人プラパンチャが一三六五年に書いた叙事詩『ナーガラ・クルターガマ(デーシャワルナナ)』の第二章「マジャパイトの首都」には、当時の都の様子が記述されている。例えば、「王宮の東に監視塔が、北には集会場と市場と四辻がある」、「東にはシバ教の司祭、南には仏教の司祭が、西には貴族・首長・廷臣」、「広場をはさんで王子・王女の屋敷地」といった記述があり、これを史料として、当時のマジャパヒト王国の都の空間構造を復元する研究が積み重ねられてきた[35](第1・2図)。

復元案の考察から、マジャパヒトの都市の特質として、二つのポイントが指摘されている。一つは、四辻と王宮を中心とした都市構成で、市と広場を持つ。この構成は、バリ島の都市構成とも類似したものだという。二つめは、都市全体の形態を規定せず、王宮との距離・方位といった相対関係で都市が形成されていることである。これは、都市の全体像を先に規定するインドのヒンドゥー都市の計画概念とは異なるもので、もちろん中国の都城制とも異なる[36]。王宮を中心

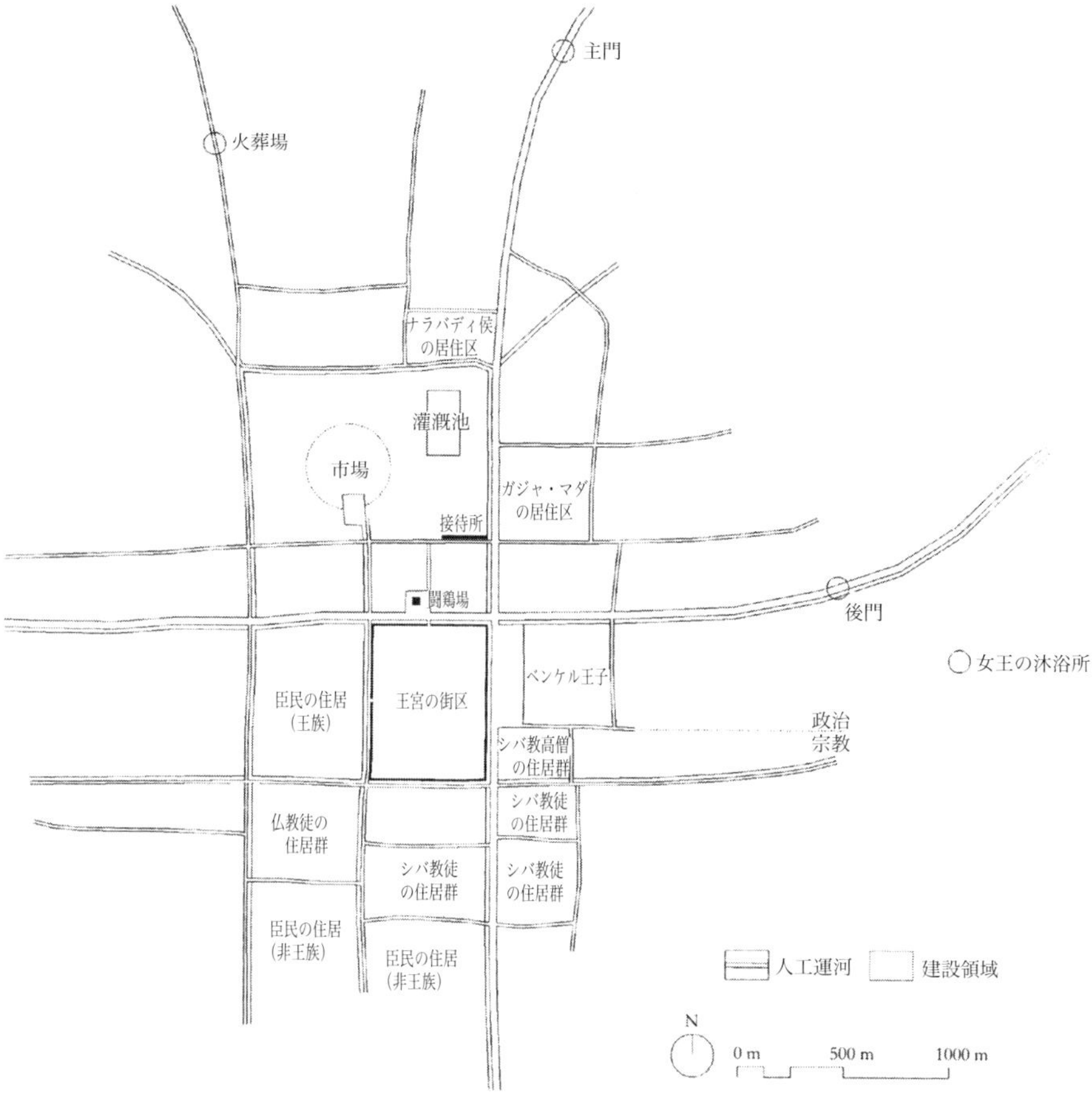

第２図　『ナーガラ・クルターガマ』と発掘状況をあわせた復元案
（川畑良彦 2004、布野修司 2006 に加筆）

としているようだが、その求心力はさほど強いようにはみえず、同心円状の空間構成にはなっていない。左右の対称性が意識されていたとも考えられず、王族の居住空間は散在しているが、王宮との距離や方位は意識していたらしい。宗教者の居住空間が比較的大きいのは、脆弱な王権を神威で補完しようとしていたことと関係があるのだろう。

　こうしたマジャパヒトの王都の構造には、中世日本の都市と共通している部分があるのではないだろうか。例えば、院政期の白河、それを意識した平泉や鎌倉の構造に、同様の性質を指摘することは難しくない。齋藤氏は『武士』で、中世武士の本拠には東西方向に道を通し、それを軸として屋敷・寺社などが展開するという空間構造があったことを描き出し、「京都で生まれた論理が平泉や鎌倉、そして衣笠など各地の武家の本拠にまで影響していた」と指摘していた。氏は期せずして、中国の都城制とは異なる辺境型国家の都市類型を抽出することに成功していたと言えるのではないだろうか。

4　城と聖なるもの

(1)　武力の発動としての城と祈禱

「はじめに」でふれたとおり、「城とは何か」論の核心は、その初発の段階から城と聖地の関係にあった。そこにふみこんでいる齋藤氏の著作は、管見の限り、『武士』と「大江戸」のみである。

まず『武士』は、プロローグで黒田俊雄氏の論考「中世における武勇と安穏」[37]を引用して、中世の人々が希求したのは「武勇」よりも「安穏」であったということを前提としている。「極楽往生」や「現世利益」をキイワードとして御家人たちの本拠を探り、彼らの屋敷の周辺にどのような寺院・堂や墳墓があったかをあきらかにした。その景観復元自体は貴重な成果であるが、武士の「城」を解明したことになるかといえば、否であろう。齋藤氏は、聖地を包含した日常的な本拠の空間を「城」だという。しかし、すでに確認したとおり、中世前期に武士の本拠が日常的に「城」と称されていたとは考えられない。

たしかに黒田氏は「武勇」を自明視せず、中世人が「安穏」を念願していたことにも目を向けるべきだと説いているが、中世社会が安穏な社会だったと説いたわけではない。飢餓・疾病・盗難・自然災害・戦乱などが人々を脅かしていたのであり、中世の人々がいかにしてそれらの災厄から逃れよう、あるいは立ち向かおうとしていたか、という現実から目を背けることはできない。武士の本拠が「安穏を希求し保証する空間」だったとしても、そこが災厄と無縁だったわけではない。武備を調え、防御施設を増強することで、本拠は「城」と化す可能性があった。そこに「安穏」や「極楽往生」を祈願する「場」が併存することはあるが、「安穏」を祈願する「場」が造営されたからといって、それだけでそこが「城」になったわけではない。『武士』でとりあげられた事例の多くは、「城」と化す以前に、そこがどのような性質をもつ「場」であったかを探ったものだということになるが、もちろんそうした「場」の研究はこれからも必要である。(38)

あわせて考えなければならないのは、武力としての宗教、宗教的暴力であろう。平雅行氏は、古代・中世の社会では呪詛祈禱といった宗教的暴力が実体的な暴力として機能していたことをあきらかにしている。護持僧は「冥界」の侍であって、「中世国家は軍事的武力と宗教的暴力という、二つの暴力装置によって支えられていた」と指摘されており、攻撃と防御の両機能があったこと、政治抗争や内乱・外寇の時はもちろん、民衆支配にも宗教的暴力は利用されていたこと、僧侶たちはそれらの暴力を正当化する言説までつくりだしていたことなどもあきらかにされている。(39)聖なる「場」は、あらゆる人々の「安穏」を祈願する「場」だったわけではない。「極楽往生」や「現世利益」を「安穏」と結び付けて理解することも可能だが、そこにはこうした宗教的な暴力が併存していたことを見逃してはならないだろう。「城」・「城郭」は、物理的・肉体的な暴力(武力)だけでなく、宗教的暴力の動員をともなう場合もあった。拙著でとりあげた城氏の城郭はその一例である。信濃から北陸を狙う木曽義仲と、それを阻止しようとする越後城氏との緊張が続く寿永元年(一一八二)、城長茂が勢力範囲の一角、小川荘赤谷に城郭を構え、妙見菩薩を祀って源氏を呪詛している(『吾妻鏡』同年九月廿八日条)。長茂は大壇で源氏呪詛の大規模な祈禱を行った可能性があり、城郭を構えることとあわせて行われているところに、中世の武力の発動のされ方がよくあらわれている。

齋藤氏が「規範性」で小山義政の乱に関する史料としてあげた頼印申状案(明王院文書、『小山市史』二九二)は、至徳四年（一三八七）、明王院の別当職に補任されることを望む頼印が、乱に際して行った祈禱について説明したもので、発動された宗教的暴力すなわち敵を調伏する祈禱がわかる好史料と言えよう。永徳元年（一三八一）、鎌倉公方足利氏満の命によって陣に赴き、十一月十三日に六字経法を修し始めると、同十六日には鷲城の外城が攻め落とされた。「殿中に於て勤行」とあって、頼印が氏満の陣所内に設営された壇で祈禱を行ったことがわかる。つぎに十二月三日に如法愛染王法を修し始めたところ、結願の日に鷲城・祇園城・岩壺城・新城・宿城の五箇所が木戸を開いて降参し、義政は出家して永賢と号したという。翌年三月、永賢が再度挙兵したので、四月二日から大勝金剛法を修すると、同十三日に永賢は自害したと、祈禱の効力をアピールしている。

武家が有力な寺社に関係する「場」に城郭を構える際には、こうした宗教的な暴力をいかに統御するかが重要な課題となった。時代は降るが、永禄十一年（一五六八）、足利義昭が上醍醐に築城しようとした際、それを承諾した上醍醐寺衆徒の同年十月十八日付の起請文案（『醍醐寺文書』一〇、二二九六）によれば、「山上衆」は謀叛して義昭らに武器を向けることはしない、敵に内通しないといったこととあわせて、「呪詛」はしないと誓約している。[40]祈禱所の位置や規模が城の構造に影響を与えた可能性もあり、中世の城館を考察する際には、こうした宗教的暴力との関係を見逃すことができない。

(2) 宗廟と社稷をめぐって

齋藤氏は、京都と江戸を比較した「大江戸」で、宗廟と社稷についてつぎのように述べている。

京都には平安京の段階からこの両者は存在しなかった。あるべきと思われる場所には東寺と西寺が建立された。（中略）しかし江戸は異なる対応をした。紅葉山東照宮と徳川家霊廟の設置である。（中略）そして他の城下町を見た場合、城内に設置する紅葉山東照宮のような存在は極めて稀である。歴史的に見て、唯一、江戸のみが宗廟と社稷に相当する施設を都市のなかに設置した。

古代中国で、宮殿の左に祖先の霊、右に土地神(社)と穀物神(稷)を祀り、国家の最も重要な守り神としたのが宗廟と社稷の始まりだが、京都と江戸、とりわけ江戸の紅葉山東照宮と徳川家霊廟を「宗廟と社稷」との共通性から考えようとしているのは興味深い。後述するように、これは江戸だけの問題ではなく、アジアのなかで共通性を見出そうとする視点は、近世の城と城下町について考える際には不可欠だろう。(41)

しかし、重要な事象がふまえられていない。まず、京都には宗廟と社稷が存在しなかったとするが、内裏と天皇の宗教的な機能を抜きに日本の都城を考えることはできない。天皇の宗教的権威については厖大な研究蓄積があって簡単に論ずることはできないが、例えば新嘗祭や大嘗祭に代表される神事の司祭、あるいは天皇霊や穀霊の〈容れ物〉とする議論がある。(42) 平安京(京都)は、こうした宗教的権威あるいは司祭である天皇の宮都として設計されていたと言えようし、御霊会や請雨修法などを勘案すれば、大内裏の南に位置した神泉苑も視野に入れる必要があるだろう。(43) 内裏の跡地は、中世にも「内野」などと称されて意識されていた。そこに建設された聚楽第も、神泉苑まで包摂するように構築された近世二条城も、(44) その「場」のある種の聖地性を意識していたと考えられよう。

さらに、「城内に設置する紅葉山東照宮のような存在は極めて稀で」、「江戸のみが宗廟と社稷に相当する施設を都市のなかに設置した」とみることには賛同できない。最近の拙稿で、近世城郭の聖地としての一面を指摘した。(45) これまで近世城郭に聖地性をみる議論はほとんどなかった。その要因は、まさに齋藤氏がくりかえし主張されるように、かつての城郭研究が城を軍事施設としてしか考えてこなかったことにあるのだろう。しかし、領主の居所であり、政治の場でもあった城については、どのような聖地性をもつ「場」に構築されたかという問題とあわせて、どのような神仏が勧請され祀られたか、すなわちどのような聖地につくりかえられたかという視点からの考察も不可欠である。

例えば、永禄三年(一五六〇)、三好長慶は三好氏が祖先とする新羅三郎義光ゆかりの新羅社を飯盛山城に勧請する際の作法や経費について吉田兼右に問い合わせた。長慶は入城直後、まず氏神勧請による聖地化を挙行したのであり、そこに「強い政治的意図」があったことは天野忠幸氏が指摘するとおりだろう[46]。最近の拙稿で指摘したとおり、都市の核となった城にどのような神仏が祀られ、城下とどのような関係をもったかは、中世後期から近世の「城とは何か」を考える際に、避けて通れない研究課題である。

おわりに

与えられた紙幅はとうに尽きており、論点をくりかえすことはしない。筆者の誤読・誤解により、的はずれな批判になっていることをおそれるが、議論を活性化させたい一心で執筆したことを御理解いただければ幸いである。一人でも多くの研究者が、「城とは何か」を考える議論に参入していただきたいと切に願う。

註

(1) 市村高男「中世城郭論と都市についての覚書」(『歴史手帖』一五巻四号、一九八七年)。
(2) 網野善彦・石井進・福田豊彦『沈黙の中世』(平凡社、一九九〇年)。
(3) 中澤「戦国・織豊期の城と聖地」(齋藤慎一編『城館と中世史料―機能論の探求―』高志書院、二〇一五年)、同「城郭と聖地 再考―中世から近世へ―」(岩下哲典他編『城下町と日本人の心性』岩田書院、二〇一六年)。なお、シンポジウム「考古学は中世を語れるか」での報告「城と聖地」とこの両拙稿とは不可分の関係にあり、内容に一部重複している部分がある。本稿は、両拙稿とシンポジウム報告を前提とし、その後の知見もふまえて執筆しているため、シンポジウムでの報告内容とは大きく異なる。
(4) 筆者は学生の頃から齋藤氏に城館史研究の手ほどきをいただいており、拙著執筆時も同氏の論考から多大な影響をうけていた(拙著巻末の研究者名索引「齋藤慎一」参照)。しかし、本稿で同氏の近業をとりあげる理由は本文で後述するとおりである。

（5）　竹井英文「城郭研究の現在」（『歴史評論』七八七号、二〇一五年一一月）。本稿で参照・引用する竹井氏の発言は全てこれによる。

（6）　村田修三「縄張り把握と発掘、協力へ―城郭研究の現状―」（『読売新聞』一九八五年八月一六日夕刊）と、橋口定志「一九八五年の動向（中・近世）」（『考古学ジャーナル』二六三、一九八六年）に始まり、その後、村田氏に近い千田嘉博氏が参入して議論が続いた。

（7）　筆者もかつて、〈村田vs橋口〉とその後の〈千田vs橋口〉論争をふまえて、城郭研究のメタヒストリーについて簡単なノート「遺跡・言説・発達―城郭研究のメタヒストリーから―」（『GYRATIVA（方法論懇話会年報）』創刊号、二〇〇〇年）をまとめたことがある。また、「中世の城郭をみる目」（『文化財信濃』第三〇巻第二号〈通号一一二〉、長野県文化財保護協会、二〇〇三年）でも言及した。

（8）　拙著第二部第三章「城郭観の展開」。

（9）　村田修三「中世の城館」（『講座日本技術の社会史』第六巻土木、日本評論社、一九八四年）。

（10）　同右。この点は、前掲（7）の二拙稿でも批判している。なお、「南北朝」では、「防塁・阻塞類」を「交通遮断施設」として戦争論に組み込んだ川合康氏の論考も無批判にとりあげられている。しかし拙著で指摘したとおり、川合氏の論考も「交通遮断施設」という城郭の構築物としての一面を評価したにすぎない。また、奥州藤原氏の阿津賀志山城郭を典型例とする川合氏の城郭戦に関する考察については、地域性の問題をはじめとして、疑問点が少なくない。地域性に関する私見は、「中世前期の館と城郭」（『歴史と地理』六七〇〈日本史の研究二四三〉、二〇一三年）を参照。

（11）　寺社勢力の城郭については、中澤「寺院の武力に関する覚書」（『史友』三〇、一九九八年、のち改稿して拙著「序章」）、伊藤正敏「最古の「中世城郭」・最後の中世城館」（『日本歴史』六〇四、一九九八年）、同『中世の寺社勢力と境内都市』（吉川弘文館、一九九九年）などを参照。

（12）　「南北朝」では、前掲（1）市村「中世城郭論と都市についての覚書」および拙著も、先行研究として掲出されているが、村田説との関係については言及がない。なお、中世前期の居館と比較的広い範囲をめぐる堀に関する私見は、「居館と武士の職能」（萩原三雄・小野正敏編『鎌倉時代の考古学』高志書院、二〇〇六年）を参照。

(13)ただし、「15世紀」で「「要害」と「城」の概念とは、その内容を異にしている」(四五五頁)と、「要害」と「城」が異質な構築物であったかのように論じられているのには従えない。拙著で指摘したように、実態としては同一の防御施設が、「要害」とも「城」とも称された可能性がある。『庭訓往来』が「城郭」は「破却」の対象、「要害」は「警固」の対象と書き分けていることや、『三義一統大双紙』に「味方の城をば要害といい」と説かれていることなどをどのように解釈するかが問題であろう。

(14)高橋誠一『日本古代都市史研究』(古今書院、一九九四年)。

(15)城a～cの用例および字義は、さらに細かく分けることも可能だが、各種漢和辞典および古語辞典・国語辞典を参照し、最大公約数的に整理した。

(16)平川南「古代の城柵に関する試論―「古代国家と辺境」へのアプローチ―」(『原始古代社会研究』四、校倉書房、一九七八年)、九五頁。

(17)平川南「古代東北城柵の特質について―建郡との関連を中心として―」(『東北歴史資料館研究紀要』第四巻、一九七八年)、四三・四四頁。

(18)「府」の字義については、各種漢和辞典および古語辞典・国語辞典を参照し、整理した。

(19)『玉葉』元暦元年(一一八四)八月二十一日条を最後に「鎌倉城」はみえなくなる。その後、鎌倉が都市として発達したことは周知のとおりだが、「鎌倉城」と称されている史料は見当たらない。このことからも、「鎌倉城」が、「都市鎌倉という空間を指す言葉として使用されている」という解釈は難しいと言わざるをえない。

(20)山村亜希「中世鎌倉の都市空間構造」(『史林』八〇―二、一九九七年、のち『中世都市の空間構造』吉川弘文館、二〇〇九年)。

(21)京楽真帆子「平安京における都市の転成」(『日本史研究』四一五、一九九七年、のち『平安京都市社会史の研究』塙書房、二〇〇八年)。

(22)「15世紀」では、菅浦大浦両庄騒動記にみえる菅浦の「城」も「平安城」と一括して、「「城」の概念の中にはこの両者の存在を許容する内容が含まれていた」と述べられている。しかし、同騒動記には「城をかため」と記されており、「大手」「からめて」といった語がみえることからも、村が臨戦態勢をとって「城」化した、すなわち城dの一例として理解可能であることはあきらかであろう。もちろん、京都とは空間の構造も性質も大きく異なる。

(23) この史料は、悪党研究のなかでくりかえしとりあげられてきたもので、「城郭」についても分析している論考が少なくない。管見に入ったものだけでも、新井孝重「南北朝内乱の評価をめぐって」(峰岸純夫編『争点日本の歴史』第四巻中世編、新人物往来社、一九九一年)、小林一岳「鎌倉~南北朝期の領主「一揆」と当知行」(『歴史学研究』六三八号、一九九二年、のち『日本中世の一揆と戦争』校倉書房、二〇〇一年)、渡邊浩史「悪党の城」(『内乱史研究』一三号、一九九二年)などがあるものの、齋藤氏はこれらの諸論考に言及していない。

(24) 関連する論考は多数あるが、最近のものとして、岡本充弘・長谷川貴彦・渡辺賢一郎・鹿島徹編『歴史を射つ―言語論的転回・文化史・パブリックヒストリー・ナショナルヒストリー―』(御茶の水書房、二〇一五年)と岩波講座『日本歴史』第二二巻(歴史学の現在、岩波書店、二〇一六年)をあげておく。朝鮮史の立場から論じられた、宮嶋博史「日本史認識のパラダイム転換のために」(『思想』一〇二九、二〇一〇年)、同「方法としての東アジア再考」(『歴史評論』七二九、二〇一一年)も重要。

(25) 筆者も、「『一遍聖絵』の牧牛」(『信濃』六四‐一二、二〇一二年)では、『一遍聖絵』の牛の描写を考える際に、宋・元との関係、とりわけ禅の文化の影響を重視したし、前掲(3)の拙稿「城郭と聖地 再考」でも、近世城郭の意匠に中国文化の影響をみて、城郭建築を「擬唐風建築(擬中華風建築)」として論じた。

(26) 桜井英治「中世史への招待」(岩波講座『日本歴史』第六巻中世一、岩波書店、二〇一三年)は、文化には移り変わる文化と累積する文化とがあり、日本の歴史は多くの点で後者の特徴を示し、そこでは古い要素が保存される傾向が強く、過去に使える皮袋があれば、わざわざ新調したりはせず、古いものをそのまま使い続ける傾向がある、と指摘している。田中信「中世屋敷空間論への試み」(橋口定志編『中世社会への視角』高志書院、二〇一三年)が指摘した方位の志向のように、居住空間でも古代から使われ続けている文化は少なくない。

(27) 島尾新「日本美術としての「唐物」」(河添房江・皆川雅樹編『アジア遊学一四七 唐物と東アジア』勉誠出版、二〇一一年)、橋本雄『中華幻想―唐物と外交の室町時代史―』(勉誠出版、二〇一一年)ほか。

(28) 入間田宣夫「比較領主制論の視角」(荒野泰典ほか編『アジアのなかの日本史〈1〉アジアと日本』東京大学出版会、一九九二年)。

(29)溝口雄三「中国儒教の10のアスペクト」(『思想』七九二、一九九〇年)。
(30)前掲(28)入間田「比較領主制論の視角」。
(31)藤井譲治「アジアにおける官僚制と軍隊」(荒野泰典ほか編『アジアのなかの日本史〈1〉アジアと日本』東京大学出版会、一九九二年)。前掲(24)宮嶋「日本史認識のパラダイム転換のために」および「方法としての東アジア再考」も、日本・朝鮮・中国の差異は大きく、日本は近世に至っても中国化したとは見なしていない。
(32)桜井英治『室町人の精神』(講談社、二〇〇一年、同学術文庫、二〇〇九年)、前掲(26)桜井「中世史への招待」。
(33)同右。律令国家が「ある種の軍国体制」だったことは、吉田孝『律令国家と古代の社会』(岩波書店、一九八三年)も指摘している(四五〇頁)。また、「国家のデザインを大きくシフトさせた」ことは、同『日本の誕生』(岩波書店、一九九七年)が説く「ヤマトの古典的国制」の形成に相当するものと考えられよう。
(34)前掲(8)「城郭観の展開」。
(35)牧紀男・布野修司「5026 アジア都市建築研究 その7:ヒンドゥー・マジャパイトの都市理念―ナーガラ・クルターガマにみる都市構成―」(『日本建築学会近畿支部研究報告集.計画系三三、一九九三年』)、布野修司『曼荼羅都市―ヒンドゥー都市の空間理念とその変容―』(京都大学学術出版会、二〇〇六年)。
(36)同右。坂井隆「インドネシア・マレーシアの都市と城郭」(『東南アジア考古学会研究報告』五、二〇〇七年)、同「東南アジアの城郭―グスクへの試論ノート―」(『東南アジア考古学』二七、二〇〇七年)といった論考もあるが、東南アジアのなかの地域性(差異)にも注意して、さらに調査・研究が必要だろう。
(37)黒田俊雄「中世における武勇と安穏」(『仏教史学研究』二四―一、一九八一年、のち『黒田俊雄著作集』第三巻、法蔵館、一九九五年)。
(38)先駆的な論考として、鳥羽正雄「敬神崇祖と城郭」(『日本城郭史の再検討』名著出版、一九八〇年、初出は一九四一年)がある。城郭と神社の時間的(前後)関係など重要な指摘があるものの、神祇信仰の理解をはじめ、現在の研究水準からは従えない部分が多い。考古学の立場から聖なる「場」を探った論考として、飯村均「山城と聖地のスケッチ」(『帝京大学山梨文化財研究所研究報告』五、一九九四年、のち『中世奥羽のムラとマチ』東京大学出版会、二〇〇九年)、同「館と寺社」(小野正敏ほか編『中世寺院 暴力と景観』高志書院、二〇〇七年、のち『中世奥羽の考古学』高志書院、二〇一五年)がある。安土城考古博物館の平成26年春季特別展「安土城への道—聖地から城郭へ—」については、前掲(3)「戦国・織豊期の城と聖地」で論評した。

(39) 平雅行『日本中世の社会と仏教』(塙書房、一九九二年)、同「中世寺院の暴力とその正当化」(『九州史学』一四〇、二〇〇五年)。久野修義「中世日本の寺院と戦争」(歴史学研究会編『戦争と平和の中近世史』青木書店、二〇〇一年)、中澤「中世寺院の暴力」(小野正敏ほか編『中世寺院 暴力と景観』高志書院、二〇〇七年)も参照。

(40) 義昭の上醍醐築城計画については、福島克彦「洛中洛外の城館と集落」(『中世都市研究12 中世のなかの「京都」』新人物往来社、二〇〇六年)。

(41) 齋藤氏は、それまで中国の都城制の影響により二重方形区画だったものが、十五世紀後半に始まる第三段階では独特な構造をもつ新しい「城」に変わり、江戸時代へと連なると説く。しかし、玉井哲雄「東アジアのなかの城下町」(『中世都市研究18 中世都市から城下町へ』山川出版社、二〇一三年)が「日本の近世城下町も中国都城のヴァリエーションに過ぎない」と述べているように、実際にはむしろ逆で、前掲(3)の二拙稿でも述べたとおり、近世城郭の形成にも唐物が大きく影響していた。これは、国のかたちそのものまで「中国化」というキイワードで再考しようとする與那覇潤『中国化する日本—日中「文明の衝突」一千年史—』(文藝春秋、二〇一一年)や東島誠・與那覇『日本の起源』(太田出版、二〇一三年)で論じられている諸問題とも関係するが、近世の日本は中世よりも格段に「中国化」した面がある。前掲(24)宮嶋論文が指摘するように、諸事象を儒教的に解釈するが、それは単なる参照・模倣では済まず、山鹿素行が主張した「中朝」に代表されるような、中国よりも日本の方が「中華」に相応しいという意識を生成することになった。こうした意識と近世の城と城下町の構造にどのような関係があるかということも考えてみる必要があるだろう。

(42) 近世の国学以来、厖大な研究蓄積があって参照しきれないが、筆者が特に影響をうけた論考として、網野善彦・上野千鶴子・宮田登『日本王権論』(春秋社、一九八八年、新装版、二〇一四年)、中村生雄『日本の神と王権』(法藏館、一九九四年)、網野善彦ほか編『岩波講座 天皇と王権を考える』全一〇巻(岩波書店、二〇〇二〜二〇〇三年)をあげておく。

(43) 神泉苑については、西田直二郎「神泉苑」(『京都府史蹟勝地調査会報告』第七冊、一九二六年。のち『京都史蹟の研究』吉川弘文館、一九六一年に再録)、太田静六「神泉苑考」(『建築学会論文集』四、一九三七年。のち「神泉苑の研究」として『寝殿造の研究』吉川弘文館、一九八七年に改稿再録）、東島誠「中世神泉苑と律宗長福寺―都城の《結界》性とそれを掘り崩すもの―」（『年報中世史研究』二一、一九九六年、のち『公共圏の歴史的創造』東京大学出版会、二〇〇〇年）、拙著第一部第一章「王権と狩猟」などを参照。

(44)　秀吉による京都の城下町化については、前掲(3)「城郭と聖地 再考」で言及した。

(45)　前掲(3)「戦国・織豊期の城と聖地」および「城郭と聖地 再考」。

(46)　天野忠幸「三好・松永氏の山城とその機能」（齋藤慎一編『城館と中世史料』高志書院、二〇一五年）。

〔付記〕　本稿執筆中、齋藤氏と中井均氏の共著『歴史家の城歩き』（高志書院、二〇一六年五月）に接した。城館史研究を牽引する両氏が、最新の知見を惜しみなく披瀝していること、そして何より、城郭と聖地の関係についても力説されていることに感銘を受けた。併読をお願いしたい。

ムラが消えた—ムラ研究の可能性—

飯村　均

はじめに

筆者は二〇〇〇年十一月にこの会場（帝京大学文化財研究所）で、「ムラがない—中世前期の東国—」〔畑ほか 二〇〇二〕という報告をしたことがある。やや悲観的なタイトルではあるが、遺跡・遺構・遺物といった「ミクロの視点」と景観・風景・地域といった「マクロの視点」を、車の両輪のように研究を進めることの必要性を提起した。その後十年以上経過したが、ムラ研究が進展・深化したとは言い難い状況である。その中で奇しくも同じ会場で報告を求められたことに鑑み、本報告では再度ムラ研究の可能性を探ってみることとした。

いつも指摘することであるが、「村」とは何だろうか。簡単に言えば「村落共同体」のことであり、社会的あるいは地縁的に有機的な関係のある共同体である。考古学でいう「村」は集落遺跡であり、特に中世考古学で言う「村」は溝などで区画された屋敷地の複合体であり、その屋敷地の中は、建物や井戸、土坑、柱穴などで構成される。しかし、集落遺跡であっても、「村」と評価される場合だけでなく、「町」「市」「津」「泊」「館」「寺院」などと評価される場合もある。考古学で言う「村」は現状では極めて曖昧である。したがって、本稿であえて「ムラ」と表記するが、ムラは「村落共同体」を構成する基本的な単位であろう屋敷地と理解できる可能性のある遺跡という程度の理解である。

1　岩手県一関市骨寺村荘園遺跡の調査

『陸奥国《むつのくに》骨寺村《ほねてらむら》絵図《えず》』（中尊寺所蔵）とほぼ一致する景観が残されている、骨寺村《ほねてらむら》荘園遺跡は岩手県一関市厳美町本寺・瑞山にあり、磐井川北岸の河岸段丘上に立地し、東西六キロ、南北二キロの細長い谷あいの「小宇宙」であり、平成十七年三月にそのうち九か所が国指定史跡となり、平成十八年七月に国の重要文化的景観に選定された。私も現地に立ち、山王岩屋をはじめとする中世以来の宗教的な空間や、散在的な屋敷、曲線的な農道・用水路・畦畔など、その中世的な景観に驚嘆と感動を覚えた一人である。奥羽北半部では中世村落の発掘調査例が少ない現状で、その価値が認められ、保存されたことは、大変嬉しい限りである。

しかし、考古学の立場からはいくつかの疑問や課題があるように思う。『骨寺村絵図』のうち「在家絵図」（第1図）は乾元二年（一三〇三）の境相論の訴状の具書として幕府法廷に提出された説が有力であり、十四世紀初頭に成立したと考えられているので、その時期の集落景観を反映している可能性が高い［工藤・大石ほか二〇〇四］。

一方、考古学的な試掘・確認調査は平成十一～二十五年までの成果が報告書として刊行されている（第2図）。平成十一年度の「字駒形、字沖要害」O72地区では石組井戸跡、O77地区では総柱掘立柱建物跡などが検出されているが、浅い柱間六尺台の建物跡であり、報告書で時期は特定されていないが、近世の可能性が高いと思われる。平成十二年度の「字中川、字要害」N32—1地区（通称梅ノ木屋敷跡）では溝跡三条・掘立柱建物跡五棟、竪穴遺構一基などを検出した。報告書で時期は特定されていないが、1～3号掘立柱建物跡の規模・構造を見ると、近世の屋敷地とする推定が妥当のように思う。平成十三年度の「字要害」Y54—1地区では近世・近代の蔵の基礎、Y70地区（伝カジヤ）で柱穴列・井戸跡二基、焼土・炭化物を含む溝状のプランを検出した。

第１図　陸奥国骨寺村絵図　在家絵図　トレース図（工藤・大石ほか 2004）

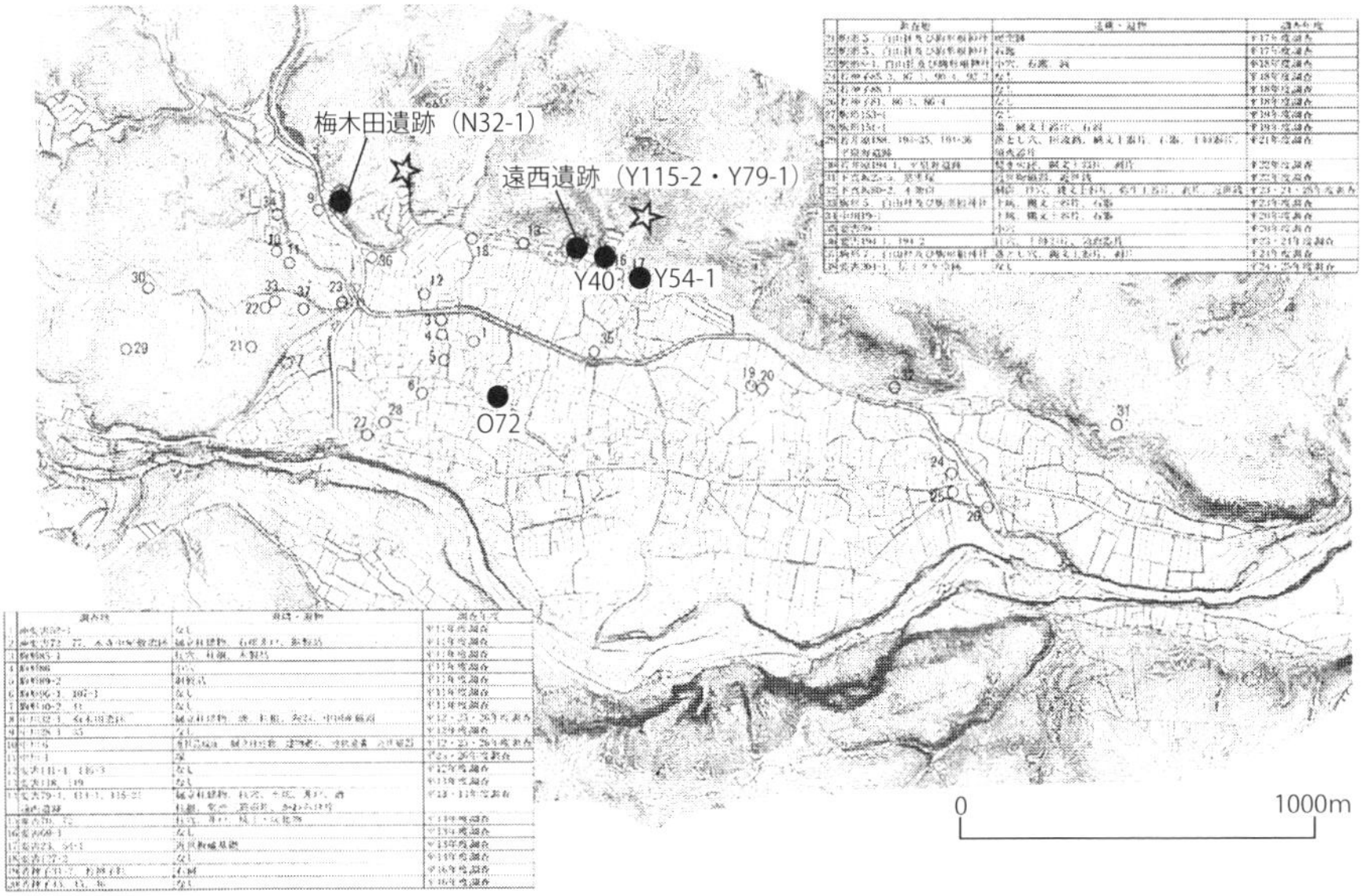

第２図　骨寺村荘園遺跡発掘調査地点（一関市教委 2015b）

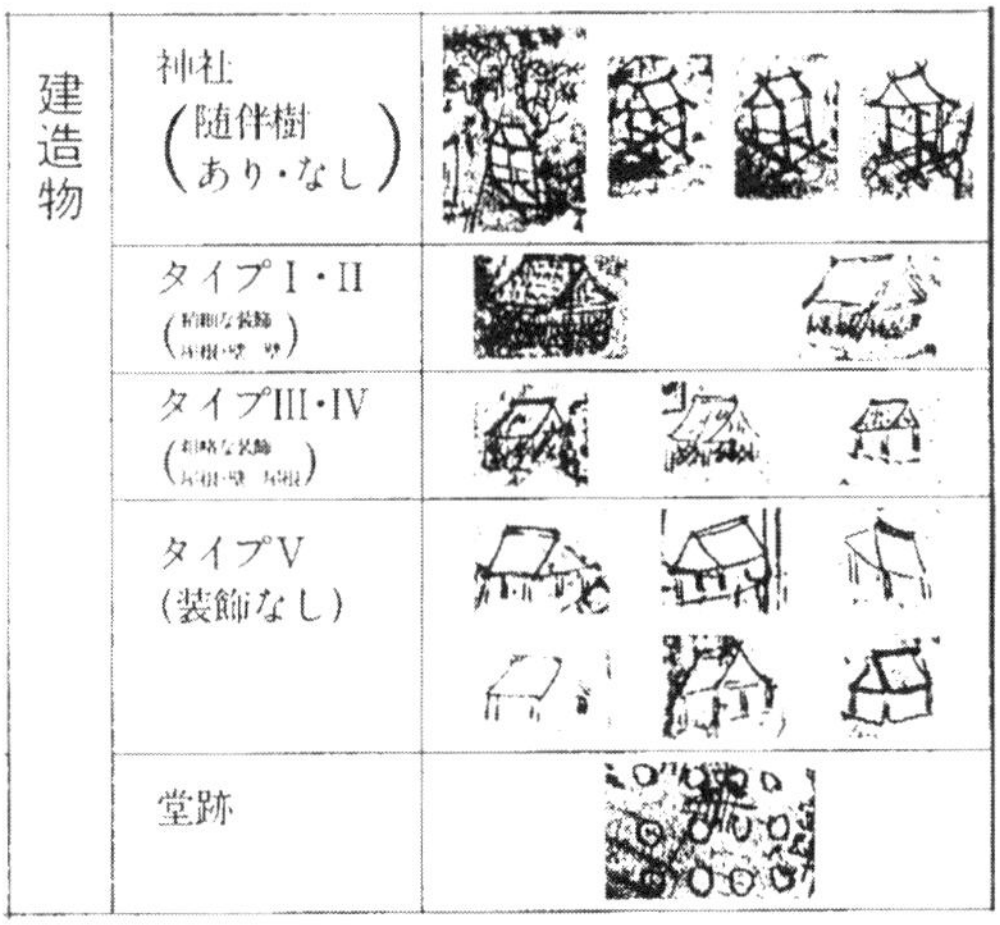

第３図　図像の分類　建造物（工藤・大石ほか 2004）

遠西《とおにし》遺跡（Y115―2地区）では柱穴・柱列・溝跡を検出し、柱穴は大小二種あり、十三世紀頃のかわらけと十二世紀後半から十三世紀前葉の常滑三筋壺が出土している（第4図）。平成十四年度も「字要害」Y115―2地区を継続調査し、溝跡・柱穴・井戸跡等を検出し、Y79―1地区では梁間七・一㍍、桁行き一九・七㍍の掘立柱建物跡が検出され、報告書で時期は特定されていないが、規模や構造・柱間などを

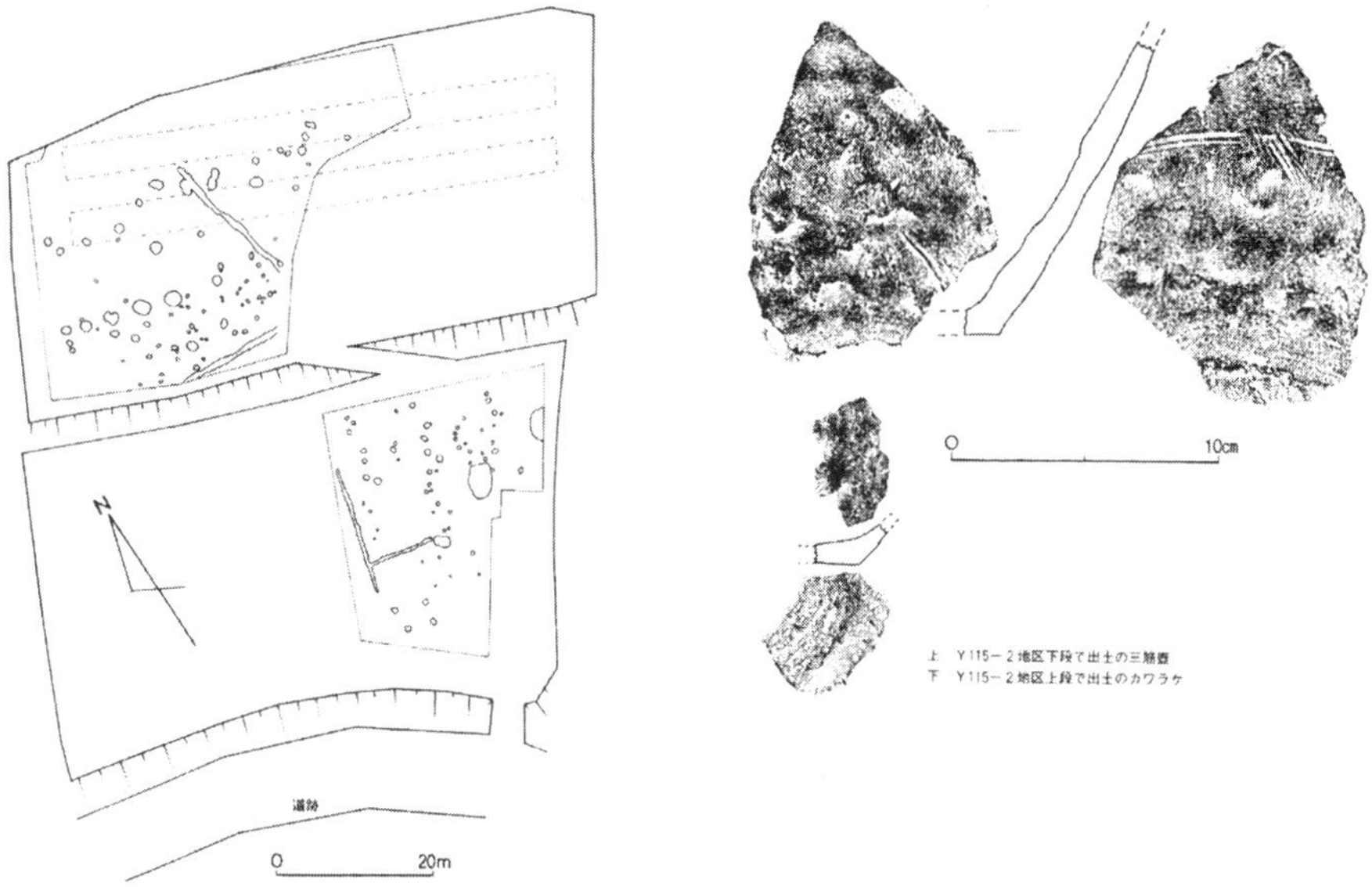

第４図　遠西遺跡遺構図と出土常滑・かわらけ（工藤・大石ほか 2004）

考慮すると中世後期以降の可能性が高い（第４図）。その後の調査でも、中世前期と目される遺構・遺物は発見されなかったが、平成十二年度に調査された梅木田《うめきだ》遺跡（「字中川」）が平成二十五年度に再調査され、掘立柱建物三棟、柱列六条、柱穴群、溝六条、畑跡・整地層・沢などを確認した。出土遺物は近世が主体であるが、十三世紀後半から十四世紀前半の中国龍泉窯系鎬蓮弁文碗の小片が出土している。

以上の考古学的な成果を概観すると、平泉藤原氏政権期から鎌倉時代の遺物が出土したのは、要害館の麓の南向き山裾の遠西遺跡（Y115—2地区）と梅木田遺跡（「字中川」地区）のみであり、前述のとおり各遺構の特徴を見ると、ほかの地区の遺構の大半は中世後期から近世の遺構である可能性が高い。もちろん、この中に中世前期の遺構の存在を全く否定するものではないが、少なくとも掘立柱建物跡や井戸跡などはその可能性は低いのではないかと考えている。そう仮定すると、「在家絵図」に描かれた鎌倉時代の「屋敷＋水田」の散村的な景観は、考古学的に立証されたとは言い難い状況である。それは「絵図」を否定するとか、

「荘園遺跡」としての価値を否定するとかいうことではなく、やはり考古学はそれがなぜかを問わなくてはいけないと考えている。

どんな遺跡も旧石器・縄文時代から現代まで、営々と人の営みにより造られ、現在に残されている。そして、その最も輝いた瞬間が遺跡として評価されることが多い。「骨寺村荘園遺跡」も、「絵図」という面では鎌倉時代が最も輝いた瞬間であり、考古学的には前述の仮説が正しければ、中世後期〜近世の遺構が多く確認できることから、その時期が最も輝いた時期である。つまり、遅くとも鎌倉時代後期には形成された前述の村落景観が中世後期から近世、そして現在まで維持・継続されたと、より積極的に評価すべきであろう。

では、なぜ十二〜十四世紀の遺構は、「絵図」のとおりに発見されないのであろうか。いくつかの仮説は考えられる。

①中世後期から近世の開発により削平や開田が行われ、遺構・遺物が既に失われた。

②現在の屋敷地の下など、試掘・確認調査の対象とし難い未調査の場所に残っている。

などである。そしてもう一つ、発見し難い遺構の可能性も提起しておきたい。既に、奥羽の中世村落と思しき遺跡は少なく、特に奥羽北部の遺跡は皆無と言って良い状況であることは再三論じてきている。また、「木器・漆器を主たる生活用具とし、壁支建物などの遺構としては発見され難い建物を主たる生活の場と仮定したときに、かなり意識を持って発掘調査したとしても、考古学的に発見できる可能性は極めて低い」［飯村 二〇〇九］としたように、考古学的な限界の可能性もある。逆に言えば、この「絵図」の残る「骨寺村荘園遺跡」の調査事例から、考古学的な限界を踏まえた「ムラ」研究の必要性を考えることができるかもしれない。

なお、遠西遺跡からかわらけと常滑三筋壺が出土しているが、これも農村における日常容器とは考え難く、儀礼的・宗教的な面が強い。その点を考慮すると農村の中でもやや特殊な場であると考えることもできる。また鎌倉時代の遺物はわずか青磁碗の小片一点であるが、奥羽では中世前期の村落遺跡からの出土遺物が極端に少ないことを考えると、必ずしも遺跡がなかった、あるいは特殊だとは言い難い。

これも既に指摘しているが、「在家絵図」に描かれた建物（第1・3図）である。神社建築とは明らかに描き分けられ、概ね四種類の建物が描かれている。「草葺き＋網代壁」（報告書のタイプⅠ）、「板葺き＋網代壁」（タイプⅡ）、「草葺き＋網代壁」（タイプⅢ）、「草葺き＋板壁」（タイプⅣ）、「板葺き＋板壁」（タイプⅤ）である。絵図の中での表現であるので、どの程度写実的か判断できないが、外観である屋根や壁の表現や建物の大きさは象徴的な意味があるように思われる。そう仮定すると、タイプⅠ・Ⅱの網代壁の建物は「格上」であり、タイプⅢ・Ⅳの板壁の建物が十四世紀初頭段階では、普遍的な建物と見ることもできる［飯村 二〇〇二a］。

黒田日出男は「中世の絵巻や荘園絵図に描かれた農山漁村の家々というのは、板葺屋根や板壁もある程度あったとは言え、草葺屋根に土壁の家というのが典型的なイメージであった」と指摘している［黒田 一九九六］。タイプⅣ・Ⅴは土壁の可能性も否定はできないが、屋根の表現との整合性を考えると、やはり板壁と考えたいところである。次に、絵巻や絵図に普遍的に描かれている農村の建物について、考古学的な成果を踏まえて、再考してみたい。

2　ムラは消えたのか？

福島県郡山市馬場《ばば》中路《なかみち》遺跡五号家屋［吉田ほか 一九八三 第5・6図］は焼失家屋で、多量の建築構造材と思われる炭化材や焼土が、約二〇〇点の土器とともに出土し、火災で倒壊した建物と考えられる。出土土器から十一世紀前半と考えられ、土器の出土状況を見ると、宴会儀礼の行われた建物が火災に遭い、倒壊して、火事場整理されることなく放棄された建物と考えられる。しかし、柱穴跡が全く検出できていないので、炭化した構造材は方形の井桁状プランを

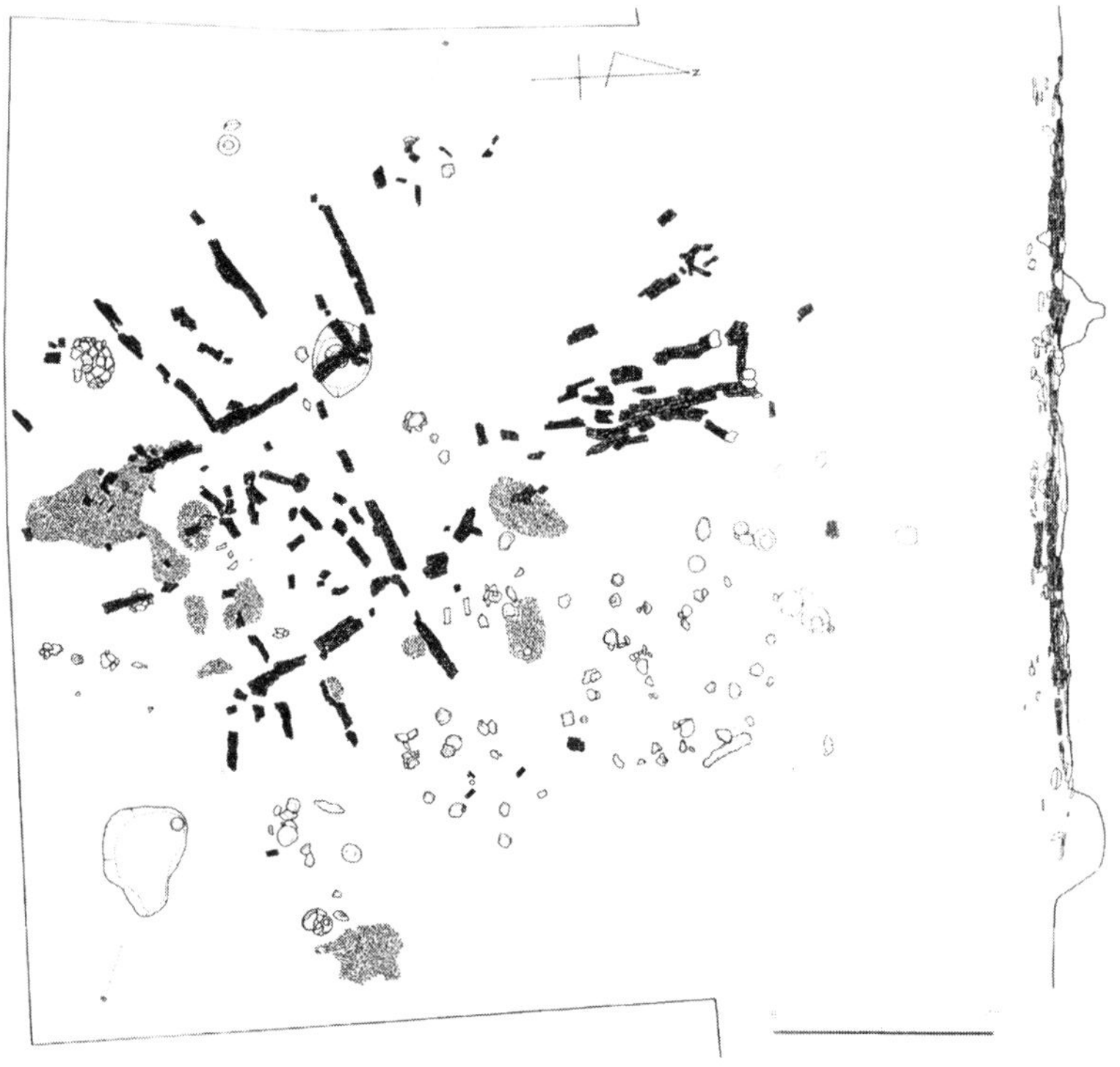

第５図　福島県馬場中路遺跡５号家屋（吉田ほか 1983）

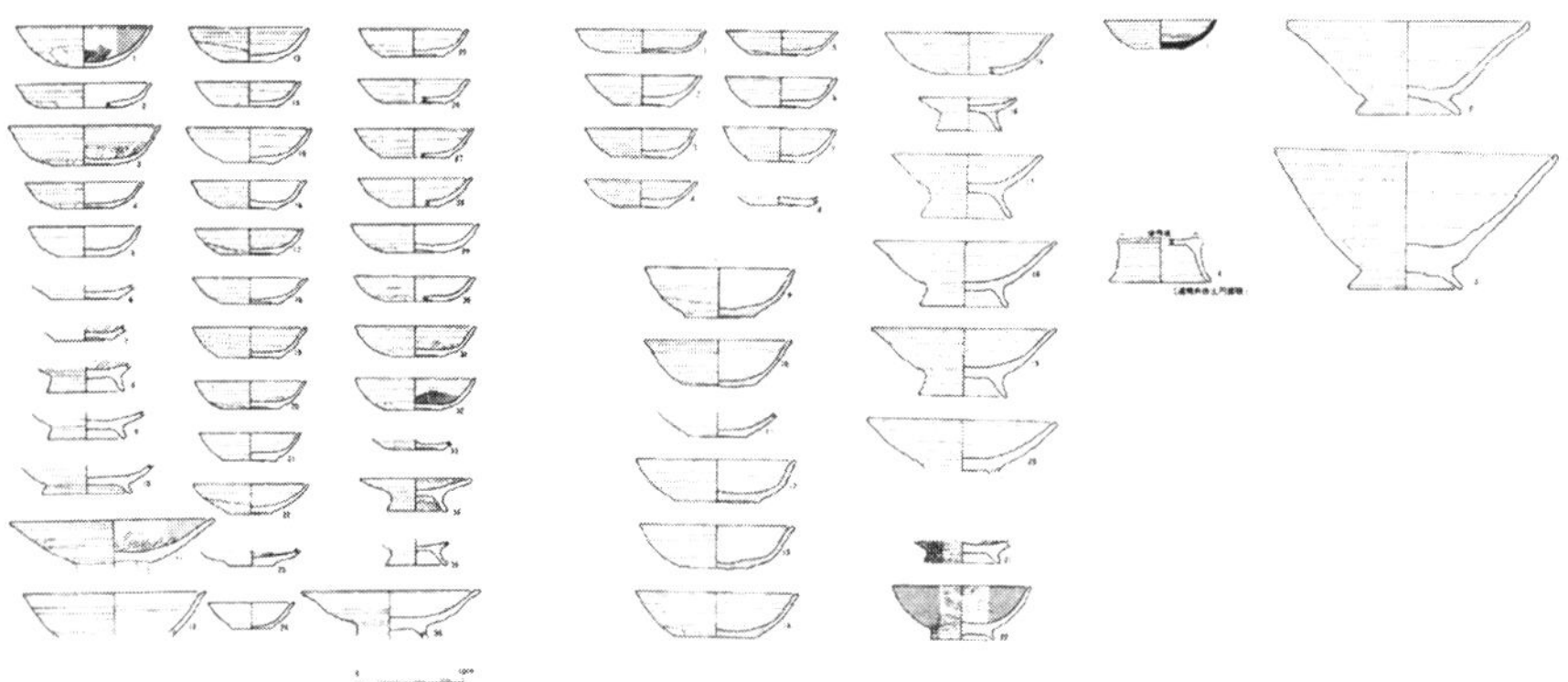

第６図　５号家屋出土土器

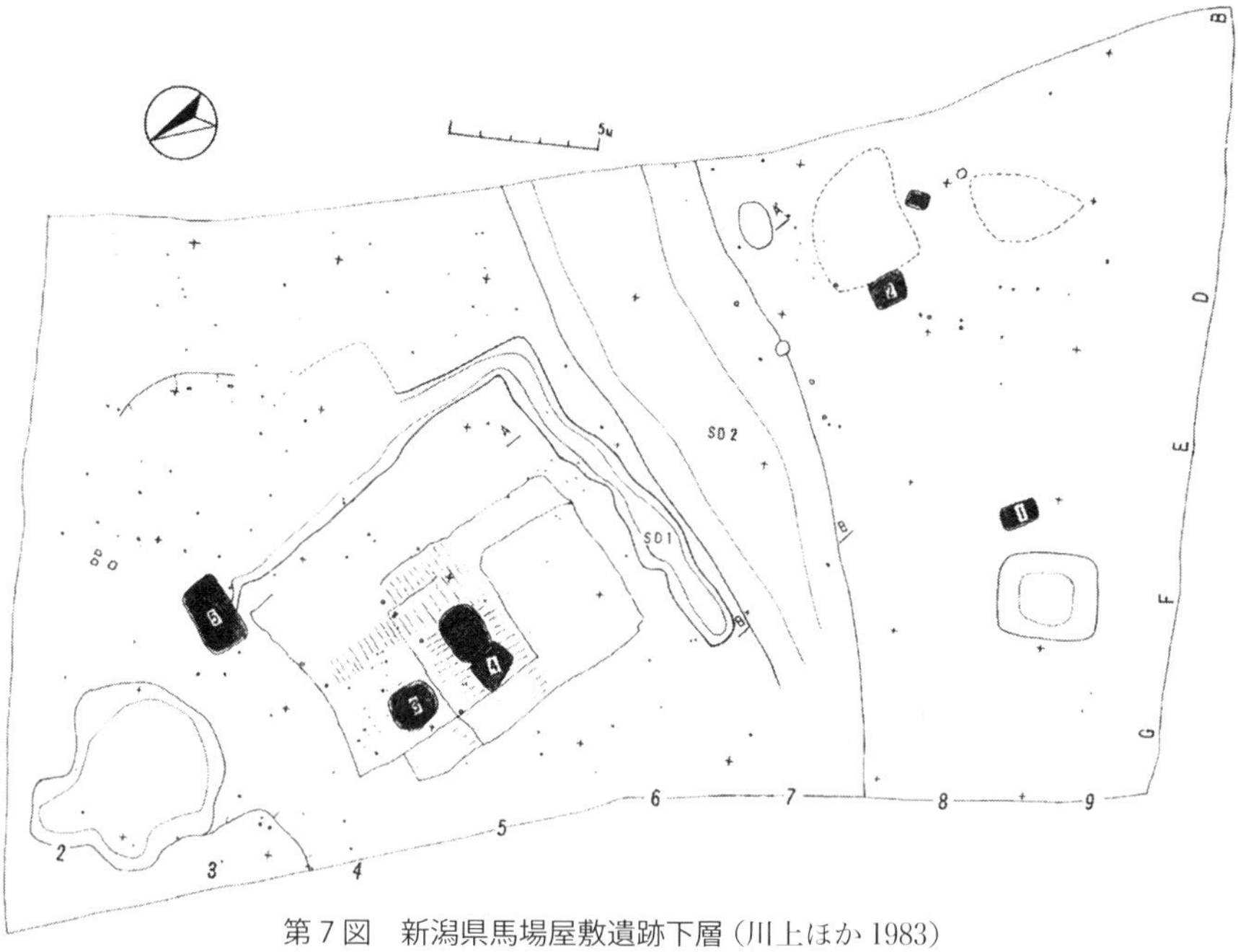

第７図　新潟県馬場屋敷遺跡下層（川上ほか 1983）

呈し、「土台建て」のような構造の建物が想定できる。

　信濃川左岸の水田地帯に立地する新潟県新潟市馬場屋敷遺跡［川上ほか 一九八三 第7・8図］では、Ⅰ区の水田面下約一・五㍍下層で建物跡・溝状遺構・柱類などを検出した。「簀《すのこ》」状の植物性の茎が並んで検出され、掘り込みは確認できていない。長軸約一一㍍、短軸約六・二㍍、長軸方向はほぼ真北を示す。建物内で柱穴は二基しか確認できず、柱類は大小三四基検出した。建物跡は四区画(部屋)に仕切られ、うち一区画の中央からやや盛り上がった状態で炭が集中して出土し、囲炉裏かと推定された。床面には葦と考えられる植物性の茎が敷き詰めてあり、囲炉裏の東西で敷き方が異なる。建物跡中央東側からは、檜垣の残欠が出土している。

　出土遺物は珠洲・土師質土器・青磁などの陶磁器のほか、木簡・木札、古銭・木製品・石製品などがある。木簡・木札は五二点出土し、墨書で花押・焼印を有し、地名・人名が記され、そして「かやのふた(だ)」などと記されるものと呪符があり、前者には紀年銘が五点あり、正応二年（一二八九）～延慶三年（一三一〇）の二一年間に収まる。十三世紀末から十四世紀初頭の葦床・葦壁の建物跡であり、檜垣の残欠も出土している。これは、低い床から地面に掘り込まれた葦壁が立ち上がり、上屋を支える構造と推定できる。信濃川の自然堤防に埋没していたので発見された遺構であり、通常の発掘調査では到底発見できない遺構である。

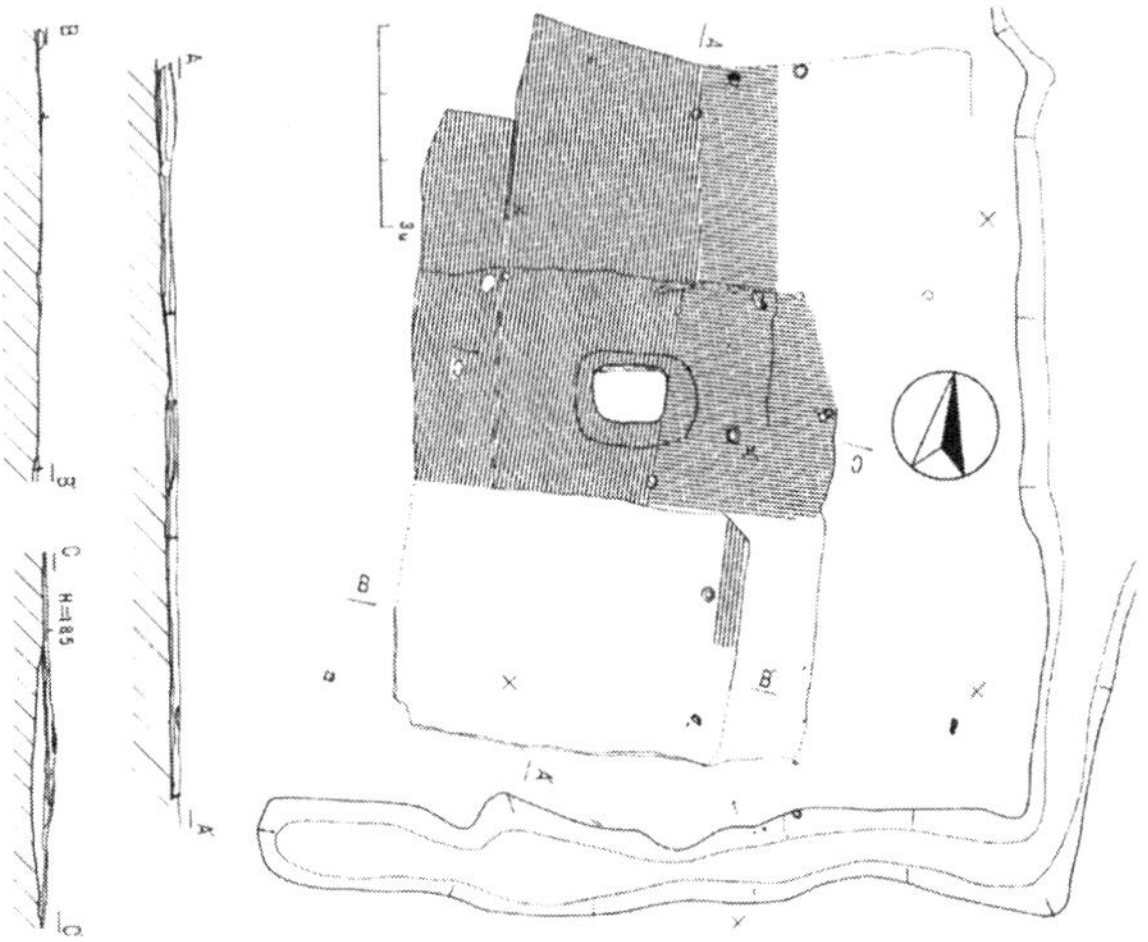

第８図　馬場屋敷遺跡下層建物址（川上ほか 1983）

　これが中世前期の東日本の集落に普遍的な建物跡の可能性があり、こうした構造の建物跡を視野に入れる必要がある。また、この遺跡からは、下駄の未製品や下駄用鋸が出土しているほか、「古川のうらの、かや　かるへし」という鑑札札のような木簡も出土しており、一般的な農村の建物跡とも断定はできないことは断っておきたい［飯村 二〇〇九］。馬場屋敷遺跡例を参考とすると、「草葺」「草壁」「網代壁」「板壁」などの構造は当然、想定すべきであり、馬場中路遺跡例のように柱穴を残さないような「土台建て」の構造の建物も階層にかかわらず想定すべきであろう。

　富士川右岸の扇状地端部に立地している山梨県南アルプス市大師《だいし》東丹保《ひがしたんぽ》遺跡Ⅲ区第一面［小林ほか 一九九七 第9・10図］では、掘立柱建物一棟、溝一二条、杭列八条、井戸跡一基、水田跡などが検出され、十三世紀中葉から十四世紀初めに比定されている。掘立柱建物跡は東西四間、南北六間の総柱建物であり、一七本の柱痕が遺存していたが、柱穴がないものやずれている柱穴・柱痕が少なくなく、周辺の河川の氾濫の結果と推定されている。鎌倉時代の総柱掘

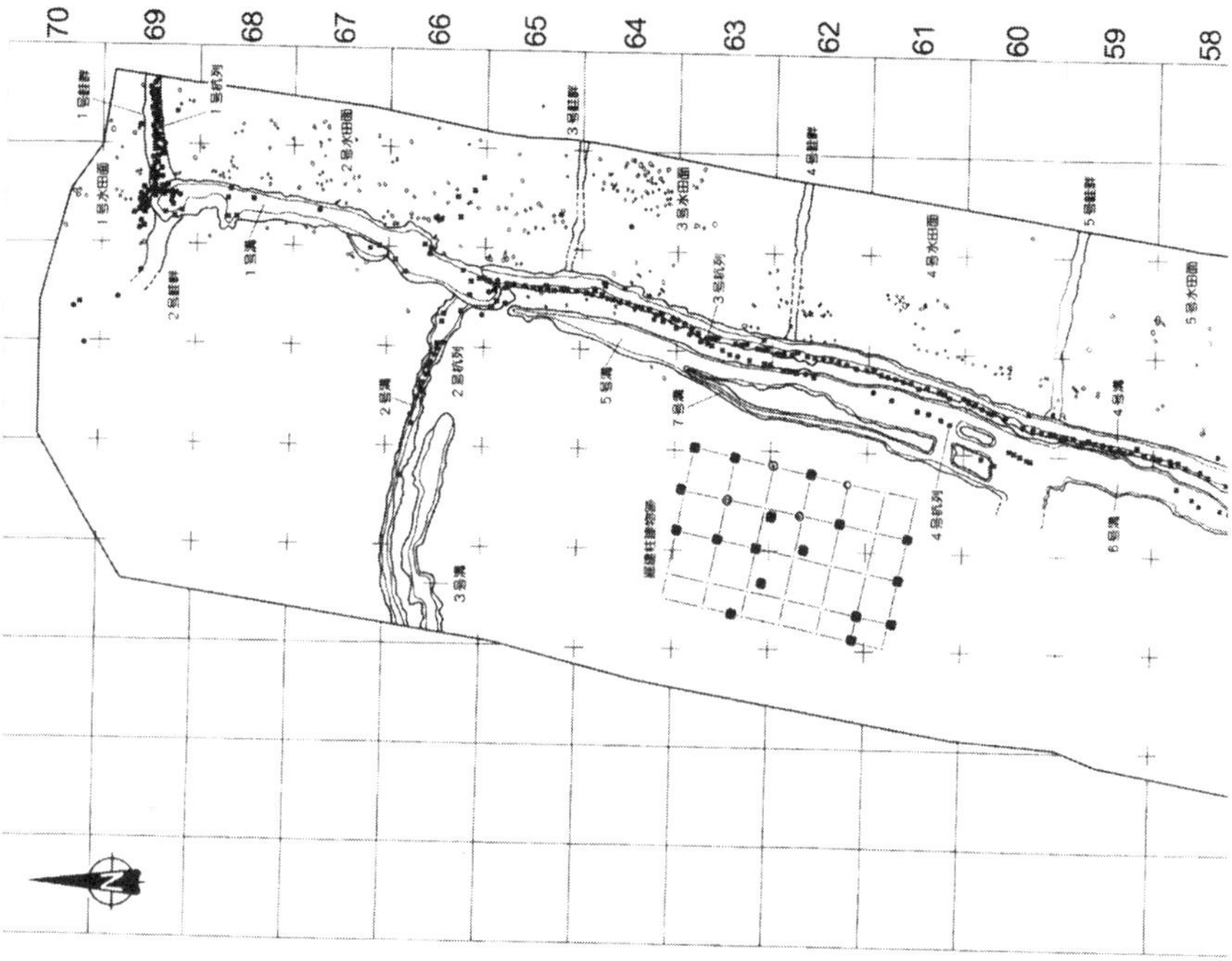

第９図　山梨県大師東丹保遺跡Ⅲ区（小林ほか 1997）

立柱建物が河川の氾濫で、遺構が消失していることが明らかになった。同遺跡のII区第一面では鎌倉時代の大規模な洪水で流れ着いた「網代」が出土している。網代はヒノキ板を編み込んだ長辺一五〇㌢、短辺九三㌢で、厚さ五㌢弱で、編み方と桟の構造から網代垣（塀）の可能性が指摘されている〔畑 一九九七 第11図〕。河川氾濫などで遺構が消失する状況が窺えると同時に、鎌倉時代の集落で「網代」塀や壁の存在が指摘できた。

中世都市・鎌倉の事例であるが、鎌倉市佐助ヶ

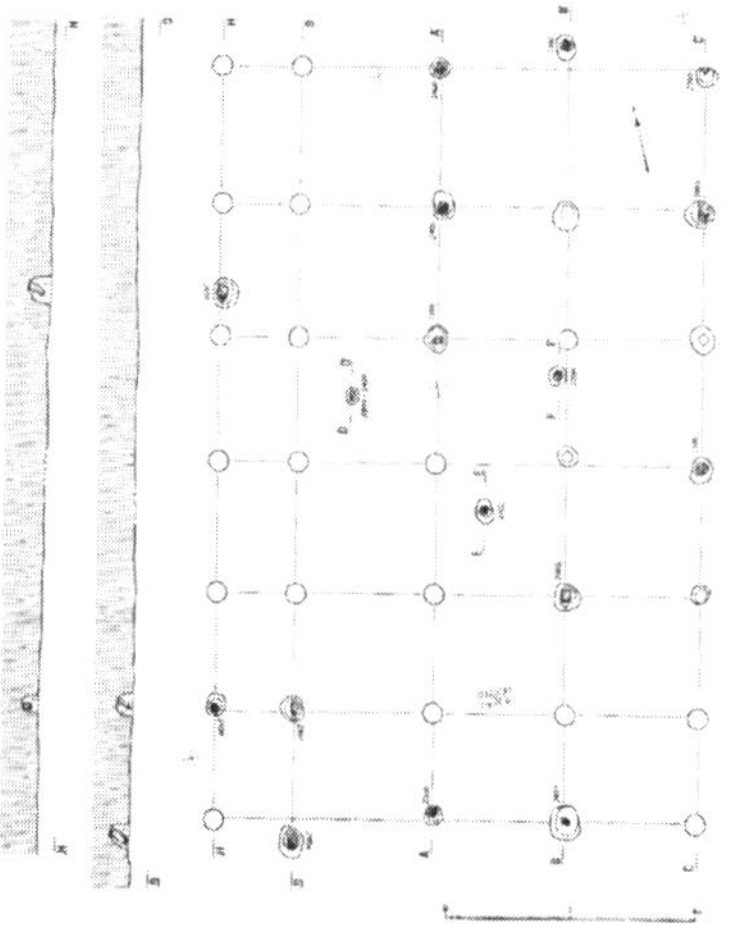
第 10 図　Ⅲ区掘立柱建物跡

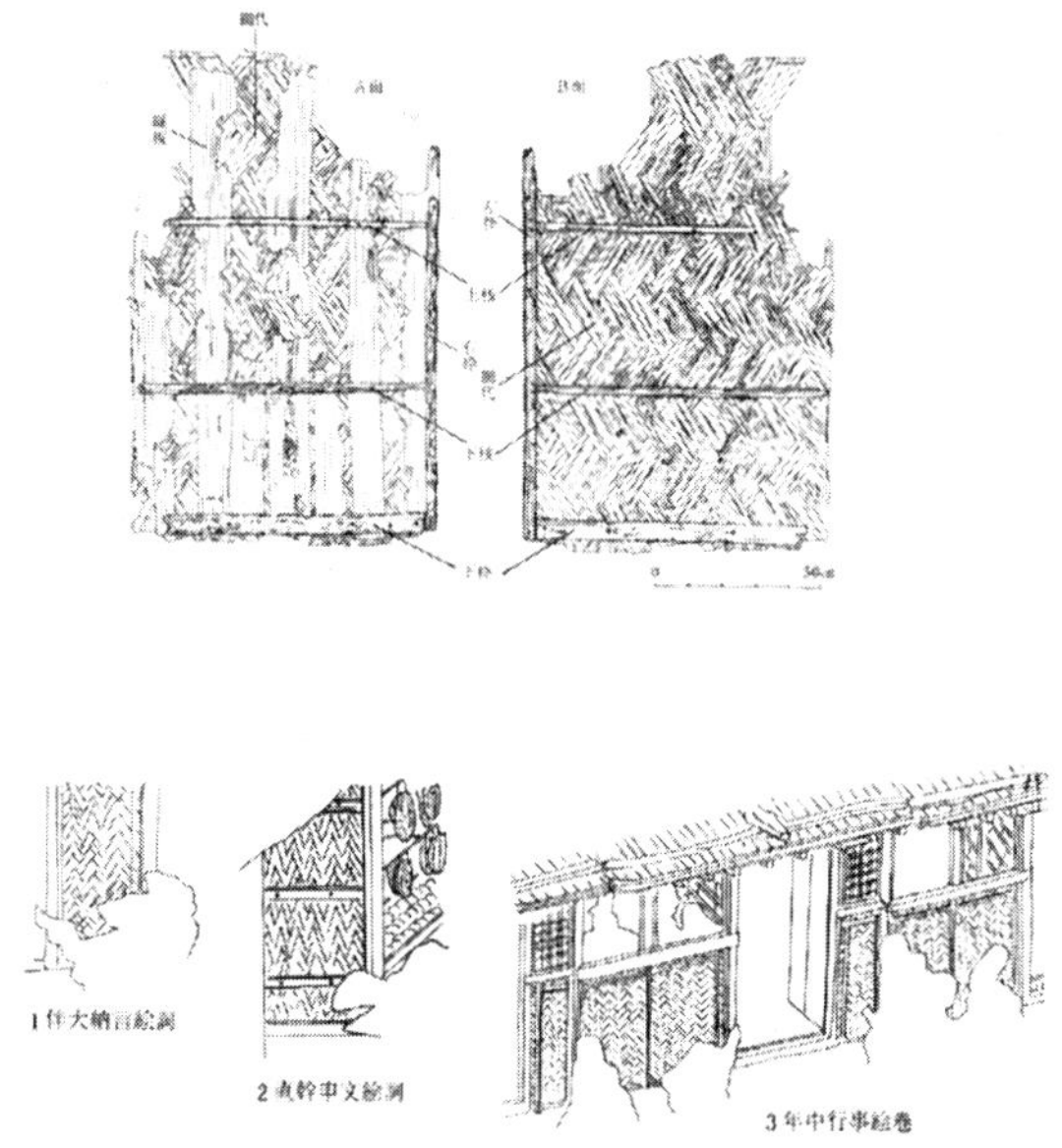

第11図　大師東丹保遺跡II区出土網代、絵画資料の網代壁

谷遺跡［斎木ほか 一九九三 第12～14図］第5期遺構面は十四世紀前半に比定され、建物跡四棟、基壇状遺構一基、土坑約二〇基、柱穴約一一〇基、門跡一基などである。建物8は板壁掘立柱構造の建物［斎木 一九九二］で、九室で構成され、南北約一二メートル、東西約一〇メートル以上の規模である。室1（第13図）は最大の部屋で約四八平方メートルの板床張りであり、板囲いの囲炉裏が伴う。室2は土丹《どたん》（凝灰岩質泥岩）を版築した土間で、室3は鎌倉石で区画され、室4の壁は割板材を横板と杭で支える構造である。室5・6は一体で板床張りであり、室7は土間、室8はカマドが伴う可能性がある。板壁掘立柱建物跡とは、地中から板を組んだ壁が立ち上がる構造で、板壁で上屋を支えるような建物で、部屋割りがあり、板床張り・土間の床となり、囲炉裏・カマドなどが伴う。一見、「バラック」のような印象である。都市・鎌倉では町屋の建物として普遍的であった可能性がある。

地域は異なるが、北海道厚真《あつま》町の厚幌《あつほろ》ダム建設事業で調査された上幌内《かみほろない》モイ遺跡［乾ほか 二〇〇七、飯村 二〇一四］は、厚真川とオニキシベ川に挟まれた河岸段丘に立地し、一六六七年降下の樽前bテフラ下層からアイヌ文化期の遺構が調査された。平成十六・十七年度の調査ではアイヌ文化期の平地式住居址七軒、土壙墓二基、灰集中区三か所などを検出している。2号平地式住居址（第15図）は全長九六五×四四〇センチ、主体部六〇五×四四〇センチ、出入口付属施設三六

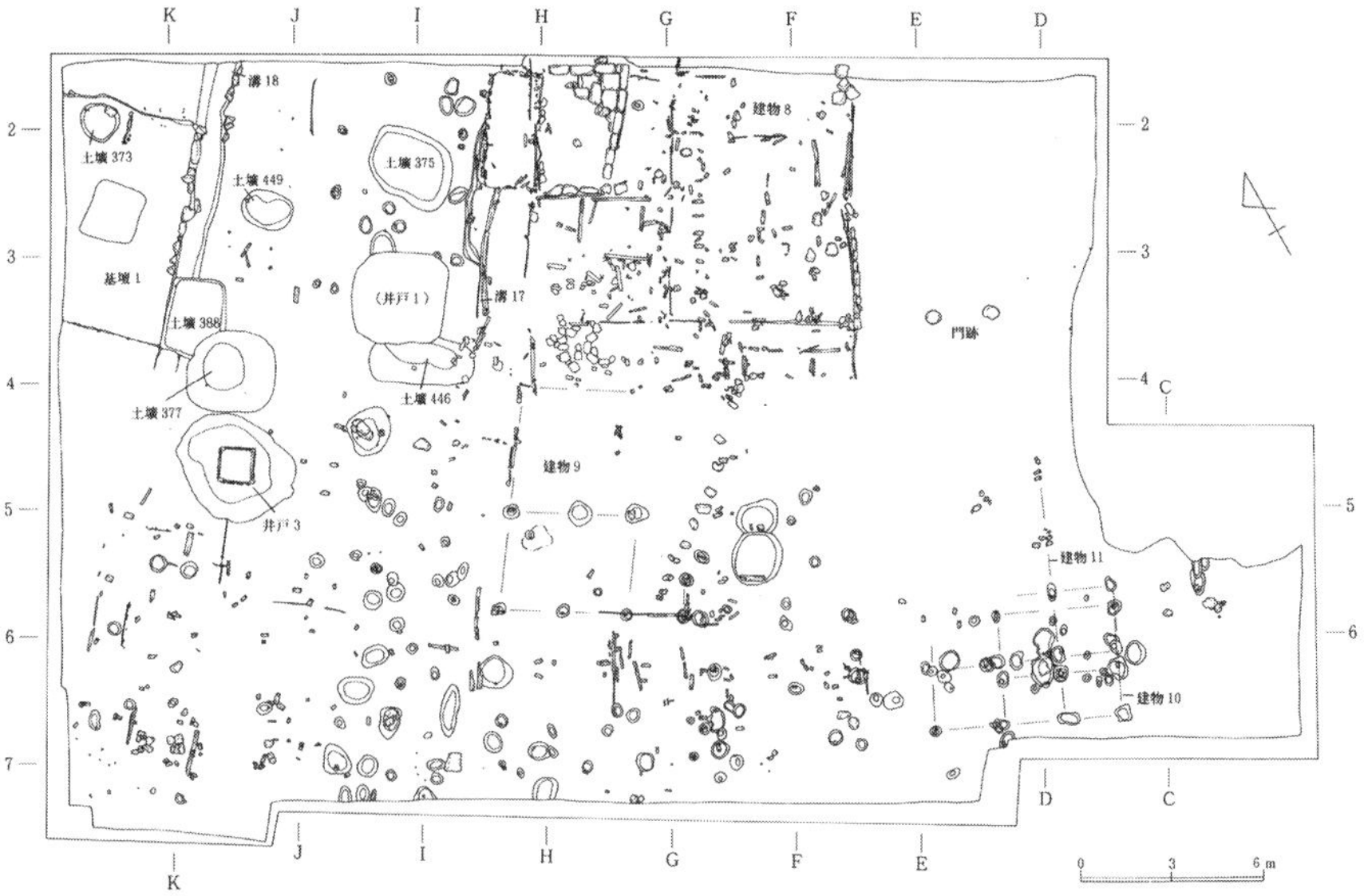

第 12 図　鎌倉・佐助ヶ谷遺跡第 5 期遺構群　板壁掘立柱建物跡(斎木ほか 1993)

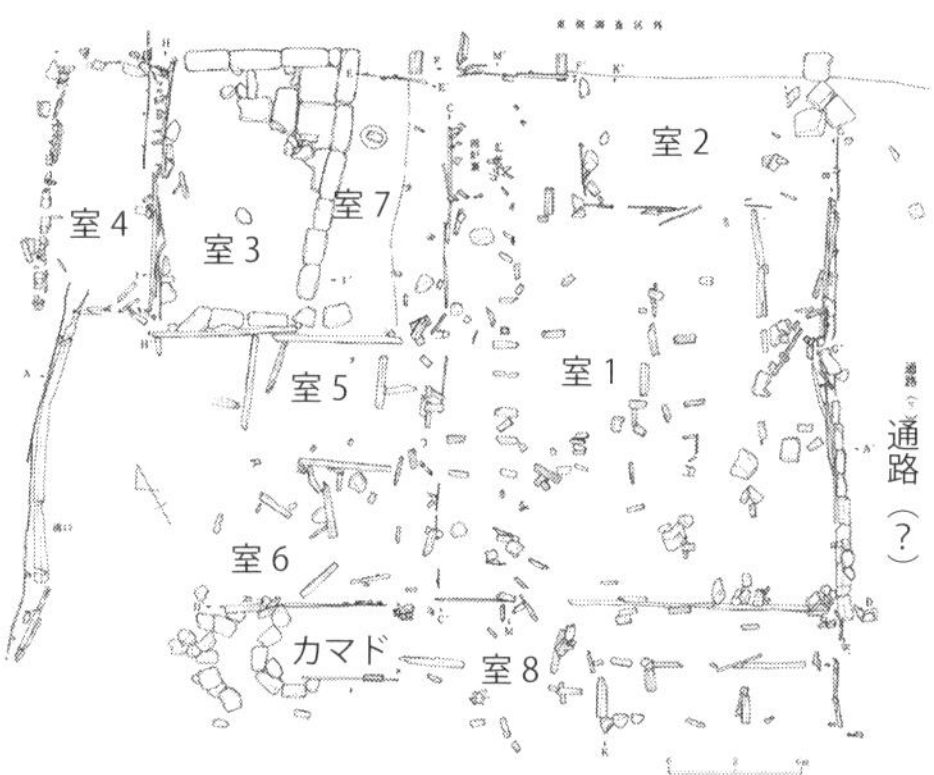

第 13 図　第 5 期　建物 8 (板壁掘立柱建物跡)

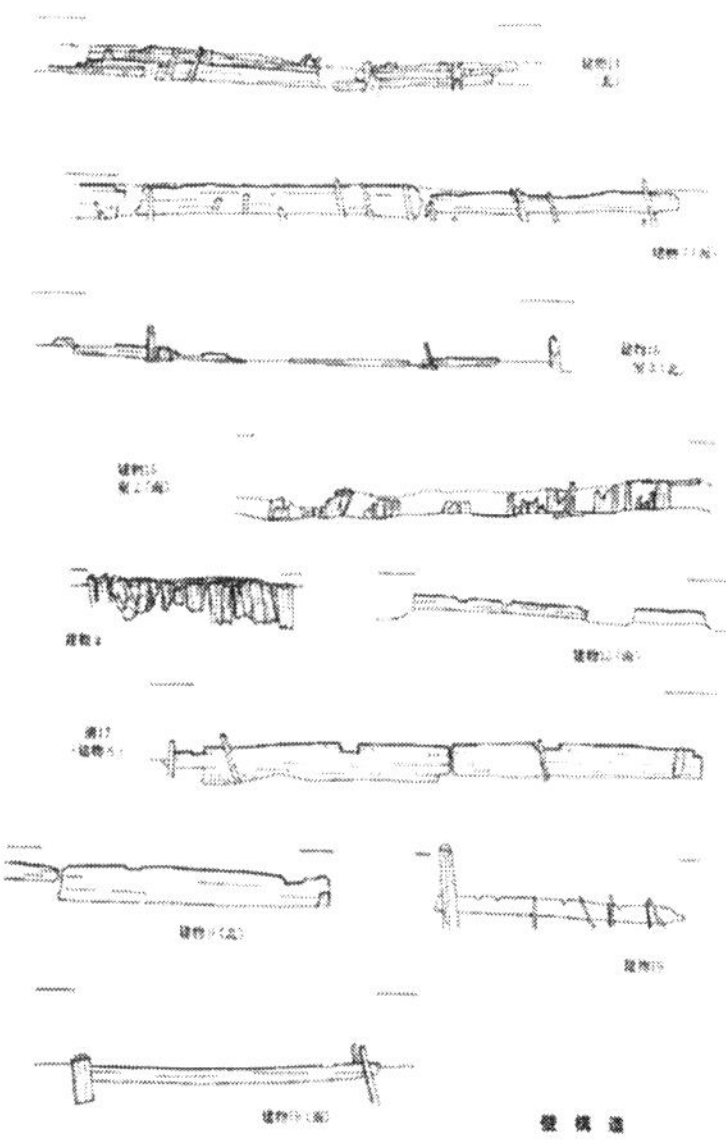

第 14 図　建物 8 (板壁掘立柱建物跡)　壁構造

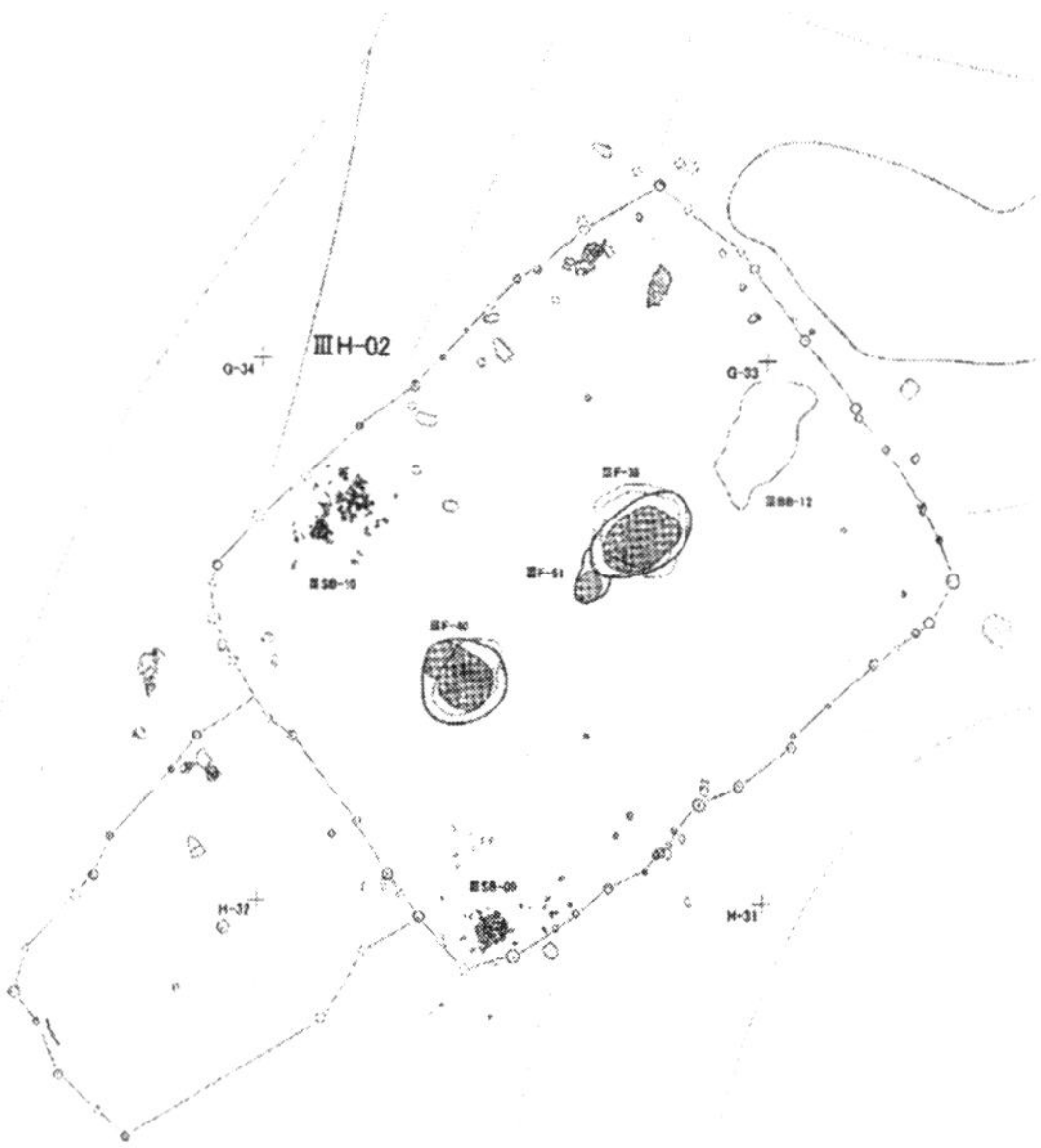

第15図　上幌内モイ遺跡2号平地式住居跡（アイヌ文化期）
（乾ほか2007）

○×一七五センチの規模で、主軸線上に付属炉四基を検出し、外壁に沿って七四本の打ち込み式の柱穴を確認し、そのうち深さ二〇センチ以上の主柱穴は二四本で、一一五〜一二五センチ間隔で配され、主軸方向に傾斜する。柱穴は直径五〜七センチである。周囲には集石、焼骨集中、獣骨集中などが検出されている。出土遺物は叩き石・台石・礫・火打石・太刀・大型の刀子・円盤状鉄製品・内耳鉄鍋などが出土している。鉄鍋の形態を見ると十三世紀後半から十四世紀前半の可能性が高く、近世アイヌのチセ（第16図）の前身となるような平地式住居がアイヌ文化期では普遍的であったことがわかる。

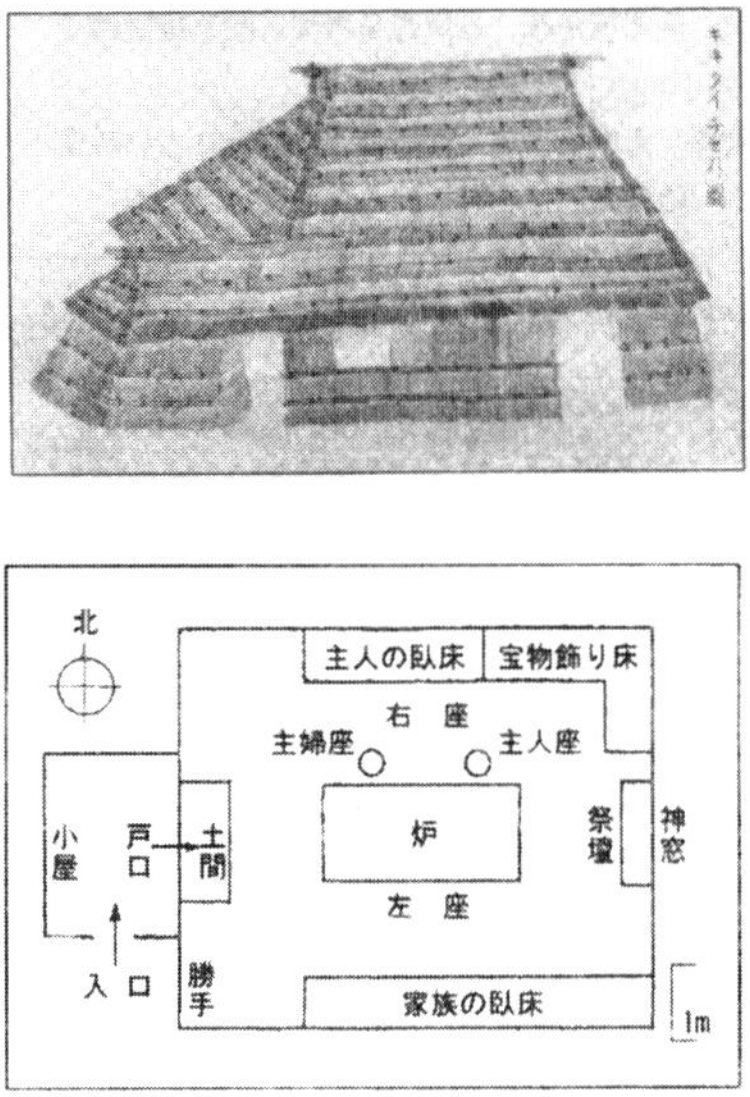

第16図　アイヌのチセ（平地式住居）

以上のように、少ない事例ながら中世前半期のムラの建物の調査事例を概観した。掘立柱建物ばかりでなく、板壁掘立柱建物や平地式建物のような「壁支え建物」や井桁形の「土台建て」建物が少なからずあり、極めて遺存し難い

「磐井郡西岩井絵図」のうち本寺近隣のトレース図（作図　星雪音・本間結希乃）

第17図　元禄十二年成立磐井郡西磐井絵図（写）　本寺近隣のトレース図
（東北芸工大 2014）

建物であり、考古学的な発見例は例外的である。

このように鎌倉時代のムラは極めて発見が難しいことがまず指摘できる。また、既述のように建物の外観は葦壁や草壁、板壁・網代壁などが指摘でき、絵巻や絵図の描写と共通している可能性が高い［黒田 一九九六］。さらに、大師東丹保例などを見ると、大型総柱掘立柱建物も河川の氾濫などで消失した可能性があり、後世の災害や開発で鎌倉時代のムラが消えた可能性は十分に想定できる。

骨寺村荘園遺跡を近世の絵図（第17図）や現代の地形図（第18図）で見ると、元禄十二年成立とされる絵図では本寺は新田開発が進められ満作の状態で表記されており、昭和四十年代の地形図でも道路沿いに民家は増えているが、水田・畑が全面に表記されている。近世以降、灌漑用水の整備など全面的な新田開発が行われたことは想像に難くなく、既述のムラの建物の遺存状態の問題と相俟って、絵図に描かれた骨寺村荘園遺跡は考古学的にも存在しなかったのではなく、「ムラが消えた」と評価するのが妥当であろう。しかし、そのムラの痕跡は遺跡・遺構・遺物だけではなく、立地・地形・地名・景観・風景の中にも見出すことができ、

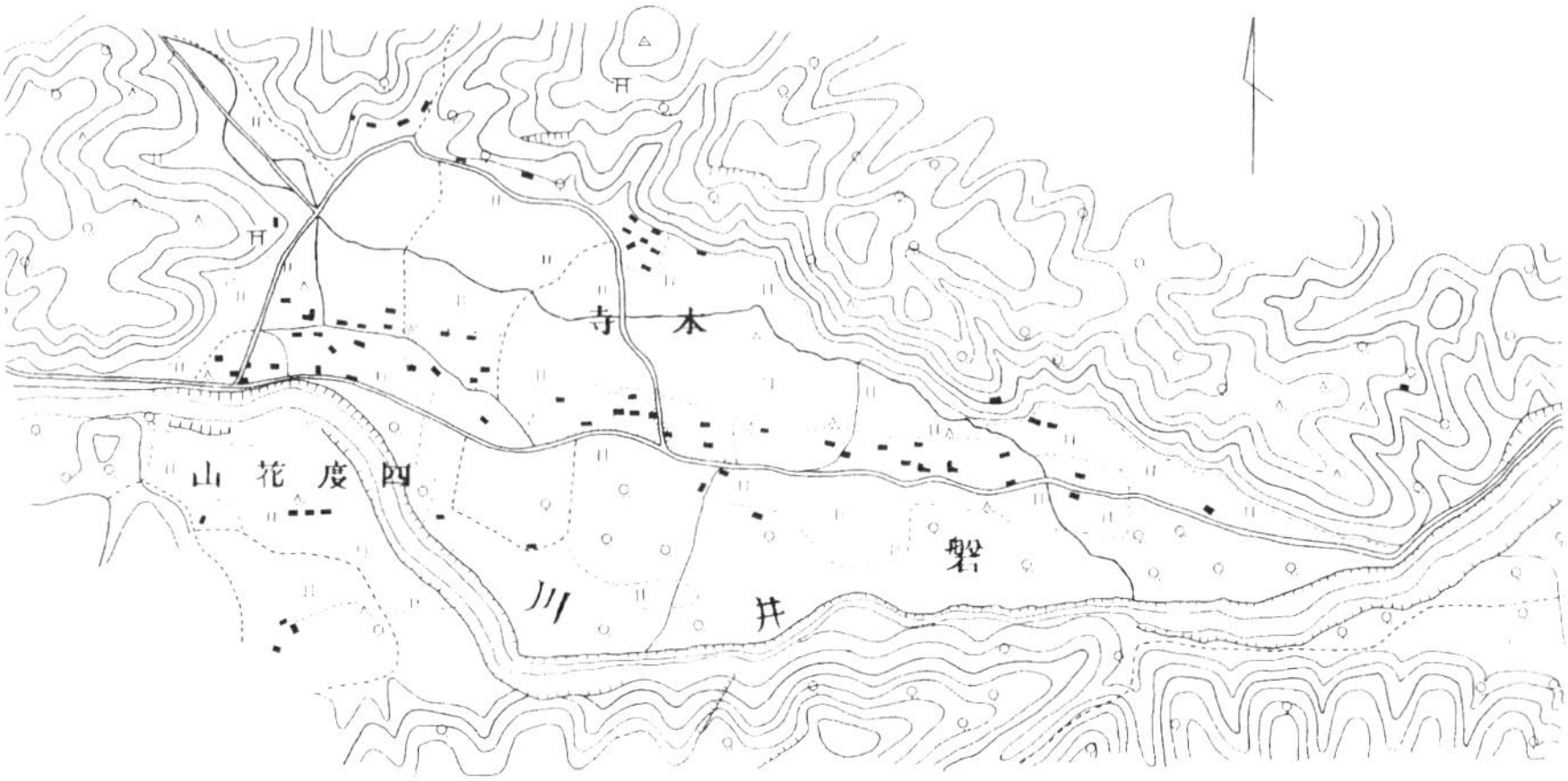

昭和30年代の地形図　（基盤整備計画の際に作成した図）

第18図　昭和30年代地形図（工藤・大石ほか2004）

丹念に読み解いていく努力を続ける必要があろう。

3　今後の課題

考古学におけるムラ研究は中世に限らず、古代以前でも進展しているとは言い難い。特に、一九八〇・九〇年代の古墳時代の集落研究について大村直は、集落研究の閉塞感、分析方法の硬直化、あるいは近藤義郎の共同体論、和島誠一らの集落論の硬直化を指摘し、「階層分化」という視点が自らの視野を狭めたと評している［大村 二〇〇二］。また、火山灰に埋もれて発見された群馬県黒《くろ》井峯《いみね》遺跡などの発見も、大きな影響を与えたと言われている。つまり、古墳時代の集落が竪穴建物だけで構成されるのではなく、竪穴建物を中心に平地住居・家畜小屋・道・柴垣など通常は考古学的には発見され難い遺構で構成され［若狭 二〇一五］、いわゆる「宅地・園地」の様相が明らかになり、竪穴建物跡だけで論じられていた集落研究に衝撃を与えた。

古代の集落研究でも、秋田県北秋田市胡桃館《くるみだて》遺跡を始めとする、九一五（延喜十五）年に噴火したとされる十和田火山の、いわゆるシラス洪水で埋没した埋没家屋の発見と再調査は注目され、古代集落研究の課題となるであろう［高橋 二〇一二］。その建物構造を見ると、礎石建物跡・掘立柱建物跡・井篭板壁平地建物など多様であり、通常の考古学的な調査では発見され難い平地建物もあり、注目される。

中世のムラ研究も同様であり、既述のように筆者は「掘立柱建物跡を主体とする遺跡」に既に一定の階層性を示している可能性が高いと考えており、もっと多様な建築様式、集落景観が想定できると考えている。したがって、考古学が普遍的に明らかにできるムラは、「氷山の一角である」と言わざるを得ない。しかし諦めることなく、ミクロ・マクロの視点から遺跡を丹念に読み解いていくことが必要であろう。

引用・参考文献

飯村 均 二〇〇九年『中世奥羽のムラとマチ―考古学が描く列島史―』東京大学出版会
飯村 均 二〇一四年「中世のムラ―北から―」藤原良章編『中世人の軌跡を歩く』高志書院
飯村 均　二〇一四年「中世のマチとムラ」『講座　東北の歴史　第二巻　都市と村』清文堂
飯村　均　二〇一五年『中世奥羽の考古学』高志書院
一関市博物館 二〇〇八年『中世荘園骨寺村』
一関市教育委員会 二〇一四年a『国指定史跡 骨寺村荘園遺跡 平成25年度調査概要』
一関市教育委員会 二〇一四年b『骨寺村荘園遺跡確認調査報告』
一関市教育委員会 二〇一五年a『国指定史跡 骨寺村荘園遺跡 平成26年度調査概要』
一関市教育委員会 二〇一五年b『骨寺村荘園遺跡確認調査報告』
乾哲也ほか 二〇〇七年『厚真町 上幌内モイ遺跡(2)』厚真町教育委員会
大村 直 二〇〇二年「弥生・古墳時代のムラ研究について」畑大介編『ムラ研究の方法―遺跡・遺物から何を読みとるか』岩田書院
小野正敏ほか編 二〇〇一年『図解・日本の中世遺跡』東京大学出版会
川上貞雄ほか 一九八三年『馬場屋敷遺跡等発掘調査報告書』新潟県白根市教育委員会
工藤武・大石直正ほか 二〇〇四年『骨寺村荘園遺跡』一関市教育委員会
黒田日出男 一九九六年「特論②網代壁・板壁・土壁 町屋イメージの変貌」『絵巻物に建築を読む』東京大学出版会

小林健二ほか　一九九七年『大師東丹保遺跡Ⅱ・Ⅲ区』山梨県教育委員会
斎木秀雄　一九九一年「板壁掘立柱建物跡の提唱」『中世都市研究』第1号　中世都市研究会
斎木秀雄ほか　一九九三年『神奈川県・鎌倉市　佐助ヶ谷遺跡』佐助ヶ谷遺跡発掘調査団
高橋　学　二〇一二年「十和田火山噴火と災害復興―出羽国・米代川流域の村々に焦点をあてて―」『北から生まれた中世日本』高志書院
吉田幸一ほか　一九八三年『郡山東部Ⅲ　穴沢地区遺跡』福島県郡山市教育委員会
畑　大介　一九九七年「大師東丹保遺跡出土の網代の保存処理と製作技法」『大師東丹保遺跡Ⅱ・Ⅲ区』山梨県教育委員会・建設省甲府工事事務所
畑大介編　二〇〇二年『ムラ研究の方法―遺跡・遺物から何を読みとるか』岩田書院
東北芸術工科大学東北文化研究センター　二〇一四年『東北一万年フィールドワーク11　本寺　山間に息づくむらの暮らし』
若狭　徹　二〇一五年『東国から読み解く古墳時代』吉川弘文館

金山遺跡における「場」と「景観」

萩原三雄

はじめに――鉱山遺跡研究の現在

中世とくに後半の戦国期に開発が始まった金山遺跡とその関連遺跡に対する調査研究は近年急速に進展している。とくに、佐渡や甲斐などの鉱山史研究が活発に展開している地域ではさまざまな研究成果が生まれている。

金山遺跡にはその採鉱過程に「砂金(川金)」「柴金」「山金」の三つの態様がある。一つは、砂金の採取である。河床などに堆積した金を採掘ないし採取したもので、わが国では古代から近代まで一貫して行われており、史料上には「川金」と散見される。[1]「柴金」とは、一般に河岸段丘上や山野に堆積している金を指しており、金の採取に必要な水の取り入れに高度な技術と多大な労力も要求されるが、砂金とほぼ同じような技術によって採掘ないし採取された。この柴金の採取も古代から近代まで連綿と続けられており、柴金関係遺跡をみるかぎり、砂金より大規模かつ広大な面積が対象となっていることがわかる。[2] 山金開発以前では砂金よりもむしろ主流として活発に産金活動が展開されていたらしい。

「山金」とは金鉱山から産出される金であり鉱石中に存在する。この場合、砂金や柴金とは異なって金山から採鉱されたのち粉成(こなし)という工程が加わる。この山金に対する採掘がいつごろから始まったのかは諸説があって定まらないが、他に先駆けて金山開発が開始されたとされる甲斐金山のうちの黒川金山遺跡や湯之奥金山遺跡の年代観に従えば、(3)十六世紀の初期ないし十五世紀の後半ごろが有力視される。砂金や柴金の開発からかなり遅れ戦国初期ごろの開発となる。

初期の金山開発は表土近くに堆積している金を露頭掘りすることから始まった。酸化富鉱帯とも呼ばれる露頭近くに堆積した金を竪掘状に採掘するもので、その痕跡を示す金山遺跡は列島上に広く見られる。そののち、おそらくは織豊期ないし江戸初期ごろ坑道掘りに大きく転換したようで、地中深く掘り進むことによって採掘量も大幅に増加した。

採鉱された金鉱石は粉成されたのち、製精錬ないし溶解という工程に進む。この技術的工程は初期には金山の現場付近で行われたらしく、粉成に必須な鉱山臼や製錬等に使用された金付着土器などが遺跡内に多数残存している。遺跡内に鉱山臼が散在する景観は金山を始めとする鉱山遺跡に特有のものである。

本論が求めようとしている遺構と遺物が織りなす諸関係、とくに「場」と「景観」の前提となるこれまでの調査研究はおおむね以上のとおりであるが、次節以下において金山遺跡に見出される「場」と「景観」のありようについて、金山遺跡群のなかのいくつかの事例から論じていくことにしたいと思う。

1　出土遺物に探る「場」の問題

ここでとりあげるのは、金山関係遺跡からしばしば検出される「金付着土器」と「場」の問題である。

「金付着土器」とは、中世遺跡からごく普遍的に確認される土器、すなわち「かわらけ」に金粒が付着している素焼きの土器のことをいい、近年金山遺跡の採鉱の現場や戦国都市内でしばしば発見されているものである。土器のうちでも、特に小型の製品が選ばれているようで、金の製錬ないし溶解等にはこうした小型の土器が適していたことがわかる。これらの土器の内側を観察してみると微細な金の粒が付着しているのが散見され、金に関わった道具であったことが一目瞭然である。しかも、これらの土器は高熱によってことごとく破砕しており、火力の強さも物語っている。高熱は土器の上方から直接加えられていたようで、内部のみが強い熱を受けており、底部はほとんど熱を受けていない。こうした状況を復元すると、小型の土器の内部におかれた金に直接熱を加えたようで、この土器は金鉱石から金の製品化に至る一連の工程で「るつぼ」として重要な役割を果たしていたことがわかる。

この金付着土器が出土している遺跡は、現段階では以下の三か所に分けられる。

一つは、金鉱石の採鉱の場である金山遺跡の現場である。今のところ、発見されている金山遺跡は少なく、甲斐金山のうちの黒川金山遺跡(4)と湯之奥金山遺跡(5)のほか、長野県川上村に所在している梓久保遺跡(6)の三か所である。現段階では金山遺跡に対する発掘調査が少ないためにまだ限られているが、金山遺跡の調査研究の進展によって今後この類例は増加すると考えられ、とくに黒川金山遺跡における検出状況から考えると金山遺跡では欠かせない道具として重要な役割をもっていたことがわかる。

二つ目は、都市遺跡内での発見である。これは、近年では沓名貴彦氏の精力的な調査研究(7)によって急速に増加しており、戦国都市甲府(8)のほか、山口の大内氏の本拠の城下である大内氏関連町内遺跡や大分の豊後府内の城下遺跡など各所で発見があいついでいる。その様相は戦国都市内における金の需要が相当大きかったことを強く示唆している。

三つ目は、かなり特異な事例ではあるが、戦国期の城館遺跡内での発見である。こうした事例はきわめて少なく、今のところ山梨県甲州市に所在している勝沼氏館跡(9)で知られるのみである。この館跡は甲州市勝沼町を西流する日川の急崖に面して立地し、主郭を中心にそれをとりまくように外郭と、さらにその外側に家臣屋敷などが広く展開しており、館を中心に規模の大きい城下が形成されていたことがわかる。ここに割拠した勝沼氏は戦国大名甲斐武田氏の親族衆の一員として政治的にも軍事的にも重要な役割を果たしていた。この戦国期城館の、しかも主郭内という重要な郭から金が付着した土器が多数発見され、この城館で金に関わる何らかの作業が行われていたことが判明したのである。主郭内の一画に炉を設置したかなり大きな掘立柱建物をもち、その周囲には水溜や水路を巡らすなど、火に対する用心も万全にしている。この水溜や水路内などからは金粒が付着した土器片が多数発見され、この建物が金に関わる工房であることは一目瞭然である。主郭という城館にとってはきわめて重要な郭の内部にこの館は金工房を抱えていたのであり、戦国大名権力と金との関わりを直接的に示す貴重な遺跡となっている。

右に見たように、こうした金粒が付着した土器はさまざまな遺跡内から検出されており、かなり普遍性を持つ遺物となっているのであるが、しかし同じかわらけという土器ではあるものの、出土している「場」によってその史的意義も異なっていることがわかる。以下、その意味を問うてみよう。

2　「場」に読む史的意味

まず、金鉱石採掘の場としての金山遺跡からの出土状況とそれから読みとれる史的意義について、多数出土している甲斐の黒川金山遺跡から検討してみたい。

黒川金山遺跡は山梨県甲州市塩山の北方の山中に所在しており、主に戦国期に稼業されていた金山遺跡である。現在でも金山のほぼ中央に流れる沢を挟んで雛壇状に多くの平坦面が広がっており、往時の操業の盛んな様子がみてとれるが、近年まで闇に包まれたままの鉱山遺跡であった。しかし、一九八九年から東京大学の今村啓爾氏らによる学術調査が開始され、それから四年間にわたる総合調査によってその実像が浮かびあがっている。

それらの調査で得られた成果は数多く、その後の鉱山史研究に与えている内容は多いが、そのなかでとくに注目す

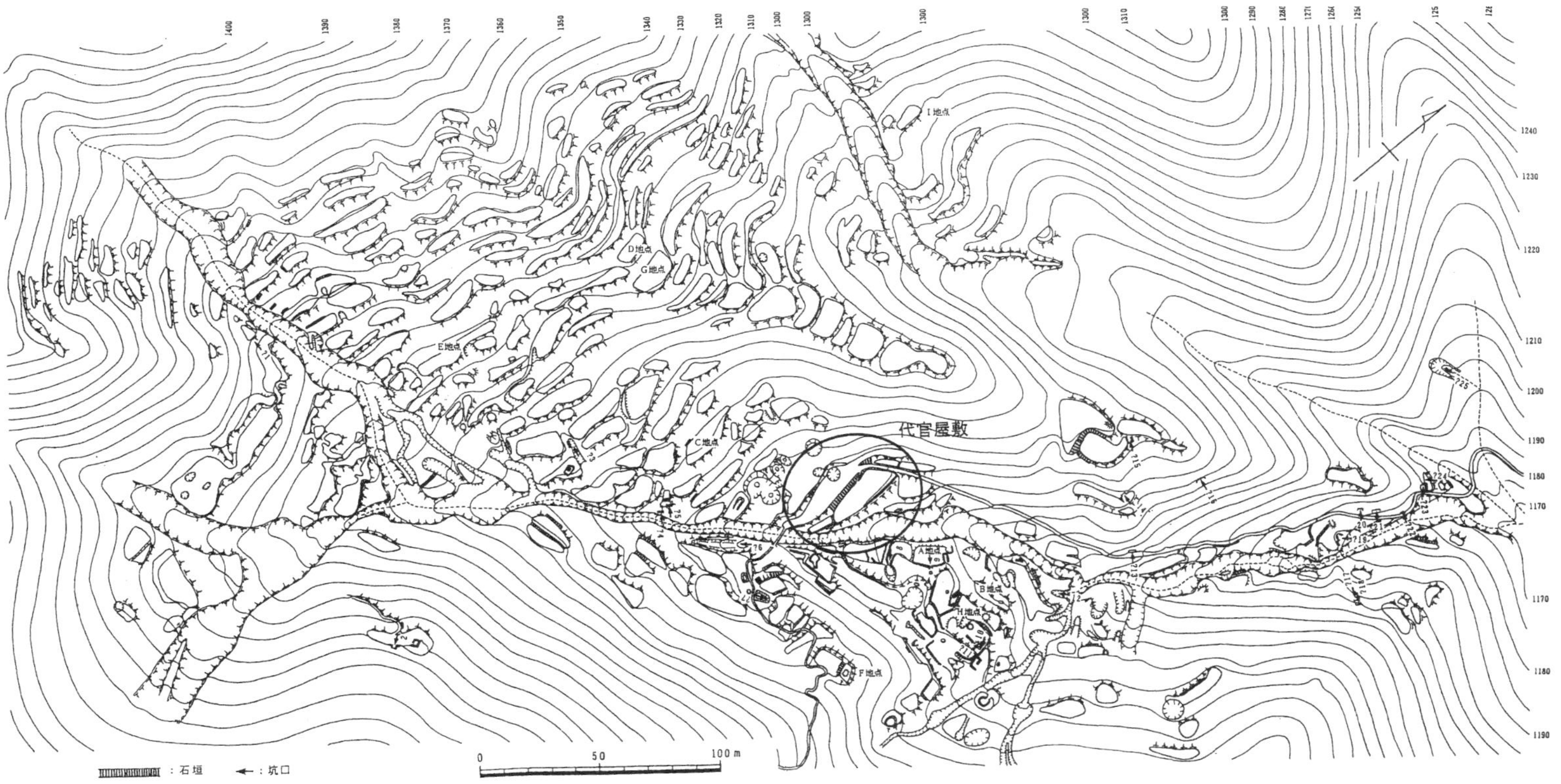

第１図　黒川千軒全体図（『日本の金銀山遺跡』高志書院より）

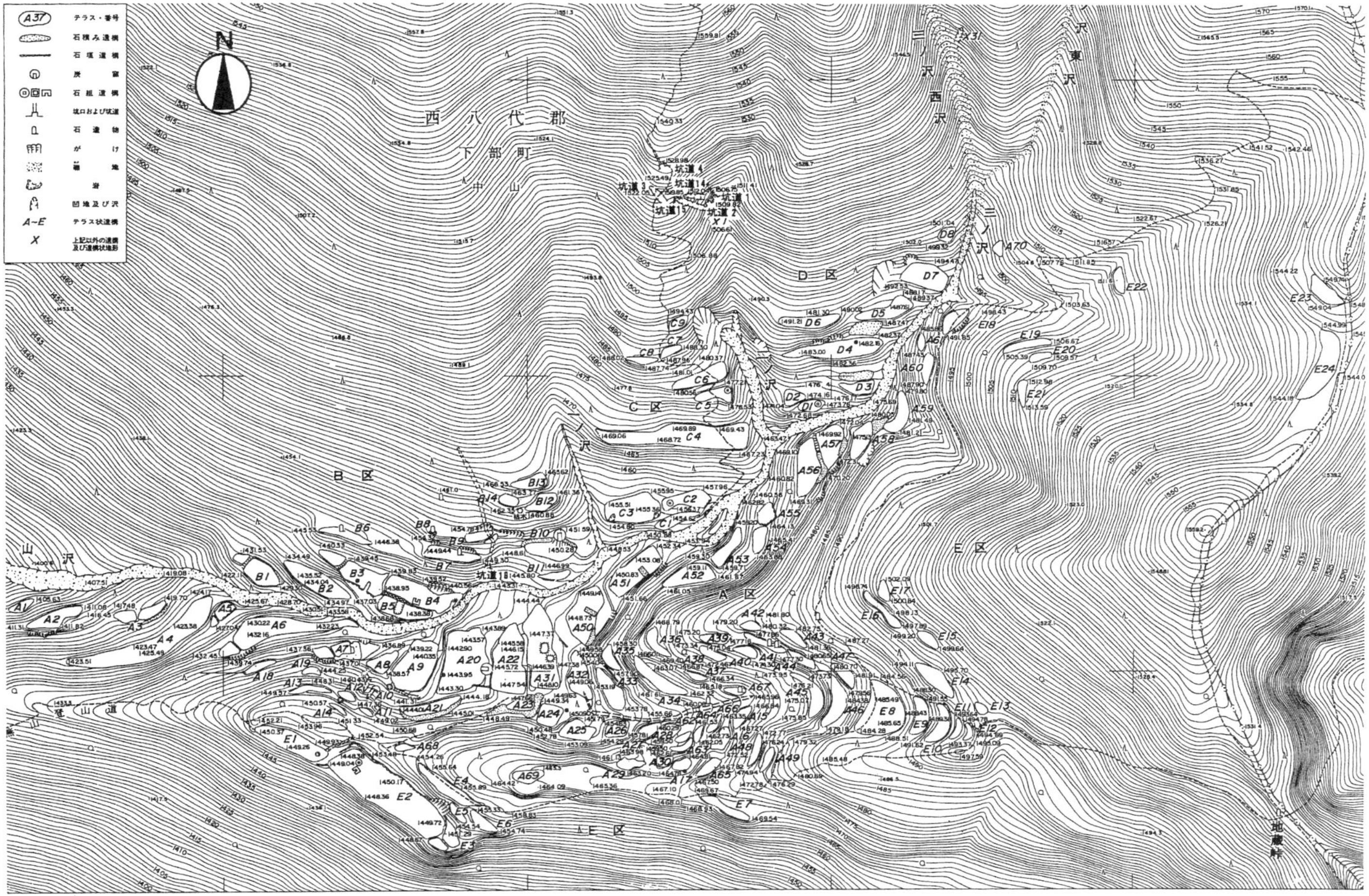

第２図　中山金山遺跡平坦面全体図

べき成果の一つに金が付着した土器の発見がある。発掘調査地点は少ないが、そのなかでも複数の個所から金付着土器は確認されており、戦国期における鉱山技術を解明するうえで十分な資料となっている。

これらの金付着土器はさまざまな鉱山技術のありようを示している。その一は、この金山現場のなかでは金鉱石の採鉱に特化されるのではなく、製錬ないし溶解の工程までの一連の作業が複数の個所で一貫して行われていたことである。金山の採掘現場において、金掘りたちは採鉱から製錬までの一連の技術工程を展開していたのである。その二は、金付着土器の出土地点の散在性[10]である。これらのあり方からみると、この土器を使用した技術工程は一か所に集中していたのではなく、あちこちで行われていたことがわかる。

こうした散在的な出土状況に注目した今村氏らはいくつかの興味深い分析をしている。それは、この金山の現場において金鉱石の採掘から粉成及び何らかの溶解作業が一貫して行われていたことと、稼業を行っていた金掘りたちがそれぞれの持ち場でおのおのがこれらの一連の作業をすべて行っていた点である。近世の鉱山社会では、採鉱と製錬が分担されるいわば分業体制が一般に採用されるのに対し、この戦国期金山においては未だ分業化が行われていないという興味深い成果を引き出したのである。金銀山などの鉱山開発の初期段階のありようがここに浮かびあがっており、金付着土器の出土のあり方、あるいは「場」が重要な意味を提起したのである。

続いて、戦国期都市遺跡内から出土している金付着土器から「場」について考えてみよう。

採りあげる事例は多くの金付着土器が発見されている戦国期の甲府城下町である。ここでの出土のありようは、図にみるようにその特色は一目瞭然である。武田氏館内の天守台地点や大手付近のほか、館に近い字三角・字高塀地点や大手・屋形・武田地内の各所から万遍なく確認されていることに特徴が表れている。もちろん、金山遺跡内とは異なってその作業はおそらく、多くが城下に持ち込まれた金の装飾などの細工を主としたものであったろうが、その作業がこの戦国都市内では各所で行われていたのであり、金の作業場所の集住化が図られていないことがわかる。すな

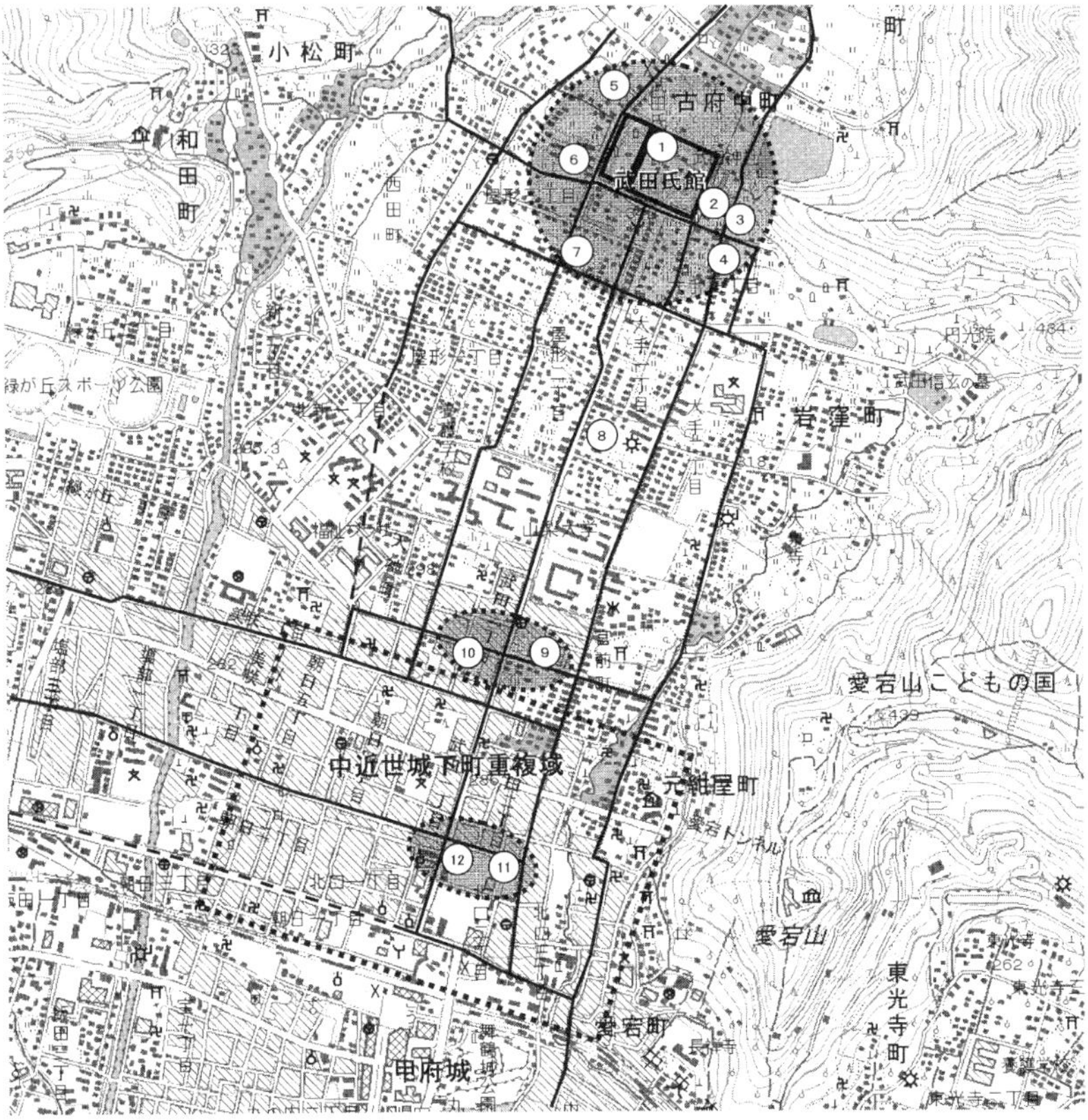

甲府市内における金付着土器等の分布図

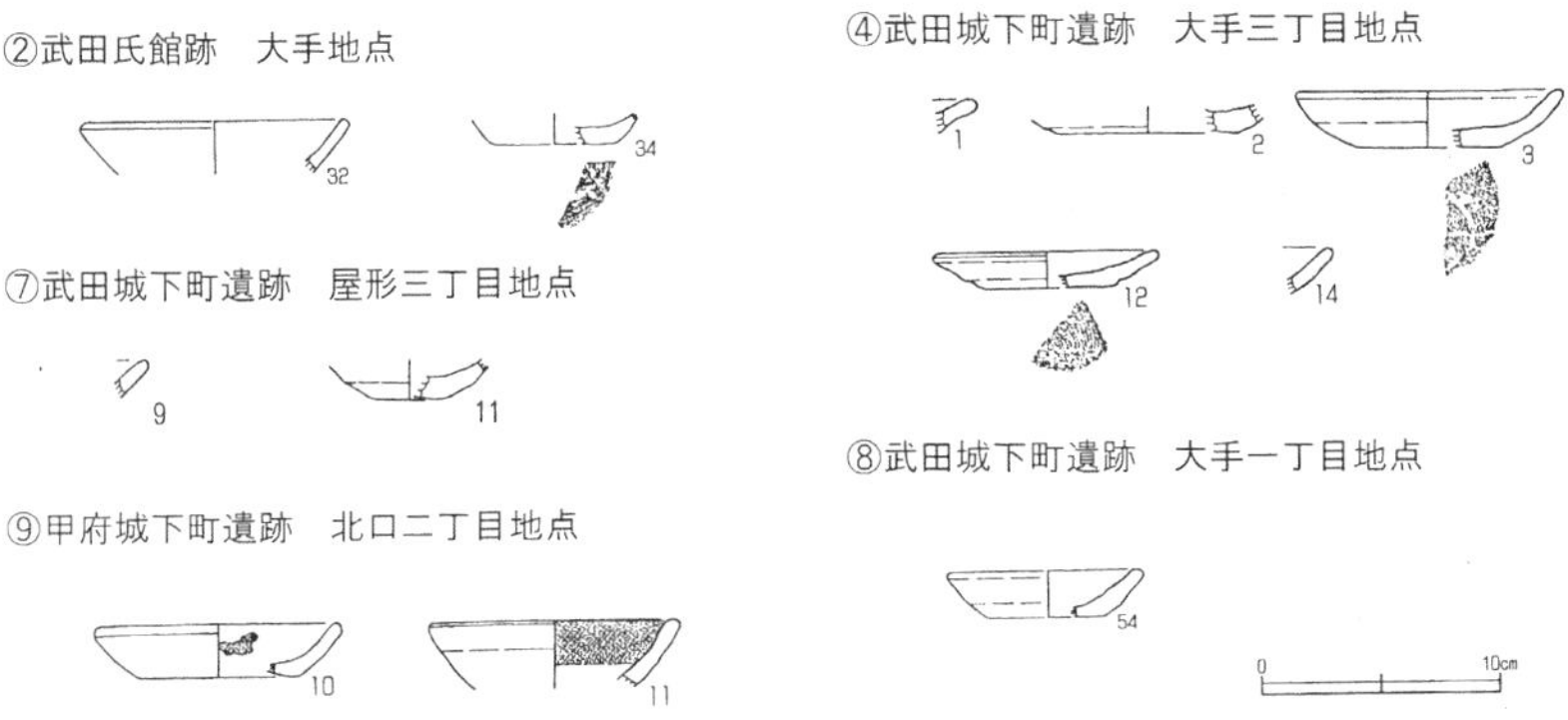

甲府市内出土の金付着土器実測図

（甲府市教育委員会　佐々木満氏提供）

第３図　甲府城下町の金付着土器出土分布と土器実測図

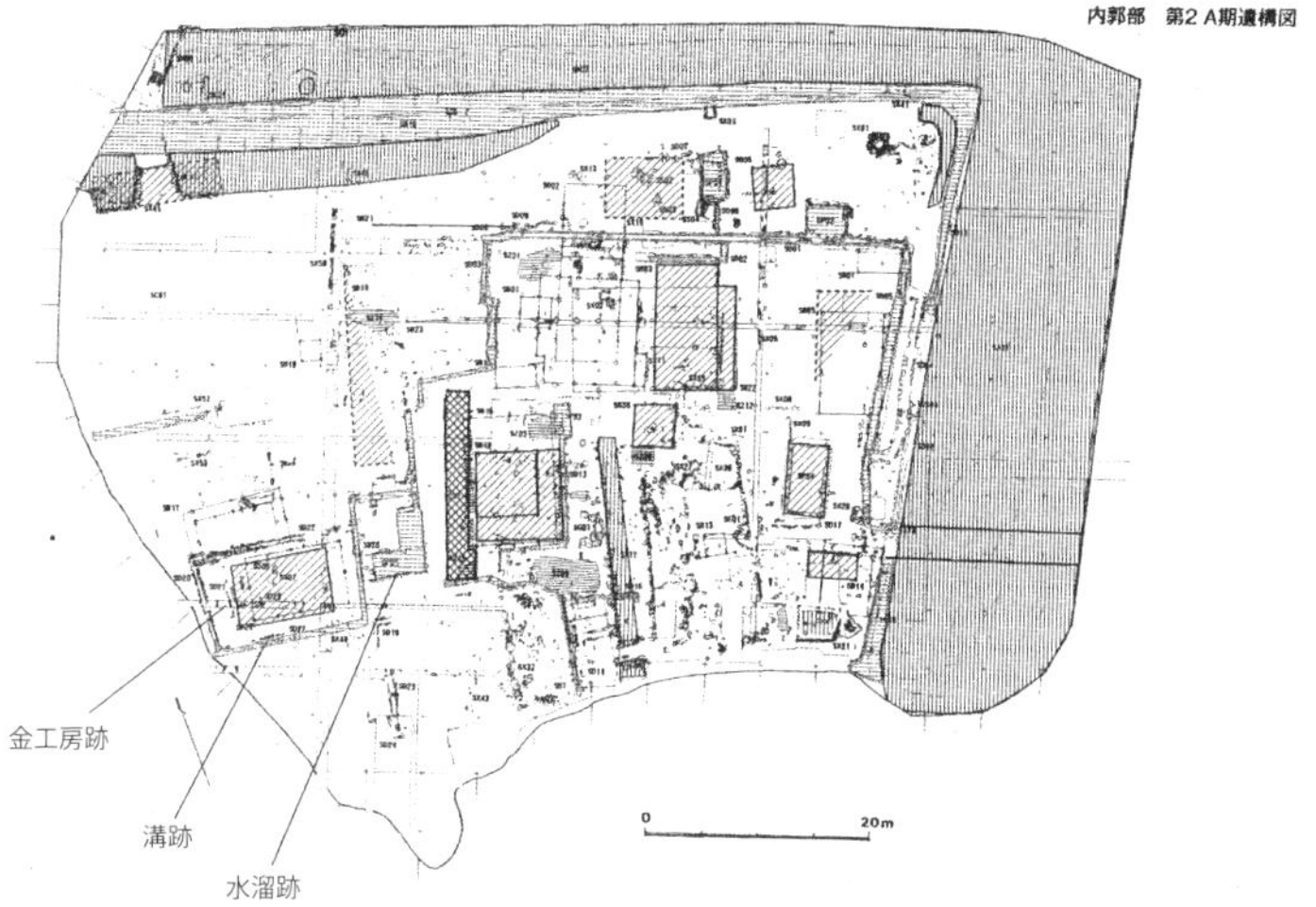

勝沼氏館跡と金工房跡

金工房跡をめぐる溝跡

金付着土器が出土した水溜跡

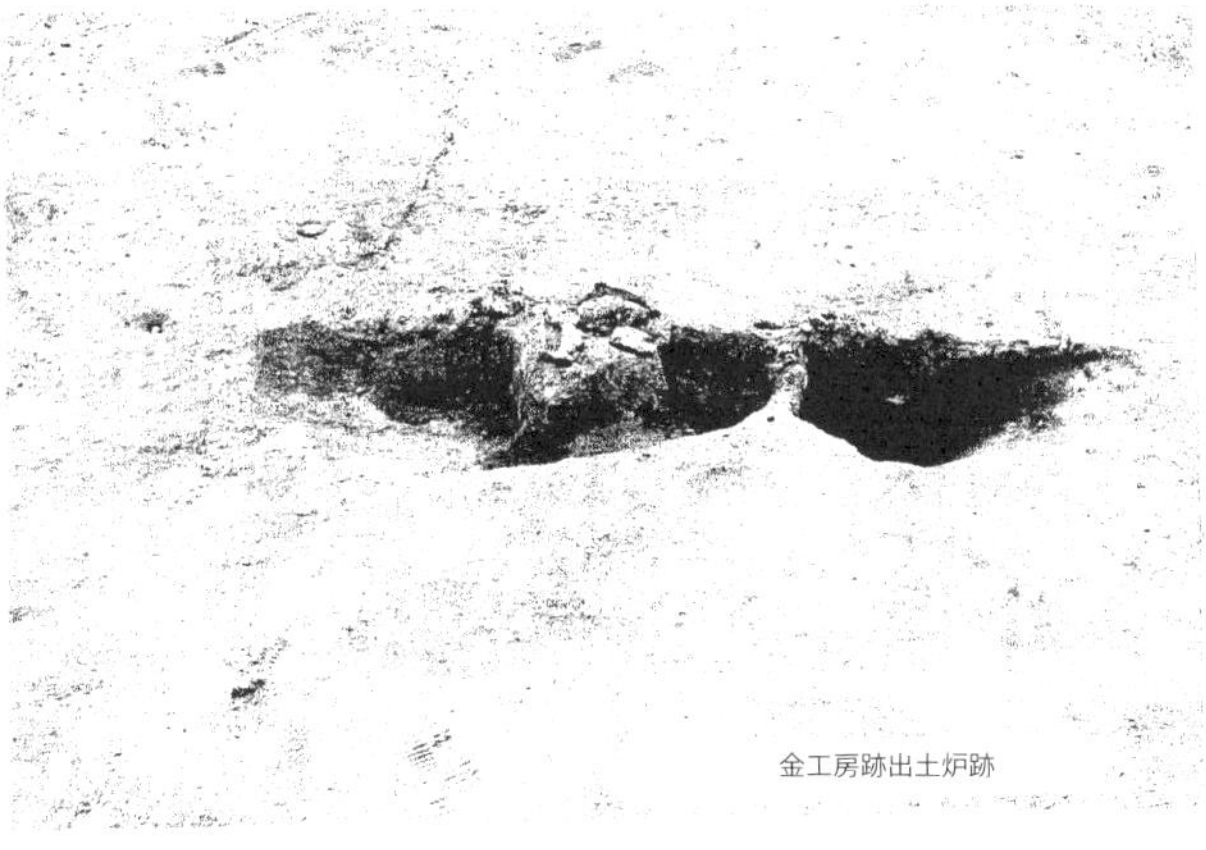

金工房跡出土炉跡

第４図　勝沼氏館跡

わち職人集団の集住化以前の姿をここに概観でき、戦国期社会の様相をこの金付着土器の出土している「場」から読みとることができそうである。また、天守台地点から出土している金付着土器は戦国期の土器の形態とはやや異なり、武田氏滅亡後の十六世紀後半から末期と比定されており、天守台上に建造された建物の建設に伴いその「場」で使用されたものであろうと報告されている。用途がある程度限定される事例として大変興味深いものである。

なお、城下一帯から出土する土器の形態的特徴は、全体に器壁が厚く、口縁部が玉縁状で、体部に稜線が形成されるものが多く、年代観は十六世紀中葉あたりに比定されると報告されている。(11) 一方の天守台地点からの出土土器は武田氏滅亡後とされていることから、これら金付着土器は戦国期から織豊期に至るまでの長期間継続的に使用されていたことになり、技術的に同じ系譜にあることがわかる。

それでは、戦国期城館である勝沼氏館跡内でのあり方は何を物語っているのであろうか。むろん、先に述べたように、金付着土器が多数出土している状況からこの建物が金工房であることは疑う余地はないが、戦国大名クラスの権力層と金との関係がこれほど露骨に示されている事例は他に見られず、これだけで十分にその重要さは際立っているのであるが、それにしても戦国大名はこのように城館の重要な郭内に直接金工房を抱え込むほど深く金に関与していたものであろうか。戦国期における大名権力と金との諸関係を究明するうえでもきわめて重要な考古資料であることは疑いない。

すでに述べたように、同じ金付着土器であってもそれぞれ出土している「場」によってその意味合いは大きく異なっていることがわかり、出土のありようからもさまざまな史的意義が読みとれる。「場」のもつ意味は多様で、かつ深い。

3　鉱山遺跡の「景観」から読みとる中世と近世

金銀山遺跡をはじめとする鉱山遺跡の調査研究の活発化によってそれらが醸し出す「鉱山景観」も把握できるようになっている。ここでは、それらの状況を調査研究が進んでいる甲斐金山と佐渡金銀山の両遺跡からながめてみたい。

金山遺跡は、採鉱と、それに続く粉成・製錬・生活という二つの「場」をもっている。そのうち、採鉱については主に露頭掘りと坑道掘りという二つの採掘技術によって行われており、その結果それぞれ固有の景観が醸しだされている。このうち露頭掘り技術が先行しそののち坑道掘りに大きく転換することはすでに述べてきたとおりである。採鉱された金鉱石は続いて粉成や製錬の工程に移行し金の抽出が行われたのであるが、この粉成や製錬の場には近年およそ二つの景観が表出していることが知られてきた。

その一は、甲斐金山の黒川金山遺跡や湯之奥金山遺跡が形成する金山景観である。黒川金山は、すでに論じてきたように戦国期から江戸初期にかけて操業されてきた金山であり、甲州市塩山の北方の山中にそびえる標高約一七一〇㍍の鶏冠山の山麓一帯が主たる稼業場所であった。一九八九年から四年という歳月をかけて実施された学術調査によって、およそ六〇〇㍍×三〇〇㍍の範囲内が主たる操業場所であったことが判明し、甲斐金山のうちでも突出した規模をもっていることもわかってきた。

この金山遺跡の採鉱から粉成を経て金の抽出までの一貫した作業が行われた場所は、中央を沢が流れる一帯であった。この沢を挟んでその左右に広がる緩斜面に多数の平坦面が造成され雛壇状のみごとな鉱山風景をつくりだしている。これらの雛壇状の平坦地は大小みられるが、形状は不規則で、現地形を大きく改変することなく造られている。金山の開発が進むままに無計画に平坦面が拡大していった様子がここからみてとれる。この平坦地においてさまざま

佐渡金山遺跡　上相川地区

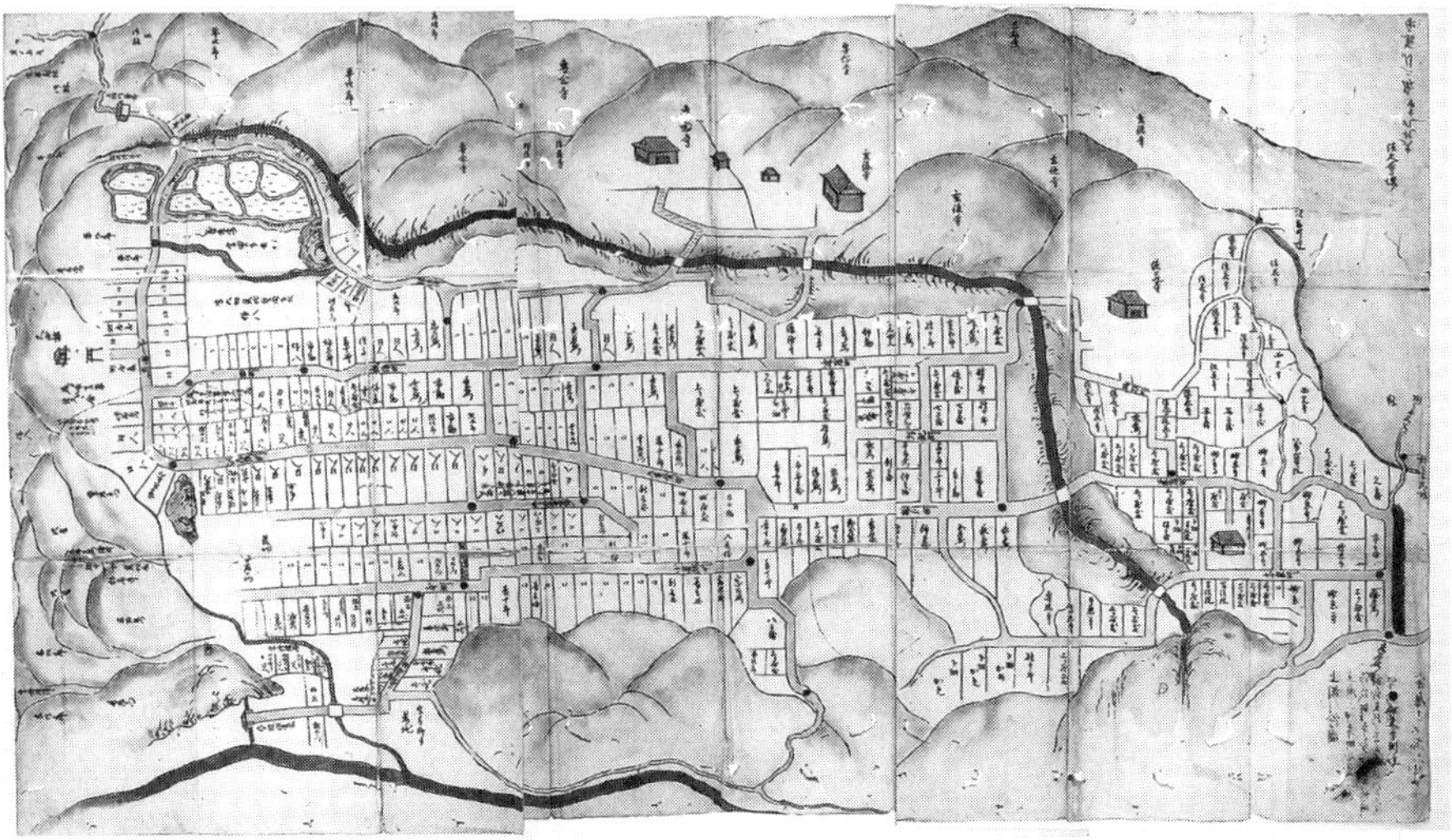

上相川全域が描かれた1812（文化9）年複製の「上相川絵図」（相川郷土博物館蔵）

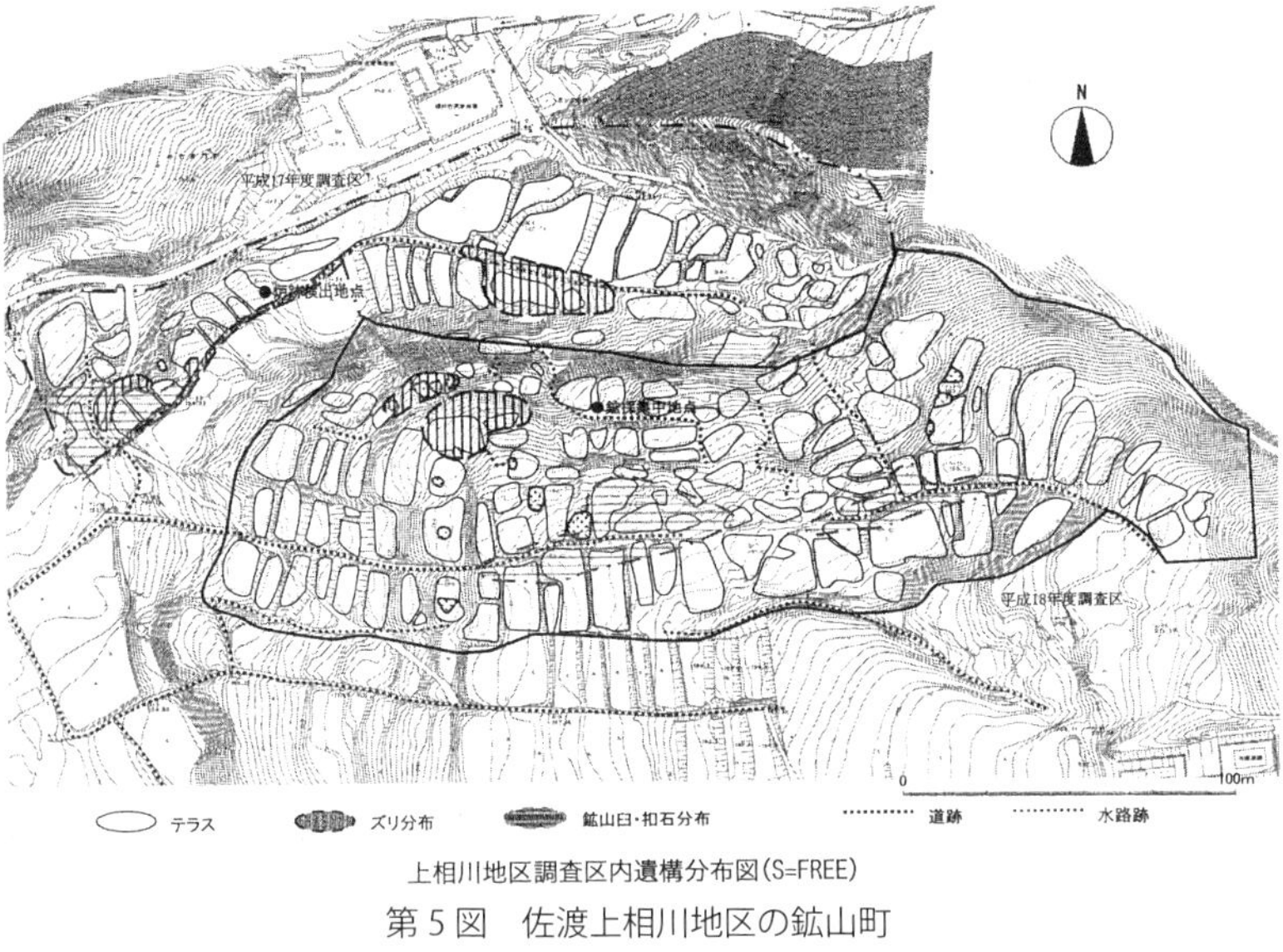

上相川地区調査区内遺構分布図(S=FREE)

第5図　佐渡上相川地区の鉱山町

な技術的工程が展開され、なお日常の生活も行われていたのである。

一方の湯之奥金山遺跡はどうか。この遺跡は一九〇〇㍍という標高をもつ毛無山の中腹付近、標高はおよそ一五〇〇～一六〇〇㍍付近において産金活動が行われた遺跡であり、中央を流れる金山沢という川を中心に遺跡が展開している。ここでも先述の黒川金山遺跡と同様にこの金山沢を中央にしてその左右の緩斜面上に大小さまざまな平坦地が造成されており、おおよそ似たような景観が表出している。おそらくは金山開発が盛んになるにつれ、やはり無計画のままに造成面が拡大していったのであろう。この金山遺跡の場合、採鉱場所は主にこの雛壇状に展開している地点の上方の痩せ尾根上であり、採鉱地点とその後の粉成や製錬等の技術工程が明確に分かれる、いわば二元的景観をもっている。

以上の甲斐金山遺跡とほぼ同じような金山景観をもつのが、佐渡金銀山遺跡のうちの鶴子銀山遺跡(12)である。この銀山遺跡も、奉行所跡と呼ばれている低土塁を有する方形の遺構や鶴子荒町遺跡などにやや計画性も見受けられるが、全体的にみれば開発が進むにつれて順次平坦地が拡大していったような感を受ける。

戦国期金山やその後の織豊期に開発された鉱山は、たとえば島根県の石見銀山遺跡の、初期に開発された仙の山一帯の遺跡群などにおおよそ同じような景観がつくりだされている。金銀山などの鉱山遺跡におけるこのような様相は、開発初期に金銀鉱石を求めて山中を駆け巡り無計画に金銀鉱石を採掘した結果が醸し出したものであろう。開発初期の金掘りたちの動きがこうした金銀山遺跡の景観の背後に浮かんできそうである。

これらの開発初期の金銀山に対して、計画的に開発された様相が窺える金山がある。佐渡金銀山のうちの上相川金銀山遺跡(13)がその一つである。この遺跡は、先にとりあげた佐渡の鶴子銀山よりやや遅れて発見され開発されたところで、その後の佐渡金銀山の隆盛の先駆けとなった鉱山である。その痕跡は、上相川地域一帯に整然とした姿を残している。その形は、西側に向いた緩斜面上に何本かの道路が設定され、その周辺にほぼ規格化された平坦面が形成されている。最も上方には大山祇神社を鎮座させて守り神とし、南側一帯にはいくつかの寺院を配している。こうした地形を大きく改変したいわば計画的な町づくりは佐渡の初代奉行である大久保長安によってその基礎がつくられたといわれ、時期は江戸初期にさかのぼる。こうした状況をみると、戦国期から近世における都市づくりの論理を、金銀山の世界に導入したかのようである。

それでは、戦国期を稼業の時期とする甲斐金山の黒川金山遺跡や湯之奥金山遺跡、及び佐渡の鶴子銀山遺跡などの様相とこの上相川金銀山遺跡でのあり方の違いはいったい何を表しているのであろうか。およそ前者の戦国期的様相は、金掘りたちの、採鉱を優先しいわば町づくりにはきわめて無頓着の状況を端的に示しているのであり、金銀山の開発の初期のありようがここに集約されている。一方、後者の上相川金銀山遺跡に関しては公の権力が関わったものとして計画的な町づくりが志向されたようで、そこには金銀山の開発を長期にかつ計画的に行おうという強い意志が表れている。

この両者の対比すべき景観の相違に、金銀山の開発に関わった人々の意志が表れている。

おわりに

中世遺跡から考える「場」と「景観」について、現在とくに関心をよせている金銀山遺跡をとりあげて、思いつくままに論じてきたが、そこで浮かびあがってきたのは、それぞれの遺跡や出土遺物が醸し出す「景観」や出土地点、いわば「場」がそれぞれにおいて重要な意味をもち、あるいはおのおの固有の歴史性を含んでいるということであった。この点はきわめて当然のことではあるが、これまではなかなか手をつけがたいものであった。

今回この課題に取り組むにあたって、あえて鉱山遺跡を素材にしてきたが、金銀山遺跡に関する研究はまだ始まったばかりであり、多くの研究課題も山積しており、そのために視点が定まらないままに論じてきた。今後この分野の研究を進めるにあたってはこのような重要課題を念頭において深く掘り下げることに専心したいと考えている。

註

（1）柴金については、早くから宮本勉氏が静岡県の安倍川及び大井川流域の柴金遺跡をとりあげて論じている。宮本勉「今川家の財源は安部（倍）山」（『今川時代とその文化』静岡県文化財団、一九九四年）、拙稿「日本鉱山史における柴金の史的位置」（『新世紀の考古学』二〇〇三年）

（2）例えば、北海道今金町に所在する美利河砂金採掘跡などの状況をみるとよく理解できる（日本ナショナルトラスト『美利河・花石の砂金採掘跡』一九九六年）。

（3）黒川金山遺跡や湯之奥金山遺跡の年代観は学術調査から十六世紀前半ごろが想定されているが、それよりさらに遡る可能性がある。

（4）黒川金山遺跡学術調査団『甲斐・黒川金山』（塩山市教育委員会、一九九七年）ほか。

（5）湯之奥金山遺跡学術調査会他『湯之奥金山遺跡の研究』（一九九二年）。

（6）長崎治「梓久保金山遺跡B地点発掘調査報告書」（川上村教育委員会、二〇〇八年）ほか。

（7）沓名貴彦「金粒子付着遺物からみた金生産技術」（『黄金の国々―甲斐の金山と越後・佐渡の金銀山―』山梨県立博物館ほか、二〇一二年）。

（8）佐々木満「金付着土器の考古学的所見」（『甲斐金山における金生産に関する自然科学的研究』山梨県立博物館調査・研究報告五、二〇一一年）。

（9）甲州市教育委員会『史跡勝沼氏館跡―内郭部発掘調査報告書（中世編）』（二〇一〇年）

（10）註（4）に同じ。

（11）註（8）に同じ。

（12）　宇佐美亮「鶴子銀山」（『日本の金銀山遺跡』高志書院、二〇一三年）ほか。
（13）　佐渡市教育委員会『佐渡金銀山　佐渡金山遺跡（上相川地区）調査報告書』（二〇〇八年）ほか。

「考古学と中世史研究」シンポジウムの一応の区切りにあたって

萩原三雄

平成二年（一九九〇）に開始されたこの「考古学と中世史研究」シンポジウムは、平成二十七年までの二五年間という永きにわたるものとなった。このたび、山梨県笛吹市石和町の帝京大学文化財研究所を会場とするシンポジムが一応の区切りがついたということで、この紙面を頂戴して、この研究集会の歩みをたどりながら、その成果と今後の課題等について振り返ってみたいと思う。

このシンポジウムを開催しようとした企図は、二十六年前のその当時、全国各地において中世遺跡の調査研究が活発化し多くの成果が生み出されていて、中世考古学の世界に光が当てられようとしていたものの、その成果のわりには、考古学だけの世界に閉塞しがちな傾向にあったことから、新たな局面を切り開くために、文献史学や民俗学、さらには建築史等の隣接諸学との協業が必要と感じ、その思いを永年お世話になっていた当時東京大学にいらっしゃった石井進氏にご相談したところ、即座に「面白いからやりましょう」とのご返事をいただいたことが、きっかけとなった。おそらくは先生の心中にも、文献史学や民俗学の世界でも一つの学問領域のみでは容易に中世社会が読みにくく、豊かな中世社会像が描きにくい、との思いがあったのだろう。

こうして、考古学と文献史学、民俗学などの諸学が同じテーブルについて、自らの学問領域の立場に立脚しつつ、互いの研究方法や視点をぶつけ合うという、当時では大変新鮮なシンポジウムが誕生することになった。第一回目のシンポジウムの報告内容をみると、まさにそれぞれの学問領域の研究の現状と成果を披露するような課題設定がされている。

第二回目からは、網野善彦氏が加わり、その方向性はさらに広がりを見せていった。とくにこのなかで、印象に残っているのは、第五回目の「『中世』から『近世』へ」というテーマによるシンポジムであった。このころのこのシンポジムの参加者は常に二〇〇名を超えていたが、このときも多く参加者を得て、会場は熱気であふれていた。

この五回目のシンポジウムで報告者の一人として壇上にたった網野善彦氏の内容は「時代区分をめぐって―『中世』から『近世』へ―」であったが、その日の日程の終了時に行われた座談の席上で網野氏と参加者の一人であった塚本学氏との間で激しい議論が交わされたようであった。その余韻は翌日のシンポジウムになってもおさまっていなかったようで、熱気あふれる討論の場にも持ち込まれることになり、多くの参加者もびっくりするほどの激しい議論の応酬がなされたのであった。議論の中身は、網野氏の持論のいわゆる「百姓」問題と塚本氏のそれに対する反論というものであった。両者の議論の内容は、シンポジウムの翌年報告集として名著出版から刊行されているので参照されたいが、編集者の立場にあった私はあまりにも議論が激しかったために、両氏に報告集の記述においてはややトーンを下げてもらうことを要請し、結局塚本氏に補遺というかたちで追加の文章を加えてもらうことにしたのである。

この第五回ほどではないにせよ、このシンポジウムはさまざまな学問領域が互いに真剣に議論を交わす場となり、学際的な協業の重要性を再認識する場ともなったのである。開催当初から、学生や院生の参加者も多く、二十六年経った今日では、中堅の研究者になっている方々も多いが、学問的雰囲気に浸りながら、学問の厳しさや反面おもしろさ、さらに学際研究の必要性などをじかに学んでいかれた方も多かったように思う。

第一次ともいうべき最初の「考古学と中世史研究」シンポジウムは六回をもっていったん休みとなり、その後、八年間の休止期間を経て、改めて再開されたのが平成十五年(二〇〇三)からのほぼ同名のシンポジウムであった。東京大学の五味文彦氏を軸に、考古学からは小野正敏氏と私が代表世話人となって改めて再出発したのである。第一回のテーマは「中世の系譜」で、再出発に相応しいものであった。その後、「中世寺院 暴力と景観」「宴の中世」「動物と中世」と続いていったが、これらのテーマをみてもわかるとおり、一つの学問領域ではとうてい踏み込めない幅広く奥深い内容ばかりであり、このシンポジウムの特色である学際性を十二分に発揮することによって究明の糸口が開かれるものばかりであった。

十三回目は「考古学は中世を語れるか」をテーマとした。シンポジウムのあり方もそれまでとは異なる方法をとり、「建物を読む」「場を解く」「出土文字資料の見方」の三本の小テーマを設け、それぞれ考古学や文献史学等の立場から切り込もうとしたものであった。この内容の詳細は、本書をご覧いただくとして、この永いシンポジウムの一つの区切りとして意を得たものであったように思う。

以上、開始から二十六年、通算十九回に及んだこのシンポジウムも今回を一つの区切りとして休止し、また新たなかたちで再出発を模索することになった。

※

さて、これら一連のシンポジウムで得られた成果や残された課題はいったい何であったのか、思いつくままに述べてみたいと思う。

第一に、複数の学問領域が互いに同じテーブルで議論しあう学際研究のありようが提示され、その後の学際研究を牽引したことである。それまではこのようなスタイルのシンポジウムの機会は少なく、大変新鮮であったように思うし、多くの参加者を引き付けた要因であったように思う。

第二には、単独の学問領域では見えにくい、あるいは読み取りにくい点が、協業しさまざまな視点からみることによって、その像が鮮明となり豊かな中世史像が浮かびあがってきたことである。

第三には、一つの領域では研究しがたい分野に複数の領域が横断的に切り込むことによって、新たな中世史像が生まれてきたことである。これは、このシンポジウムの全体を貫いた特色となっているのである。

第四には、各分野の研究者が互いにまったく違和感なく、自由で活発な議論ができる雰囲気が醸成されたことである。これは今後の自らの研究の幅を広げることになり、また自らの視野を鍛えることになったと思われる。

反面、課題も少なくはない。あえて一つあげるとすれば、二十六年間という長期におよぶシンポジウムであったために、固有の研究集団化の道をたどり、他者にとっては容易に足を踏み入れにくい雰囲気が醸成されていったことである。あとで知ったことであったが、会場地の石和町の地名をとって「石和系」「非石和系」という用語が生まれたほどである。非参加者にとっては、敷居の高い、近づきがたい、あるいは近づきたくない雰囲気が、主催者の意図とは別に、生まれてきたことである。これは、主催者側がまったく気づかなかった点であり、常に多くの研究者に開かれたシンポジウムをめざしていたのであったが、永く継続している研究会等には往々にして生まれてくるものであろう。

いずれにせよ、永きに及んだこの「考古学と中世史研究」シンポジウムもこのたび、一応の区切りをつけることになった。この間、多くの研究者や研究機関には多大なご協力、ご支援をいただいた。ここに列記できないが、改めて厚く感謝申しあげることにしたい。さらに報告集の刊行という面倒な編集業務にあたっていただいた当時名著出版の編集者であった岩田博氏や、十三回というシンポジウムに根気よくお付き合いいただいた高志書院の濱久年氏には深甚なる謝意を表したい。一応の区切りにあたって両氏に対しても厚く御礼を申しあげる次第である。ありがとうございました。

執筆者一覧

小野正敏　奥付上掲載

冨島義幸（とみしま よしゆき）　一九六六年生れ、京都大学大学院工学研究科准教授。［主な著書論文］『密教空間史論』（法蔵館）、『平等院鳳凰堂―現世と浄土のあいだ―』（吉川弘文館）、「日本建築の歴史に見る木の再利用」（『木材の中世―利用と調達―』考古学と中世史研究12、高志書院）

八重樫忠郎（やえがし ただお）　一九六一年生れ、平泉町まちづくり推進課課長。［主な著書論文］『中世武士と土器（かわらけ）』（編著・高志書院）、『北のつわものの都 平泉』（新泉社）、「掘り出された平泉」（『平泉の光芒』吉川弘文館）

五味文彦　奥付上掲載

高橋慎一朗（たかはし しんいちろう）　一九六四年生れ、東京大学史料編纂所教授。［主な著書］『日本史リブレット　武家の古都、鎌倉』（山川出版社）、『中世都市の力―京・鎌倉と寺社―』（高志書院）、『日本中世の権力と寺院』（吉川弘文館）

村木二郎（むらき じろう）　一九七一年生れ、国立歴史民俗博物館准教授。［主な著書論文］『時代を作った技―中世の生産革命―』（編著・国立歴史民俗博物館）、「擬漢式鏡からみた和鏡生産の転換」（『十四世紀の歴史学』高志書院）、「中世鋳造遺跡からみた鉄鍋生産」（『金属の中世』考古学と中世史研究11、高志書院）

中澤克昭（なかざわ かつあき）　一九六六年生れ、上智大学准教授。［主な著書論文］『人と動物の日本史〈2〉歴史のなかの動物たち』（編著・吉川弘文館）、「中世の狩猟と鷹捕獲」（白水 智編『新・秋山記行』高志書院）、『真田氏三代と信濃・大坂の合戦』（吉川弘文館）

飯村　均（いいむら ひとし）　一九六〇年生れ、（公財）福島県文化振興財団総務課長。［主な著書］『中世奥羽のムラとマチ―考古学が描く列島史―』（東京大学出版会）、『中世奥羽の考古学』（高志書院）、『東北の中世史2鎌倉幕府と東北』（共著・吉川弘文館）

萩原三雄　奥付上掲載

【編者略歴】
小野正敏（おの・まさとし）
1947 年生まれ。国立歴史民俗博物館名誉教授
［主な著書論文］『戦国城下町の考古学』（講談社）、『図解・日本の中世遺跡』（編著・東京大学出版会）、『戦国時代の考古学』（編著・高志書院）ほか。

五味文彦（ごみ・ふみひこ）
1946 年生まれ。東京大学名誉教授
［主な著書論文］『院政期社会の研究』（山川出版社）、『増補吾妻鏡の方法』（吉川弘文館）、『春日験記絵と中世』（淡交社）、『中世の身体』（角川学芸出版）、『日本の歴史 5　躍動する中世』（小学館）、『中世社会のはじまり』（岩波新書）ほか。

萩原三雄（はぎはら・みつお）
1947 年生まれ。帝京大学文化財研究所所長・教授
［主な著書論文］『日本の金銀山遺跡』（編著・高志書院）、『中世城館の考古学』（編著・高志書院）、『鎌倉時代の考古学』（編著・高志書院）ほか。

考古学と中世史研究13
遺跡に読む中世史

2017 年 4 月 10 日第 1 刷発行

編　者　小野正敏・五味文彦・萩原三雄
発行者　濱　久年
発行所　高志書院
〒 101-0051 東京都千代田区神田神保町 2-28-201
TEL03 (5275) 5591　FAX03 (5275) 5592
振替口座　00140-5-170436
http://www.koshi-s.jp

印刷・製本／亜細亜印刷株式会社 カバー装丁：Bow Wow

Printed in Japan ISBN978-4-86215-168-1